De septembre 2022
à décembre 2023

On fait quoi pour le dîner ?

Recettes par Émilie Thuillez

Avec la participation des lecteurs-cuisiniers des Éditions 365

Déjà publié sous le titre : *On fait quoi pour le dîner ? Mémoniak 2019-2020*

ISBN 978-2-38382-029-1 – Dépôt légal juillet 2022

FSC
www.fsc.org
MIXTE
Papier issu de sources responsables
FSC® C122901

éditions 365

www.editions365.eu
Média Diffusion – Distribution MDS – Imprimé en RPC en février 2022
L'imprimeur utilise du papier FSC® issu de forêts gérées durablement et des encres végétales respectueuses de l'environnement.

ÉDITO

Adieu les angoisses et les « qu'est-ce qu'on mange ? » sans réponse ! ***On fait quoi pour le dîner ?*** vous facilite la vie en vous proposant chaque jour une recette **simple**, **rapide** et **familiale**, avec la liste de courses détachable et pré-imprimée des ingrédients !

Pratique, ludique et simple d'utilisation, cet ouvrage se plie en quatre pour donner aux parents débordés des idées de repas faciles !

Chaque semaine, **détachez la liste des ingrédients** de tous les menus de la semaine et emportez-la pour faire votre marché. Plus besoin d'aller refaire des courses en courant après le bureau. Tout est prévu et programmé. Faire la cuisine tous les soirs est un jeu d'enfants !

On fait quoi pour le dîner ? vous donne des idées de recettes **simples**, **rapides** et **équilibrées**, qui proposent des produits de saison faciles à trouver. Les recettes ne nécessitent pas plus de 15 minutes de préparation en semaine, un peu plus parfois pour le week-end et les jours fériés. Chaque recette propose une touche de créativité qui fera la différence et qui plaira aux petits comme aux grands !

SOMMAIRE

ÉLABORER UN MENU

Réaliser un menu, quotidien ou de fête, ne consiste pas simplement à trouver de bonnes idées de recettes. Il s'agit également de prendre en compte les aspects nutritionnels dont il se compose. En effet, de nombreuses personnes ne savent pas équilibrer leurs repas afin que ceux-ci fournissent à leur corps non seulement un plaisir gustatif, mais aussi un apport harmonieux en nutriments essentiels. On ne parle pas ici de régime, ce terme qui revient trop souvent à l'esprit lorsque l'on parle d'« alimentation équilibrée ». Il s'agit plutôt de réflexes de bon sens à acquérir, jour après jour, pour un meilleur respect de son organisme et une alimentation plus intelligente. Et soyez sûr que vous n'en tirerez que plus de plaisir, car celui-ci fait indéniablement partie du menu ! Votre corps en général et vos organes en particulier dépensent continuellement de l'énergie pour vivre, même au repos. Cette énergie s'exprime en calories, une unité de mesure qui indique la quantité d'énergie qu'un aliment apporte à l'organisme. Pour les hommes, le besoin vital de base est de 1 600 kcal, et de 1 300 kcal pour les femmes. Plus précisément, ce besoin journalier d'énergie se mesure en fonction du poids, de la taille, de l'âge et du sexe.
La pratique régulière ou non d'un sport et les antécédents familiaux (diabète, cholestérol...) sont également des éléments à prendre en compte. La quantité d'aliments que vous mangez est donc primordiale, même si vous avez tendance à l'oublier. Il faut l'allier également à la diversité des aliments, qui ont chacun des propriétés bien précises.
Varier et bien doser, voilà le secret d'une alimentation saine !
Or, savoir composer son menu n'est pas toujours évident. Pour vous guider, voici, par famille d'aliments, les quantités et conseils pour bien élaborer un menu.

Fruits et/ou légumes

5 portions (1 portion = 100 g) par jour, à répartir entre les trois repas.

Leurs apports nutritionnels : vitamines, fibres, minéraux. Ils participent à la prévention de certaines maladies.

Attention : les boissons aromatisées aux fruits, les nectars, jus de fruits qui ne sont pas « purs jus pressés », les yaourts aux fruits et les biscuits aux fruits ne peuvent pas être comptés comme des portions. Les soupes de légumes, les salades composées et les salades de fruits représentent une seule portion.

Produits laitiers

3 par jour à choisir parmi les aliments suivants :

1 yaourt (125 g)

1 fromage blanc (100 g)

Fromage (30 g)

1 verre de lait

Leurs apports nutritionnels : calcium et vitamine D, qui contribuent au bon fonctionnement du système osseux.

Attention : la crème fraîche et le beurre sont classés dans les matières grasses, car ils sont pauvres en calcium. Par ailleurs, les desserts lactés (crèmes dessert, flans…) et le chocolat au lait en tablette ne comportent qu'un très faible pourcentage de lait et ne constituent donc pas une portion de produit laitier.

Les féculents

Cette famille d'aliments se compose du **pain** et de **tous les produits de la panification** (biscotte, pain grillé…), des **céréales** (riz, blé, orge, avoine, seigle…) et des **légumineuses** (lentilles, fèves, pois chiches, haricots secs…).

À chaque repas et selon l'appétit.

Leurs apports nutritionnels : glucides dits « complexes » car ils peuvent être assimilés progressivement par l'organisme, contrairement aux glucides simples des produits sucrés.

Astuce : choisissez vos féculents en version complète, qui propose une concentration encore plus grande de fibres et de vitamines.

Viandes, poissons ou œufs

1 à 2 fois par jour

1 portion de viande ou de poisson = 100 g

1 portion d'œuf = 2 œufs

Pour le poisson, il est recommandé d'en consommer au minimum deux fois par semaine.

Leurs apports nutritionnels : protéines d'origine animale, fer (pour la viande et le poisson). Les poissons dits « gras » (saumon, sardines…) fournissent également des matières grasses essentielles.

Matières grasses

L'huile, la margarine, le beurre ou la crème sont des matières grasses. Celles-ci peuvent être visibles si elles font partie de préparations que vous avez réalisées vous-même. Mais elles peuvent également exister de manière cachée dans les aliments à l'état naturel ou fabriqués (viennoiseries, glaces, certains plats cuisinés…).

À consommer de manière limitée.

Privilégier : huiles végétales (notamment de colza, d'olive et de tournesol), poissons gras, fruits oléagineux (avocats, noix, noisettes…).

Limiter : beurre, certaines charcuteries, viennoiseries et pâtisseries, produits frits ou panés, certains plats préparés contenant des acides gras saturés. Il est également conseillé d'éviter les acides gras trans (mention « huile (graisses) partiellement hydrogénée » sur les emballages).

Astuce : 10 g de graisses pour 100 g de produit font de celui-ci un aliment gras, à consommer avec modération.

Produits sucrés

À consommer de manière limitée.

Les gestes à privilégier : préférez un fruit en guise de dessert car il contient moins de sucre, mais des fibres et des vitamines en plus ; apprenez à doser le sucre que vous ajoutez dans vos boissons chaudes ; remplacez le sucre dans votre yaourt ou fromage blanc par des fruits ou de la compote sans sucres ajoutés.

Sel

À consommer de manière limitée.

8 g par jour pour un adulte.

Les gestes à privilégier : décryptez les étiquettes des produits préparés lors de vos achats et évitez de manière générale les plats préparés, la charcuterie, les biscuits apéritif… Lorsque vous cuisinez, ne salez pas trop et préférez les épices pour relever vos plats. Et bannissez le réflexe de saler votre repas avant de le goûter !

Eau

À volonté pendant et entre les repas.

N'attendez pas d'avoir soif ! Et pour rendre la consommation d'eau plus attrayante, pensez aux tisanes et infusions, ou au jus de citron à ajouter dans l'eau.

Les menus

Menu intelligent

Pour une bonne répartition journalière des aliments, il faut veiller à respecter les tro s repas classiques : petit déjeuner, déjeuner, dîner.

Un petit déjeuner copieux permet de bien mettre en marche notre organisme. Un dîner plus léger facilite la phase d'épuration que le corps opère pendant le sommeil. Le déjeuner reste le repas principal de la journée.

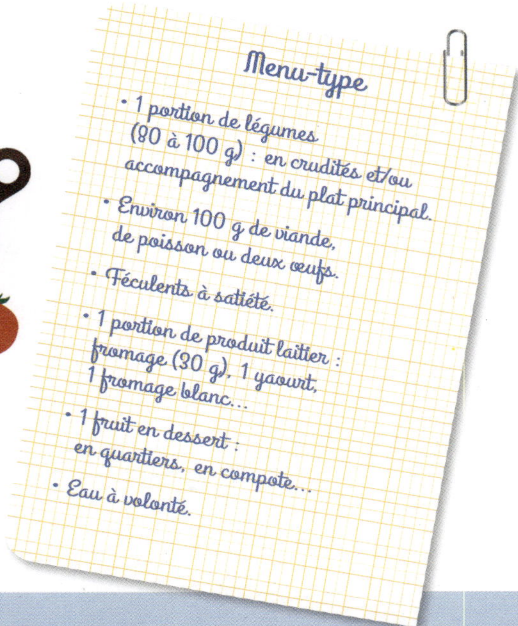

MENUS DE LA SEMAINE

Et aussi

2022

AOÛT/SEPT.

		Préparation	Cuisson
Lundi 29	Pâtes au thon et à la tapenade	10 mn	15 mn
Mardi 30	Plateau d'été	15 mn	
Mercredi 31	Papeton d'aubergines	10 mn	30 mn
Jeudi 1	Saumon en papillote	10 mn	35 mn
Vendredi 2	Poêlée de riz végétarienne	15 mn	35 mn
Samedi 3	Poulet à la bière	15 mn	1 h 20
Dimanche 4	Steaks hachés et lentilles corail au curry	10 mn	35 mn

Recettes
Pour 4 personnes

Porter à ébullition 20 cl de crème liquide avec 1 boîte de thon au naturel + 2 c. à s. de tapenade + 12 olives vertes émincées + 1 c. à s. de romarin + 1 c. à s. de thym. Mélanger avec 400 g de linguine *al dente*.

Disposer sur 1 plateau : 1 melon en tranches + 8 figues coupées en 2 + 200 g de mozzarella en rondelles + 200 g de jambon de Parme + 400 g de tomates cerises + 1 bocal d'artichauts marinés. Accompagner d'1 salade mesclun assaisonnée de 2 c. à s. de vinaigre de cidre + 1 c. à c. de moutarde et de miel + 4 c. à s. d'huile d'olive.

Mélanger 1 pot de 500 g d'aubergines cuisinées + 4 œufs + 25 cl de crème fraîche + 1 c. à s. de basilic + 1 c. à s. de ciboulette. Enfourner au bain-marie 30 mn à 180 °C. Servir froid avec 1 sauce (1 yaourt + 2 c. à s. de fromage blanc + 1 c. à s. de basilic, de ciboulette et de thym + le jus d'½ citron) + 1 concombre épépiné et 1 carotte taillés en bâtonnets.

Dans 4 feuilles d'aluminium, répartir 4 pavés de saumon + 1 sauce (mélanger 80 g de gingembre frais râpé + le zeste de 2 citrons bio et 4 c. à s. de leur jus + 4 c. à c. de sauce soja + 2 c. à s. d'huile d'olive). Refermer les papillotes et enfourner 25 mn à 180 °C. Servir avec 600 g de purée de légumes surgelée au choix cuite au micro-ondes.

Poêler 2 oignons émincés + 1 gousse d'ail pilée dans 3 c. à s. d'huile d'olive. Ajouter 1 poivron rouge, 1 vert et 1 jaune épépinés et en lanières. Cuire 10 mn. Ajouter 400 g de champignons de Paris émincés + 800 g de tomates pelées + 12 olives vertes + 1 c. à c. de basilic, d'origan et de thym. Cuire 5 mn. Ajouter 200 g de riz cuit et cuire 2 mn.

Dans 1 plat allant au four, mettre 1 poulet en morceaux + 200 g de lardons fumés + le zeste et la pulpe (coupée en dés) d'1 citron bio + 4 gousses d'ail en chemise + 8 feuilles de sauge + 2 c. à s. de baies de genièvre. Arroser d'1 canette de bière blonde. Cuire 1 h-1 h 10 à 210 °C en retournant plusieurs fois les morceaux de poulet. Servir avec 250 g de polenta.

Mettre 2 carottes épluchées et en dés dans 1 grand volume d'eau. Cuire 10 mn après ébullition. Ajouter 250 g de lentilles corail + 1 c. à c. de curry. Couvrir et cuire encore 10-15 mn. Saupoudrer d'1 c. à s. de coriandre. Servir avec 4 steaks hachés poêlés dans 1 c. à s. d'huile d'olive. Accompagner de 4 c. à c. de moutarde douce.

Courses
Pour 4 personnes

- [ ] **Pâtes au thon et à la tapenade**

400 g de linguine, 1 boîte de thon au naturel, 12 olives vertes, 20 cl de crème liquide, 2 c. à s. de tapenade, 1 c. à s. de romarin, 1 c. à s. de thym.

- [ ] **Plateau d'été**

1 melon, 8 figues, 400 g de tomates cerises, 1 salade mesclun, 1 bocal d'artichauts marinés, 200 g de mozzarella, 200 g de jambon de Parme, 1 c. à c. de moutarde et de miel, 4 c. à s. d'huile d'olive, 2 c. à s. de vinaigre de cidre.

- [ ] **Papeton d'aubergines**

1 pot de 500 g d'aubergines cuisinées, 1 concombre, 1 carotte, ½ citron, 4 œufs, 2 c. à s. de fromage blanc, 1 yaourt, 25 cl de crème fraîche, 2 c. à s. de basilic et de ciboulette, 1 c. à s. de thym.

- [ ] **Saumon en papillote**

4 pavés de saumon, 80 g de gingembre frais, 2 citrons bio, 600 g de purée de légumes surgelée au choix, 4 c. à c. de sauce soja, 2 c. à s. d'huile d'olive.

- [ ] **Poêlée de riz végétarienne**

200 g de riz, 400 g de champignons de Paris, 12 olives vertes, 1 poivron rouge, 1 vert et 1 jaune, 2 oignons, 1 gousse d'ail, 800 g de tomates pelées, 1 c. à c. de basilic, d'origan et de thym, 3 c. à s. d'huile d'olive.

- [ ] **Poulet à la bière**

1 poulet, 200 g de lardons fumés, 250 g de polenta, 4 gousses d'ail, 1 citron bio, 1 canette de bière blonde, 8 feuilles de sauge, 2 c. à s. de baies de genièvre.

- [ ] **Steaks hachés et lentilles corail au curry**

4 steaks hachés, 250 g de lentilles corail, 2 carottes, 4 c. à c. de moutarde douce, 1 c. à c. de curry, 1 c. à s. de coriandre, 1 c. à s. d'huile d'olive.

Et aussi

SEPTEMBRE

Lundi **5** — Pâtes forestières — 5 mn — 20 mn

Mardi **6** — Rôti de porc froid et aubergines en purée — 5 mn — 15 mn

Mercredi **7** — Tartines des enfants — 10 mn

Jeudi **8** — Filets de rouget aux aromates — 10 mn — 25 mn

Vendredi **9** — Blettes poêlées — 10 mn — 15 mn

Samedi **10** — Mini-roulés au fromage frais — 10 mn

Dimanche **11** — Poulet en cocotte aux olives — 15 mn — 45 mn

10

Recettes
Pour 4 personnes

Dans 1 sauteuse, poêler 5 mn 500 g de mélange de champignons décongelés au micro-ondes + 2 c. à s. d'huile d'olive + 1 c. à s. de persil. Égoutter si besoin. Ajouter 400 g de pâtes *al dente* + 2 c. à s. de crème liquide et cuire encore 1 mn.

Cuire 14 mn au micro-ondes 700 g d'aubergines coupées en ½ rondelles d'1 cm d'épaisseur. Les retourner à mi-cuisson. Mixer avec 2 c. à s. d'huile d'olive + 2 c. à c. de jus de citron + 1 gousse d'ail épluchée + 3 pincées de cumin. Servir cette purée froide avec 8 tranches de rôti de porc cuit.

Mélanger 1 concombre épépiné et en petits dés avec 100 g de La Vache qui rit + 100 g de fromage blanc + 1 c. à s. de ciboulette. En tartiner 4 tranches de pain. Servir avec 4 tranches de jambon + 500 g de tomates cerises + 1 vinaigrette.

Dans 1 plat allant au four, disposer 700 g de filets de rouget + 8 gousses d'ail émincées + 8 feuilles de sauge et de laurier + 2 c. à c. de romarin + 24 olives noires + 1 pincée de piment diluée dans 4 c. à s. d'huile d'olive. Enfourner 15-20 mn à 250 °C. Servir avec 8 palets de légumes surgelés cuits au micro-ondes.

Laver et émincer 600 g de blettes en coupant les tiges à 3 cm des feuilles. Faire blondir 4 gousses d'ail émincées dans 2 c. à s. d'huile d'olive + 1 pincée de paprika, puis ajouter les blettes. Cuire à feu vif 5 mn en mélangeant. Servir avec 6 œufs cuits à la coque (après ébullition, cuire 3 mn).

Découper 8 tranches de jambon de Parme en 3 dans la longueur. Répartir dessus 250 g de fromage frais (Madame Loïk ou brousse) mélangé à 2 c. à s. de basilic + 1 c. à s. d'huile d'olive. Rouler les tranches de jambon et servir avec 1 brique de soupe froide (betterave ou autre) + 400 g de tomates cerises à la croque au sel.

Dans 1 cocotte allant au four, déposer 1 poulet en morceaux + 1 boîte de tomates pelées + 1 petit bocal d'olives vertes et 1 d'olives noires + 2 oignons émincés + ½ bouquet garni + 1 petite boîte de champignons de Paris + 10 petites pommes de terre épluchées + 1 morceau de sucre. Enfourner 45 mn à 210 °C à couvert la moitié du temps.

Courses
Pour 4 personnes

- [ ] **Pâtes forestières**

400 g de pâtes, 500 g de mélange de champignons surgelés, 1 c. à s. de persil, 2 c. à s. de crème liquide, 2 c. à s. d'huile d'olive.

- [ ] **Rôti de porc froid et aubergines en purée**

8 tranches de rôti de porc cuit, 700 g d'aubergines, 1 gousse d'ail, 3 pincées de cumin, 2 c. à c. de jus de citron, 2 c. à s. d'huile d'olive.

- [ ] **Tartines des enfants**

4 tranches de pain, 500 g de tomates cerises, 1 concombre, 4 tranches de jambon, 100 g de La Vache qui rit, 100 g de fromage blanc, 1 c. à s. de ciboulette, 1 vinaigrette.

- [ ] **Filets de rouget aux aromates**

700 g de filets de rouget, 8 palets de légumes surgelés, 24 olives noires, 8 gousses d'ail, 8 feuilles de sauge et de laurier, 2 c. à c. de romarin, 1 pincée de piment, 4 c. à s. d'huile d'olive.

- [ ] **Blettes poêlées**

600 g de blettes, 4 gousses d'ail, 6 œufs, 1 pincée de paprika, 2 c. à s. d'huile d'olive.

- [ ] **Mini-roulés au fromage frais**

8 tranches de jambon de Parme, 250 g de fromage frais (Madame Loïk ou brousse), 400 g de tomates cerises, 1 brique de soupe froide (betterave ou autre), 2 c. à s. de basilic, 1 c. à s. d'huile d'olive.

- [ ] **Poulet en cocotte aux olives**

1 poulet, 10 petites pommes de terre, 2 oignons, 1 boîte de tomates pelées, 1 petite boîte de champignons de Paris, 1 petit bocal d'olives vertes + 1 d'olives noires, ½ bouquet garni, 1 morceau de sucre.

Et aussi

2022

SEPTEMBRE

Lundi **12**
Ravioles au potiron
10 mn — 25 mn

Mardi **13**
Salade de crevettes au pamplemousse
15 mn

Mercredi **14**
Tarte aux tomates cerises
10 mn — 20 mn

Jeudi **15**
Dinde en rouge et blanc
15 mn — 45 mn

Vendredi **16**
Flan de poivrons
5 mn — 45 mn

Samedi **17**
Côtes de porc aux abricots
15 mn — 1 h — 50 mn

Dimanche **18**
Paëlla
20 mn — 1 h

Recettes
Pour 4 personnes

Cuire à l'eau 20 mn après ébullition 800 g de pulpe de potiron en dés + 1 pomme de terre sans la peau en morceaux + 1 bouillon cube de volaille. Mixer les légumes et ajouter 10 cl de crème liquide + 1 c. à c. de muscade. Ajouter 8 plaques de ravioles fraîches et servir lorsqu'elles remontent à la surface.

Mélanger 1 roquette avec 400 g de crevettes roses décortiquées + la chair de 2 pamplemousses roses et la chair de 2 avocats en morceaux + 80 g de graines de grenade. Assaisonner avec 4 c. à s. d'huile d'olive + 2 c. à s. de vinaigre balsamique. Servir avec 4 tranches de pain de campagne + 40 g de beurre ½ sel.

Sur 1 pâte feuilletée, étaler 6 c. à s. de caviar d'aubergines + 400 g de tomates cerises coupées en 2 (côté peau vers le bas) + 2 tranches de jambon cru en morceaux + 150 g de comté râpé. Enfourner 20 mn à 200 °C. Servir avec 1 salade.

Enfourner 15 mn à 200 °C 500 g de tomates cerises coupées en 2 + 4 c. à s. d'huile d'olive + 1 c. à s. d'herbes de Provence. Ajouter 4 fines escalopes de dinde (poêlées 2 mn/côté dans 1 c. à s. d'huile d'olive), recouvertes de 200 g de feta en morceaux. Cuire encore 20 mn à 180 °C. Servir avec 400 g de pâtes fraîches cuites + 20 cl de coulis de tomates réchauffé au micro-ondes.

Mixer 600 g de poivrons grillés décongelés avec 4 œufs + 20 cl de crème fraîche. Ajouter 1 boîte de fromage de chèvre (type Chavroux) émietté + 1 c. à c. de thym. Verser dans 1 plat à cake et enfourner 45 mn à 160 °C. Servir chaud ou froid avec 6 tranches de jambon.

Mariner 4 côtes de porc pendant 1 h dans 2 c. à c. de moutarde et de sauce Worcestershire + 6 c. à s. de vinaigre de Xérès et d'huile + 40 g de sucre. Poêler 1 oignon émincé + 1 gousse d'ail pilée + 1 c. à s. d'huile. Ajouter 1 c. à c. de cumin + 1 boîte d'abricots au sirop + le sirop. Mijoter 5 mn. Ajouter le porc + la marinade. Cuire 10 mn/côté. Servir avec 600 g de purée de patates douces.

Poêler 2 blancs de poulet en morceaux dans 3 c. à s. d'huile d'olive. Ajouter 1 oignon émincé + 250 g de calamars. Cuire 1 mn. Ajouter 600 g de tomates pelées + 1 poivron + 1 gousse d'ail hachée + 2 doses de safran. Cuire 5 mn. Verser 250 g de riz + ½ chorizo en rondelles + 1 bouillon cube dilué dans 50 cl d'eau + ½ l de moules lavées + 10 grosses crevettes. Faire bouillir. Cuire 30 mn env.

Courses
Pour 4 personnes

Ravioles au potiron
8 plaques de ravioles fraîches, 800 g de pulpe de potiron, 1 pomme de terre, 10 cl de crème liquide, 1 bouillon cube de volaille, 1 c. à c. de muscade.

Salade de crevettes au pamplemousse
400 g de crevettes roses décortiquées, 2 pamplemousses roses, 2 avocats, 1 roquette, 80 g de graines de grenade, 4 tranches de pain de campagne, 40 g de beurre ½ sel, 2 c. à s. de vinaigre balsamique, 4 c. à s. d'huile d'olive.

Tarte aux tomates cerises
1 pâte feuilletée, 400 g de tomates cerises, 1 salade, 2 tranches de jambon cru, 150 g de comté râpé, 6 c. à s. de caviar d'aubergines.

Dinde en rouge et blanc
4 fines escalopes de dinde, 400 g de pâtes fraîches, 200 g de feta, 500 g de tomates cerises, 20 cl de coulis de tomates, 1 c. à s. d'herbes de Provence, 5 c. à s. d'huile d'olive.

Flan de poivrons
600 g de poivrons grillés surgelés, 1 boîte de fromage de chèvre (type Chavroux), 6 tranches de jambon, 4 œufs, 20 cl de crème fraîche, 1 c. à c. de thym.

Côtes de porc aux abricots
4 côtes de porc, 1 boîte d'abricots au sirop, 600 g de purée de patates douces, 1 oignon, 1 gousse d'ail, 40 g de sucre, 1 c. à c. de cumin, 2 c. à c. de moutarde et de sauce Worcestershire, 6 c. à s. de vinaigre de Xérès, 7 c. à s. d'huile.

Paëlla
250 g de riz, 2 blancs de poulet, 250 g de calamars, ½ l de moules, 10 grosses crevettes, ½ chorizo, 600 g de tomates pelées, 1 poivron, 1 oignon, 1 gousse d'ail, 2 doses de safran, 1 bouillon cube, 3 c. à s. d'huile d'olive.

Et aussi

2022
SEPTEMBRE

Lundi 19	Salade de pâtes différente	15 mn	10 mn
Mardi 20	Soupe aux 2 céleris	15 mn	35 mn
Mercredi 21	Tarte aux champignons	15 mn	45 mn
Jeudi 22	Moules au roquefort	15 mn	25 mn
Vendredi 23	Tomates à la provençale	10 mn	35 mn
Samedi 24	Rôti de bœuf aux 3 poivres	10 mn	50 mn
Dimanche 25	Salade de bœuf aux pommes de terre	10 mn	20 mn

Recettes

Pour 4 personnes

Mélanger 250 g de farfalles *al dente* avec 200 g de thon au naturel + 2 tomates en dés. Ajouter 1 sauce (4 c. à s. de mayonnaise + 1 c. à s. de curry + 1 c à s. de jus de citron). Mélanger et ajouter 1 bocal d'asperges vertes en tronçons. Servir frais.

Dans 1 cocotte, poêler 5 mn dans 2 c. à s. d'huile d'olive 1 céleri-rave pelé et en morceaux + ½ céleri-branche émincé + 2 pommes de terre pelées et émincées. Ajouter 1 l d'eau + 1 bouillon cube de légumes. Cuire 20-25 mn. Mixer avec tout ou partie de l'eau de cuisson + 2 c. à s. de St Môret + 1 c. à c. de paprika. Servir avec 6 Knacki cuites au micro-ondes.

Poêler 125 g de lardons fumés. Réserver. Dans la même poêle, poêler 3 oignons émincés pendant 5 mn. Ajouter 500 g de champignons émincés + 1 c. à s. de persil. Sur 1 pâte feuilletée, répartir les légumes égouttés + les lardons. Ajouter 3 œufs battus avec 20 cl de crème fraîche + 10 cl de lait. Ajouter 80 g de gruyère râpé. Enfourner 30 mn à 180 °C. Servir avec 1 salade.

Dans 1 casserole, faire suer 3 échalotes dans 1 noix de beurre. Ajouter 40 cl de crème fraîche + 125 g de roquefort émietté + 2 c. à s. de persil. Dans 1 cocotte, cuire 2 kg de moules nettoyées avec 25 cl de vin blanc. À leur ouverture, ôter la moitié du jus, ajouter la sauce roquefort et cuire encore 3-4 mn. Servir avec 8 palets de légumes surgelés cuits au micro-ondes.

Dans 1 plat, déposer 12 tomates coupées en 2. Parsemer de 2 c. à s. d'herbes de Provence + 4 c. à s. d'huile d'olive + 2 c. à s. de sucre. Enfourner 35 mn à 200 °C. Servir avec 4 tranches de jambon + 4 tranches de pain tartinées de 100 g de fromage frais.

Enduire 1 rôti de bœuf d'1,2 kg d'1 c. à s. d'huile. Le rouler dans 2 c. à s. de 3 poivres concassés. Le faire dorer 5 mn dans 1 poêle et enfourner 25 mn à 200 °C. Déglacer le plat avec ½ verre de cognac. Poêler 12 cl de crème fraîche + 1 c. à s. de moutarde + le jus au cognac. Servir le rôti tranché + la sauce + 1 kg de haricots verts à la vapeur. **Conserver les restes pour demain.**

Mélanger 1 salade avec 300 g de haricots verts cuits (restes de la veille) + 6 pommes de terre cuites à l'eau, refroidies et coupées en rondelles + 1 sauce (mélanger 1 échalote émincée à 2 c. à s. de vinaigre de vin + 1 c. à c. de moutarde + 4 c. à s. d'huile d'olive). Parsemer d'1 c. à s. de ciboulette. Servir avec 4 tranches de rôti de bœuf cuit (restes de la veille).

Courses

Pour 4 personnes

☐ Salade de pâtes différente

250 g de farfalles, 200 g de thon au naturel, 1 bocal d'asperges vertes, 2 tomates, 1 c. à s. de curry, 4 c. à s. de mayonnaise, 1 c à s. de jus de citron.

☐ Soupe aux 2 céleris

1 céleri-rave, ½ céleri-branche, 2 pommes de terre, 6 Knacki, 2 c. à s. de St Môret, 1 bouillon cube de légumes, 1 c. à c. de paprika, 2 c. à s. d'huile d'olive.

☐ Tarte aux champignons

1 pâte feuilletée, 500 g de champignons, 3 oignons, 1 salade, 125 g de lardons fumés, 80 g de gruyère râpé, 3 œufs, 20 cl de crème fraîche, 10 cl de lait, 1 c. à s. de persil.

☐ Moules au roquefort

2 kg de moules, 125 g de roquefort, 8 palets de légumes surgelés, 3 échalotes, 40 cl de crème fraîche, 25 cl de vin blanc, 2 c. à s. de persil, 1 noix de beurre.

☐ Tomates à la provençale

12 tomates, 4 tranches de pain, 4 tranches de jambon, 100 g de fromage frais, 2 c. à s. de sucre, 2 c. à s. d'herbes de Provence, 4 c. à s. d'huile d'olive.

☐ Rôti de bœuf aux 3 poivres

1 rôti de bœuf d'1,2 kg, 1 kg de haricots verts, ½ verre de cognac, 12 cl de crème fraîche, 1 c. à s. de moutarde, 2 c. à s. de 3 poivres, 1 c. à s. d'huile.

☐ Salade de bœuf aux pommes de terre

4 tranches de rôti de bœuf cuit et 300 g de haricots verts (restes de la veille), 1 salade, 6 pommes de terre, 1 échalote, 1 c. à s. de ciboulette, 1 c. à c. de moutarde, 2 c. à s. de vinaigre de vin, 4 c. à s. d'huile d'olive.

Et aussi

SEPT./OCT. 2022

Lundi **26**
Risotto aux champignons
15 mn – 45 mn

Mardi **27**
Salade d'automne
15 mn

Mercredi **28**
Bricks de saumon sauce cocktail
15 mn – 30 mn

Jeudi **29**
Cordons bleus et petits pois
10 mn – 30 mn

Vendredi **30**
Petits roulés de jambon tout chou
15 mn – 5 mn

Samedi **1**
Poulet aux citrons confits
20 mn – 1 h 25

Dimanche **2**
Steaks au chèvre
20 mn – 35 mn

Recettes

Pour 4 personnes

Poêler 1 oignon et 2 gousses d'ail émincés dans 2 c. à c. d'huile d'olive. Ajouter 300 g de riz à risotto pour qu'il devienne translucide + 600 g de champignons émincés (décongelés ou frais). Incorporer progressivement le bouillon (1 l d'eau + 2 cubes de bouillon) en remuant sans cesse. En fin de cuisson, incorporer 1 c. à s. de persil + 50 g de parmesan. Arroser du jus d'1 citron.

Mélanger 1 laitue romaine lavée et effeuillée à 40 g de cerneaux de noix + 2 endives émincées + 1 pomme en quartiers + 100 g de raisin coupé en 2 + 150 g de cantal en dés + 6 tranches de jambon sec en morceaux + 1 sachet de croûtons + 1 sauce (2 c. à s. de vinaigre de cidre + 1 c. à c. de moutarde + 4 c. à s. d'huile de noix).

Disposer 4 pavés de saumon sur 4 feuilles de brick et verser 1 mélange fait d'1 petit pot de sauce cocktail + 25 cl de crème liquide + 1 c. à s. d'aneth + 1 c. à s. de ciboulette. Refermer les bricks. Enfourner 20 mn à 180 °C. Servir avec 600 g de courgettes cuites 3 mn au micro-ondes et poêlées 5 mn dans 1 c. à s. d'huile d'olive.

Poêler 4 escalopes de poulet dans 20 g de beurre pendant 5 mn. Les couper en 2 dans l'épaisseur et farcir avec 1 tranche de comté + 2 tranches de bacon + 1 tranche de comté. Les tremper 1 à 1 dans 4 c. à s. de farine, puis 1 œuf battu, puis 4 c. à s. de chapelure. Mettre dans 1 plat et enfourner env. 15 mn à 200 °C, en retournant à mi-cuisson. Servir avec 600 g de petits pois.

Farcir 4 tranches de jambon avec 400 g de chou à choucroute émincé mélangé à 1 sauce (le jus d'1 orange + 2 c. à s. d'huile d'olive + 1 c. à s. d'estragon + 1 c. à s. de sauce soja) + 4 c. à s. de pignons de pin poêlés à sec. Enrouler les tranches de jambon et servir avec 1 salade verte.

Dans 1 cocotte, dorer à feu vif 1 poulet en morceaux dans 4 c. à s. d'huile d'olive. Réserver. Y cuire 10 mn à feu doux 4 oignons émincés + 4 carottes en rondelles. Ajouter 3 citrons confits en dés + 1 c. à c. de graines de coriandre + 1 c. à s. de 4-épices + 100 g de raisins secs + 4 c. à s. de miel + le poulet + 1 verre d'eau. Couvrir et mijoter 1 h. Servir avec 200 g de semoule.

Cuire 2 mn avec 30 cl de crème fraîche 1 bûche de chèvre de 300 g écroûtée + 3 c. à s. de fond de veau. Ajouter 500 g de champignons de Paris (rissolés dans 1 noix de beurre + ½ c. à c. d'ail + 1 c. à s. de persil). Faire suer 1 oignon émincé dans 1 noix de beurre. Ajouter 4 steaks de bœuf. Servir avec la sauce + 600 g de purée de brocolis.

Courses

Pour 4 personnes

☐ **Risotto aux champignons**

300 g de riz à risotto, 600 g de champignons émincés (surgelés ou frais), 1 citron, 1 oignon, 2 gousses d'ail, 50 g de parmesan, 2 cubes de bouillon, 1 c. à s. de persil, 2 c. à c. d'huile d'olive.

☐ **Salade d'automne**

1 laitue romaine, 2 endives, 1 pomme, 100 g de raisin, 150 g de cantal, 6 tranches de jambon sec, 40 g de cerneaux de noix, 1 sachet de croûtons, 2 c. à s. de vinaigre de cidre, 1 c. à c. de moutarde, 4 c. à s. d'huile de noix.

☐ **Bricks de saumon sauce cocktail**

4 feuilles de brick, 4 pavés de saumon, 600 g de courgettes, 1 petit pot de sauce cocktail, 25 cl de crème liquide, 1 c. à s. d'aneth, 1 c. à s. de ciboulette, 1 c. à s. d'huile d'olive.

☐ **Cordons bleus et petits pois**

4 escalopes de poulet, 8 tranches de bacon, 8 tranches de comté, 600 g de petits pois, 20 g de beurre, 4 c. à s. de farine, 4 c. à s. de chapelure, 1 œuf.

☐ **Petits roulés de jambon tout chou**

4 tranches de jambon, 400 g de chou à choucroute, 1 orange, 1 salade verte, 4 c. à s. de pignons de pin, 1 c. à s. d'estragon, 1 c. à s. de sauce soja, 2 c. à s. d'huile d'olive.

☐ **Poulet aux citrons confits**

1 poulet, 3 citrons confits, 100 g de raisins secs, 4 carottes, 4 oignons, 200 g de semoule, 1 c. à c. de graines de coriandre, 1 c. à s. de 4-épices, 4 c. à s. de miel, 4 c. à s. d'huile d'olive.

☐ **Steaks au chèvre**

4 steaks de bœuf, 1 bûche de chèvre de 300 g, 600 g de purée de brocolis, 500 g de champignons de Paris, 1 oignon, 30 cl de crème fraîche, 3 c. à s. de fond de veau, ½ c. à c. d'ail, 1 c. à s. de persil, 2 noix de beurre.

Et aussi

OCTOBRE 2022

Lundi **3**
Tagliatelles aux poivrons
15 mn | 40 mn

Mardi **4**
Salade au céleri et aux champignons
15 mn

Mercredi **5**
Acras de potiron
15 mn | 10 mn

Jeudi **6**
Œufs brouillés aux 2 tomates
10 mn | 5 mn

Vendredi **7**
Brandade de cabillaud rapide
15 mn | 30 mn

Samedi **8**
Galettes de bœuf aux épices
15 mn | 25 mn

Dimanche **9**
Colombo de veau
10 mn | 1 h

18

Recettes
Pour 4 personnes

Poêler 1 oignon émincé dans 1 c. à s. d'huile d'olive. Ajouter 1 gousse d'ail émincée + 3 poivrons rouges épépinés et en lamelles. Cuire 10 mn. Ajouter 20 cl de vin blanc et cuire encore 15 mn. Mixer avec 3 c. à s. de St Môret + 1 pincée de paprika. Mélanger avec 400 g de tagliatelles *al dente* avec 1 bouillon cube de volaille. Servir avec 80 g de gruyère râpé.

Mélanger 400 g de champignons de Paris lavés et émincés avec le jus d'1 citron. Ajouter 2 branches de céleri émincé + 250 g de mozzarella en rondelles + 12 olives noires + 2 pommes vertes en fins quartiers. Arroser de 4 c. à s. d'huile d'olive et d'1 c. à s. de basilic. Servir avec 4 tranches de pain grillées + 1 pot de tapenade.

Mélanger 200 g de farine + ½ c. à c. de sucre + 1 œuf + 8 c. à s. de lait. Ajouter 200 g de chair de potiron râpée + 1 pincée de piment + 1 c. à s. de persil + le zeste d'½ citron vert. Former les acras et les plonger dans 6 c. à s. d'huile très chaude. Cuire jusqu'à ce qu'ils soient dorés. Les égoutter sur de l'essuie-tout. Servir avec 600 g de betteraves cuites + 1 vinaigrette.

Mélanger 8 œufs avec un fouet. Ajouter 8 tomates séchées et 12 tomates cerises coupées en 2 + 2 c. à s. de crème fraîche. Chauffer 1 noix de beurre dans 1 poêle, ajouter les œufs et les mélanger régulièrement pendant 2-5 mn. Saupoudrer de 60 g de gruyère râpé + 1 c. à s. de ciboulette. Servir sur 4 tranches de pain de campagne toastées. Accompagner d'1 salade verte.

Cuire 15 mn au court-bouillon avec 1 bouillon cube de poisson 4 filets de cabillaud. Mélanger le poisson égoutté à 600 g de purée de pommes de terre et tout écraser à la fourchette. Ajouter 3 gousses d'ail hachées + 4 c. à s. d'huile d'olive + 1 bouquet de persil ciselé. Mettre dans 1 plat à gratin et parsemer de 60 g de parmesan râpé mélangé à 3 c. à s. de chapelure. Passer 5 mn au gril.

Faire bouillir 15 cl de lait. Ajouter 50 g de chapelure + 1 c. à c. de muscade, de cannelle et de cumin. Cuire 3 mn en mélangeant pour obtenir 1 pâte onctueuse. Mélanger avec 600 g de bœuf haché + 1 oignon haché + le zeste d'1 citron. Façonner 12 boulettes et les aplatir. Les poêler 2-3 mn/côté dans 2 c. à s. d'huile. Servir avec 600 g de légumes verts à la vapeur.

Dans 1 cocotte, poêler 2 oignons émincés dans 1 c. à s. d'huile. Ajouter 800 g de filet mignon de veau + 1 c. à s. de colombo en poudre + 1 bouillon cube de volaille + 20 cl d'eau + 1 piment oiseau émincé. Mijoter 30 mn. Ajouter 500 g d'épinards en branches décongelés et égouttés + 2 c. à s. de crème liquide. Cuire 15 mn. Servir avec 600 g de patates douces à la vapeur.

Courses
Pour 4 personnes

☐ **Tagliatelles aux poivrons**

400 g de tagliatelles, 3 poivrons rouges, 1 oignon, 1 gousse d'ail, 80 g de gruyère râpé, 3 c. à s. de St Môret, 20 cl de vin blanc, 1 bouillon cube de volaille, 1 pincée de paprika, 1 c. à s. d'huile d'olive.

☐ **Salade au céleri et aux champignons**

400 g de champignons de Paris, 2 branches de céleri, 2 pommes vertes, 12 olives noires, 1 citron, 250 g de mozzarella, 1 pot de tapenade, 4 tranches de pain, 1 c. à s. de basilic, 4 c. à s. d'huile d'olive.

☐ **Acras de potiron**

200 g de chair de potiron, 600 g de betteraves cuites, ½ citron vert, 200 g de farine, ½ c. à c. de sucre, 1 œuf, 8 c. à s. de lait, 1 c. à s. de persil, 1 pincée de piment, 1 vinaigrette, 6 c. à s. d'huile.

☐ **Œufs brouillés aux 2 tomates**

8 œufs, 8 tomates séchées, 12 tomates cerises, 1 salade verte, 60 g de gruyère râpé, 4 tranches de pain de campagne, 2 c. à s. de crème fraîche, 1 c. à s. de ciboulette, 1 noix de beurre.

☐ **Brandade de cabillaud rapide**

4 filets de cabillaud, 600 g de purée de pommes de terre, 3 gousses d'ail, 60 g de parmesan râpé, 1 bouillon cube de poisson, 1 bouquet de persil, 3 c. à s. de chapelure, 4 c. à s. d'huile d'olive.

☐ **Galettes de bœuf aux épices**

600 g de bœuf haché, 600 g de légumes verts, 1 oignon, 1 citron, 50 g de chapelure, 15 cl de lait, 1 c. à c. de muscade, 1 c. à c. de cannelle, 1 c. à c. de cumin, 2 c. à s. d'huile.

☐ **Colombo de veau**

800 g de filet mignon de veau, 600 g de patates douces, 500 g d'épinards en branches surgelés, 2 oignons, 1 c. à s. de colombo en poudre, 1 piment oiseau, 1 bouillon cube de volaille, 2 c. à s. de crème liquide, 1 c. à s. d'huile.

Et aussi

OCTOBRE

Lundi **10**

Macaronis à la courge

10 mn 25 mn

Mardi **11**

Soupe de pois cassés à la Cocotte-Minute

15 mn 35 mn

Mercredi **12**

Tarte au brocoli et au jambon

15 mn 45 mn

Jeudi **13**

Filets de merlan au sésame

5 mn 15 mn

Vendredi **14**

Poêlée de champignons

15 mn 15 mn

Samedi **15**

Filet mignon aux lardons

20 mn 45 mn

Dimanche **16**

Bœuf sauté au raisin frais

20 mn 1 h 10

Recettes

Pour 4 personnes

Poêler 10-15 mn 600 g de chair de courge en lamelles + 2 pincées de muscade + 2 pincées de cannelle dans 4 c. à s. d'huile d'olive. Ajouter 350 g de macaronis *al dente* et cuire encore 1 mn à feu doux. Servir avec 60 g de parmesan râpé.

Dans 1 Cocotte-Minute, poêler 3 oignons et 1 gousse d'ail émincés dans 2 c. à s. d'huile d'olive. Ajouter 1 branche de céleri émincée + 2 carottes en rondelles + 400 g de pois cassés + 1 bouquet de persil + 2 feuilles de laurier + 1 l d'eau. Cuire 25 mn après rotation de la soupape. Mixer avec tout ou partie de l'eau + 10 cl de lait. Servir avec 200 g de lardons poêlés à sec.

Sur 1 pâte brisée, répartir 1 brocoli en fleurettes (lavé et cuit 5 mn au micro-ondes avec un peu d'eau, puis égoutté) + 100 g d'allumettes de jambon fumé + ½ bûche de chèvre en rondelles. Verser 1 mélange fait de 3 œufs battus avec 10 cl de lait – 10 cl de crème liquide + 1 c. à c. de muscade. Enfourner 40 mn à 180 °C.

Poêler 1 mn/côté 4 filets de merlan dans 1 c. à s. d'huile. Réserver et jeter l'huile. Dans la poêle, faire bouillir 1 mélange de 4 c. à s. de sauce soja + 4 c. à s. de muscat + 2 c. à c. de sucre + 30 g de gingembre frais râpé + 6 gouttes d'huile de sésame. Remettre le merlan. Cuire 1-2 mn/côté. Servir avec 600 g de purée de carottes surgelée cuite au micro-ondes.

Poêler à feu vif 1,2 kg de champignons frais mélangés, nettoyés et émincés + 1 c. à s. de persil dans 2 c. à s. d'huile d'olive. Lorsque l'eau des champignons s'est évaporée, cuire encore 8-10 mn, jusqu'à ce qu'ils soient croustillants. Servir avec 6 tranches de jambon de dinde.

Dans 1 plat allant au four, mettre 1 filet mignon de 800 g arrosé d'1 c. à s. de fond de veau délayé dans 4 c. à s. d'eau + 150 g d'allumettes de lardons + 2 c. à s. d'huile d'olive + 1 c. à s. d'herbes de Provence + 800 g de petites pommes de terre épluchées coupées en 2. Enfourner 45 mn à 180 °C. Servir avec 1 salade verte.

Dans 1 sauteuse, dorer 10 mn 800 g de bœuf maigre en dés dans 2 c. à s. d'huile d'olive. Ajouter 1 oignon émincé + 3 gousses d'ail pilées + 3 courgettes en rondelles + 2 tomates en quartiers. Cuire 5 mn. Ajouter 15 cl de vin rouge. Faire bouillir, couvrir et mijoter 45 mn. Ajouter 150 g de raisin + 1 bouillon cube de légumes + 15 cl d'eau + 1 branche de sauge. Cuire encore 10 mn.

Courses

Pour 4 personnes

☐ **Macaronis à la courge**

350 g de macaronis, 600 g de chair de courge, 60 g de parmesan râpé, 2 pincées de muscade, 2 pincées de cannelle, 4 c. à s. d'huile d'olive.

☐ **Soupe de pois cassés à la Cocotte-Minute**

400 g de pois cassés, 2 carottes, 1 branche de céleri, 3 oignons, 1 gousse d'ail, 200 g de lardons, 10 cl de lait, 1 bouquet de persil, 2 feuilles de laurier, 2 c. à s. d'huile d'olive.

☐ **Tarte au brocoli et cru jambon**

1 pâte brisée, 1 brocoli, 100 g d'allumettes de jambon fumé, ½ bûche de chèvre, 3 œufs, 10 cl de lait, 10 cl de crème liquide, 1 c. à c. de muscade.

☐ **Filets de merlan au sésame**

4 filets de merlan, 600 g de purée de carottes surgelée, 30 g de gingembre frais, 2 c. à c. de sucre, 4 c. à s. de sauce soja, 4 c. à s. de muscat, 6 gouttes d'huile de sésame, 1 c. à s. d'huile.

☐ **Poêlée de champignons**

1,2 kg de champignons frais mélangés, 6 tranches de jambon de dinde, 1 c. à s. de persil, 2 c. à s. d'huile d'olive.

☐ **Filet mignon aux lardons**

1 filet mignon de 800 g, 150 g d'allumettes de lardons, 800 g de petites pommes de terre, 1 salade verte, 1 c. à s. de fond de veau, 1 c. à s. d'herbes de Provence, 2 c. à s. d'huile d'olive.

☐ **Bœuf sauté au raisin frais**

800 g de bœuf maigre, 150 g de raisin, 3 courgettes, 2 tomates, 3 gousses d'ail, 1 oignon, 15 cl de vin rouge, 1 bouillon cube de légumes, 1 branche de sauge, 2 c. à s. d'huile d'olive.

Et aussi

OCTOBRE

Jour	Date	Recette	Préparation	Cuisson
Lundi	17	Spaghettis de mamie	5 mn	10 mn
Mardi	18	Salade de lentilles au comté	10 mn	25 mn
Mercredi	19	Tartines comme une pizza	10 mn	15 mn
Jeudi	20	Côtes de porc aux pommes	15 mn	25 mn
Vendredi	21	Chou-fleur en couscous	15 mn	20 mn
Samedi	22	Saumon aux échalotes	10 mn	30 mn
Dimanche	23	Steaks hachés au persil et au parmesan	5 mn	20 mn

Recettes
Pour 4 personnes

Mélanger 400 g de spaghettis *al dente* à 2 noix de beurre. Servir avec 100 g d'emmental râpé + 4 c. à s. de ketchup.

Cuire env. 25 mn après ébullition 300 g de lentilles vertes dans 1 l d'eau froide avec 1 bouillon cube de légumes. Les mélanger, égouttées et refroidies, avec 100 g de comté en dés + 8 tomates séchées. Ajouter 1 sauce (2 c. à s. de vinaigre de cidre + 1 c. à c. de moutarde + 4 c. à s. d'huile de noix) + 1 c. à s. de persil + 40 g de noisettes concassées.

Sur 8 tranches de pain de campagne, répartir 8 c. à s. de coulis de tomates + 4 tranches de jambon en morceaux + 8 olives coupées en 2 + 8 cœurs d'artichauts à l'huile en morceaux + 200 g de mozzarella en rondelles + 8 c. à c. de basilic. Enfourner 10-15 mn à 180 °C et servir avec 1 roquette.

Poêler 5 mn/côté 4 côtes de porc dans 1 c. à s. d'huile. Réserver. Déglacer la poêle avec 4 c. à s. de jus de citron. Verser 3 c. à s. de miel et caraméliser 2 mn. Y réchauffer la viande 10 sec/côté. Servir avec 600 g de purée de pommes de terre + 2 pommes en quartiers (cuites 5 mn au micro-ondes et poêlées 3 mn dans 15 g de beurre).

Mixer 1 chou-fleur pour obtenir des morceaux comme des graines de couscous. Poêler 2 branches de céleri et 1 oignon émincés + 1 pincée d'ail, de cumin et de coriandre dans 15 g de beurre pendant 5 mn. Ajouter 1 pomme en dés + 25 cl d'eau + 1 bouillon cube de légumes + 30 g d'amandes effilées. Faire bouillir. Ajouter le chou-fleur. Cuire 5-10 mn. Mettre 2 c. à s. de jus de citron.

Poêler 6 échalotes émincées dans 1 noix de beurre. Ajouter 4 pavés de saumon et cuire 2 mn/côté. Réserver le saumon. Déglacer la poêle avec les échalotes avec 4 c. à s. de vinaigre balsamique + 1 c. à s. d'eau. Ajouter 1 c. à c. de moutarde. Mijoter 2-3 mn. Ajouter 4 c. à s. de crème fraîche. Remettre le saumon et servir avec 250 g de riz basmati.

Poêler 4 steaks hachés dans 1 c. à s. d'huile. Parsemer de 8 c. à s. de parmesan + 4 c. à c. de persil. Servir avec 600 g d'épinards surgelés cuits au micro-ondes et mélangés à 2 c. à s. de crème fraîche.

Courses
Pour 4 personnes

☐ Spaghettis de mamie
400 g de spaghettis,
100 g d'emmental râpé,
4 c. à s. de ketchup,
2 noix de beurre.

☐ Salade de lentilles au comté
300 g de lentilles vertes, 100 g de comté,
40 g de noisettes, 8 tomates séchées,
1 bouillon cube de légumes, 1 c. à s. de persil,
1 c. à c. de moutarde, 2 c. à s. de vinaigre
de cidre, 4 c. à s. d'huile de noix.

☐ Tartines comme une pizza
8 tranches de pain de campagne, 4 tranches
de jambon, 200 g de mozzarella, 8 cœurs
d'artichauts à l'huile, 8 olives, 8 c. à s.
de coulis de tomates, 8 c. à c. de basilic,
1 roquette.

☐ Côtes de porc aux pommes
4 côtes de porc, 2 pommes, 600 g de purée
de pommes de terre, 15 g de beurre,
3 c. à s. de miel, 4 c. à s. de jus de citron,
1 c. à s. d'huile.

☐ Chou-fleur en couscous
1 chou-fleur, 2 branches de céleri, 1 pomme,
1 oignon, 30 g d'amandes effilées,
15 g de beurre, 1 pincée d'ail, de cumin et
de coriandre, 1 bouillon cube de légumes,
2 c. à s. de jus de citron.

☐ Saumon aux échalotes
4 pavés de saumon, 6 échalotes,
250 g de riz basmati, 4 c. à s. de crème
fraîche, 4 c. à s. de vinaigre balsamique,
1 c. à c. de moutarde, 1 noix de beurre.

☐ Steaks hachés au persil et au parmesan
4 steaks hachés, 600 g d'épinards surgelés,
8 c. à s. de parmesan, 4 c. à c. de persil,
2 c. à s. de crème fraîche, 1 c. à s. d'huile.

Et aussi

OCTOBRE

Lundi **24** — Linguine aux cèpes — 15 mn / 20 mn

Mardi **25** — Thonade et petits bouquets verts — 10 mn / 15 mn

Mercredi **26** — Tarte aux tomates cerises et au gorgonzola — 10 mn / 30 mn

Jeudi **27** — Filets de limande aux câpres — 10 mn / 25 mn

Vendredi **28** — Crumble de potiron aux lardons — 15 mn / 55 mn

Samedi **29** — Poulet laqué au gingembre — 5 mn / 35 mn

Dimanche **30** — Blanquette de poisson — 10 mn / 45 mn

Recettes
Pour 4 personnes

Poêler 500 g de cèpes émincés dans 1 c. à s. d'huile d'olive + 1 noix de beurre pendant env. 5 mn. Ajouter 1 c. à s. de persil + 400 g de linguine *al dente* + 1 c. à s. de l'eau de cuisson des pâtes + 4 c. à s. de crème fraîche. Cuire 2 mn. Servir chaud.

Mélanger 1 boîte de thon au naturel avec ½ Boursin ail & fines herbes. En tartiner 4 tranches de pain grillées. Servir avec 600 g de brocolis en fleurettes cuits 5-10 mn au micro-ondes, puis disposés dans 1 plat et grillés 5 mn au four avec l'autre ½ du Boursin.

Sur 1 pâte brisée, étaler 300 g de tomates cerises coupées en 2, côté peau vers le bas. Ajouter 1 mélange fait de 4 œufs battus + 10 cl de crème liquide + 10 cl de lait + 1 pincée de muscade + 250 g de gorgonzola émietté. Enfourner env. 30 mn à 210 °C. Servir avec 1 salade.

Cuire à feu très doux en mélangeant 1 c. à c. de moutarde + 40 g de beurre + le zeste et 1 c. à s. du jus d'1 citron vert. Hors du feu, ajouter 2 c. à s. de câpres. Poêler 4 filets de limande côté peau dans 1 c. à s. d'huile d'olive pendant env. 8 mn. Répartir la sauce sur le poisson chaud. Servir avec 600 g de mélange de légumes surgelés cuits à la vapeur.

Cuire à l'eau 15 mn après ébullition 800 g de chair de potiron en dés et l'écraser à la fourchette avec 1 c. à c. de muscade. Poêler à sec 100 g de lardons. Réserver. Blondir 2 oignons émincés dans 1 c. à s. d'huile d'olive. Déposer le potiron dans 1 plat à gratin, parsemer de lardons, d'oignons et de crumble (mixer 150 g de farine + 100 g de parmesan râpé + 60 g de beurre). Enfourner 30 mn à 200 °C.

Dans 1 plat à gratin, napper 4 blancs de poulet d'1 sauce (1 c. à c. de gingembre frais râpé + 4 c. à c. de moutarde + 2 c. à s. de sauce soja + 1 c. à s. de miel + 1 c. à s. d'huile). Enfourner 25 mn à 210 °C en retournant plusieurs fois. Ajouter 1 c. à s. d'eau + 1 c. à c. de gingembre frais râpé pour délayer la sauce. Servir avec 250 g de polenta.

Dans 1 cocotte, poêler 1 oignon émincé dans 1 noix de beurre. Ajouter 400 g de champignons de Paris en boîte + 4 carottes en rondelles + 25 cl de vin blanc et faire bouillir. Ajouter 25 cl de crème liquide + 1 bouquet garni. Faire réduire. Ajouter 600 g de filets de cabillaud en dés passés dans 2 c. à s. de farine. Mijoter 20 mn. Servir avec 200 g de riz.

Courses
Pour 4 personnes

☐ **Linguine aux cèpes**

400 g de linguine, 500 g de cèpes, 1 noix de beurre, 1 c. à s. de persil, 4 c. à s. de crème fraîche, 1 c. à s. d'huile d'olive.

☐ **Thonade et petits bouquets verts**

1 boîte de thon au naturel, 600 g de brocolis, 1 Boursin ail & fines herbes, 4 tranches de pain.

☐ **Tarte aux tomates cerises et au gorgonzola**

1 pâte brisée, 250 g de gorgonzola, 300 g de tomates cerises, 1 salade, 4 œufs, 10 cl de crème liquide, 10 cl de lait, 1 pincée de muscade.

☐ **Filets de limande aux câpres**

4 filets de limande avec la peau, 600 g de mélange de légumes surgelés, 2 c. à s. de câpres, 1 citron vert, 40 g de beurre, 1 c. à c. de moutarde, 1 c. à s. d'huile d'olive.

☐ **Crumble de potiron aux lardons**

800 g de chair de potiron, 2 oignons, 100 g de lardons, 150 g de farine, 100 g de parmesan râpé, 60 g de beurre, 1 c. à c. de muscade, 1 c. à s. d'huile d'olive.

☐ **Poulet laqué au gingembre**

4 blancs de poulet, 250 g de polenta, 2 c. à c. de gingembre frais râpé, 4 c. à c. de moutarde, 2 c. à s. de sauce soja, 1 c. à s. de miel, 1 c. à s. d'huile.

☐ **Blanquette de poisson**

600 g de filets de cabillaud, 200 g de riz, 400 g de champignons de Paris en boîte, 4 carottes, 1 oignon, 25 cl de crème liquide, 25 cl de vin blanc, 2 c. à s. de farine, 1 noix de beurre, 1 bouquet garni.

Et aussi

2022

OCT./NOV.

Lundi 31
Velouté de potimarron
15 mn — 50 mn

Mardi 1
Toussaint
Velouté tout doux
15 mn — 30 mn

Mercredi 2
Wraps au poulet
10 mn — 20 mn

Jeudi 3
Cabillaud à la crème de roquefort
15 mn — 50 mn

Vendredi 4
Escalopes de dinde aux lardons
5 mn — 25 mn

Samedi 5
Mousses de choux au parmesan
15 mn — 1 h

Dimanche 6
Légumes d'hiver rôtis
15 mn — 50 mn

Recettes

Pour 4 personnes

Blondir 2 échalotes et 1 gousse d'ail hachées dans 40 g de beurre. Ajouter 1 potimarron d'1 kg en dés + 20 g de gingembre émincé. Verser 60 cl de lait. Couvrir à moitié. Cuire à feu doux 45 mn en remuant. Mixer avec 1 c. à c. de muscade. Servir avec 300 g de noix de Saint-Jacques (poêlées 1 mn dans 1 c. à s. d'huile d'olive) parsemées d'1 c. à s. de ciboulette.

Cuire env. 30 mn à l'eau 4 carottes en rondelles + 3 courgettes en dés + 2 poivrons rouges épépinés + 1 pomme de terre épluchée en morceaux + 1 oignon et 1 gousse d'ail émincés + 1 cube de bouillon de volaille + 1 c. à c. de curry + 1 c. à c. de curcuma. Mixer avec tout ou partie de l'eau de cuisson + 2 Kiri. Servir avec 6 tranches de jambon + 1 sachet de croûtons + 80 g de mimolette en tranches.

Sur 8 tortillas de blé, répartir 400 g de julienne de légumes surgelée (poêlée 5 mn dans 1 c. à s. d'huile d'olive) mélangée à 300 g de blancs de poulet (poêlés 7-8 mn dans 1 c. à s. d'huile d'olive) + 8 c. à s. de moutarde douce + 100 g de gruyère râpé. Fermer les wraps, enfourner 5 mn à 180 °C.

Chauffer à feu doux 100 g de roquefort émietté + 20 cl de crème liquide. Servir sur 4 filets de cabillaud cuits 10-15 mn à la vapeur. Accompagner de 600 g de pommes de terre cuites à l'eau, puis coupées en rondelles et rissolées 10 mn dans 2 noix de beurre.

Poêler 4 escalopes de dinde émincées + 200 g de lardons fumés dans 2 c. à s. d'huile d'olive pendant 10 mn. Une fois dorés, ajouter 25 cl de crème fraîche + 2 c. à s. de fond de veau. Ajouter 1 boîte de champignons de Paris et mijoter 3 mn. Servir avec 250 g de blé.

Cuire séparément à l'eau 20 mn 500 g de choux-fleurs et 500 g de brocolis en fleurettes avec 2 bouillons cubes. Égoutter et mixer séparément. Dans chaque purée, ajouter 2 œufs battus + 1 jaune + 5 cl de crème fleurette + 50 g de parmesan râpé. Remplir des ramequins et enfourner env. 35 mn à 180 °C. Servir avec 12 tranches de bacon poêlées à sec + 1 salade.

Dans 1 plat à gratin, disposer 300 g de panais, 300 g de carottes et 200 g de topinambours épluchés et coupés en morceaux. Verser 4 c. à s. d'huile d'olive + 40 g de sucre roux + 1 c. à c. de muscade et de cumin. Enfourner 50 mn à 220 °C. Servir avec 6 tranches de jambon et 100 g de fromage frais.

Courses

Pour 4 personnes

☐ **Velouté de potimarron**

1 potimarron d'1 kg, 2 échalotes, 1 gousse d'ail, 20 g de gingembre, 300 g de noix de Saint-Jacques, 40 g de beurre, 60 cl de lait, 1 c. à s. de ciboulette, 1 c. à c. de muscade, 1 c. à s. d'huile d'olive.

☐ **Velouté tout doux**

4 carottes, 3 courgettes, 2 poivrons rouges, 1 pomme de terre, 1 oignon, 1 gousse d'ail, 6 tranches de jambon, 1 sachet de croûtons, 80 g de mimolette, 2 Kiri, 1 cube de bouillon de volaille, 1 c. à c. de curry, 1 c. à c. de curcuma.

☐ **Wraps au poulet**

8 tortillas de blé, 300 g de blancs de poulet, 400 g de julienne de légumes surgelée, 100 g de gruyère râpé, 8 c. à s. de moutarde douce, 2 c. à s. d'huile d'olive.

☐ **Cabillaud à la crème de roquefort**

4 filets de cabillaud, 100 g de roquefort, 600 g de pommes de terre, 20 cl de crème liquide, 2 noix de beurre.

☐ **Escalopes de dinde aux lardons**

4 escalopes de dinde, 200 g de lardons fumés, 250 g de blé, 1 boîte de champignons de Paris, 25 cl de crème fraîche, 2 c. à s. de fond de veau, 2 c. à s. d'huile d'olive.

☐ **Mousses de choux au parmesan**

500 g de choux-fleurs, 500 g de brocolis, 1 salade, 100 g de parmesan râpé, 12 tranches de bacon, 2 bouillons cubes, 4 œufs + 2 jaunes, 10 cl de crème fleurette.

☐ **Légumes d'hiver rôtis**

300 g de panais, 300 g de carottes, 200 g de topinambours, 6 tranches de jambon, 100 g de fromage frais, 40 g de sucre roux, 1 c. à c. de muscade et de cumin, 4 c. à s. d'huile d'olive.

Et aussi

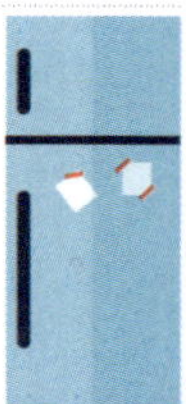

2022

NOVEMBRE

Lundi **7**

Pâtes carbonara aux poireaux

15 mn — 25 mn

Mardi **8**

Lasagnes express

15 mn — 45 mn

Mercredi **9**

Tarte au fromage

15 mn — 15 mn — 45 mn

Jeudi **10**

Boudins blancs aux pommes

15 mn — 45 mn

Vendredi **11**
Armistice de 1918

Bœuf au citron vert

10 mn — 1 h — 20 mn

Samedi **12**

Poulet à la moutarde

10 mn — 55 mn

Dimanche **13**

Parmentier de poisson

20 mn — 1 h 05

28

Recettes

Pour 4 personnes

Faire suer 1 oignon émincé dans 1 c. à s. d'huile d'olive. Ajouter 1 poireau émincé et cuire 10 mn. Mélanger avec 400 g de pâtes *al dente* + 1 jaune d'œuf + 10 cl de crème fraîche. Servir chaud.

Blondir 1 oignon émincé + 1 c. à s. d'herbes de Provence dans 2 c. à s. d'huile d'olive. Ajouter 500 g de bœuf haché. Cuire 2-3 mn. Étager sur 2-3 couches 50 cl de sauce tomate, 12 feuilles de lasagnes, la viande et 20 cl de crème fraîche + 4 c. à s. de lait Finir avec 100 g de mozzarella en rondelles + 100 g de gruyère râpé. Enfourner 35 mn à 200 °C. Servir avec 1 salade.

Dans 1 casserole, délayer 2 c. à s. de Maïzena avec 25 cl de lait froid. Porter à feu doux et remuer jusqu'à ébullition. Ajouter 150 g de fromage au choix (bleu, chèvre, comté…), remuer et attendre qu'il fonde. Laisser le mélange refroidir, puis ajouter 3 œufs cassés 1 à 1. Étaler sur 1 pâte brisée. Enfourner 30 mn à 200 °C. Servir avec 1 salade.

Faire dorer 4 boudins blancs en rondelles dans 1 c. à s. d'huile d'olive. Réserver. Faire suer 2 oignons émincés dans 2 c. à s. d'huile d'olive. Ajouter 6 pommes en quartiers et cuire 5 mn. Ajouter 15 cl de vin blanc + les boudins et mijoter 20 mn. Servir avec 600 g de purée de céleri.

Faire mariner 600 g de filet de bœuf émincé pendant 1 h dans 1 c. à s. d'huile de sésame + 1 c. à c. de gingembre + le jus et le zeste d'1 citron vert + 4 c. à s. de sauce soja. Poêler 2 oignons émincés dans 2 c. à s. d'huile. Réserver. Saisir 3 mn à feu vif le bœuf sans la marinade, puis ajouter les oignons et la marinade. Servir chaud avec 600 g de purée de carottes.

Faire blondir 2 oignons émincés dans 2 c. à s. d'huile d'olive. Ajouter 4 cuisses de poulet et les faire dorer. Ajouter 1 bouillon cube de volaille + 20 cl d'eau + 1 bouquet garni. Mijoter 35 mn. Ajouter 20 cl de crème semi-épaisse + 2 c. à s. de moutarde. Mijoter encore 5 mn. Servir avec 500 g d'épinards hachés surgelés cuits au micro-ondes.

Mélanger 800 g de pommes de terre (cuites 30 mn à l'eau) écrasées avec 20 cl de lait chaud. Dans 1 plat à gratin, verser 1 kg de filets de cabillaud (cuits 15 mn à la vapeur), émiettés et mélangés à 2 c. à s. d'huile d'olive + 1 bouquet de persil mixé avec 2 gousses d'ail. Recouvrir de purée. Parsemer de 40 g de beurre en dés + 4 c. à s. de chapelure. Enfourner 20 mn à 180 °C.

Courses

Pour 4 personnes

☐ Pâtes carbonara aux poireaux

400 g de pâtes, 1 poireau, 1 oignon, 1 jaune d'œuf, 10 cl de crème fraîche, 1 c. à s. d'huile d'olive.

☐ Lasagnes express

12 feuilles de lasagnes, 500 g de bœuf haché, 100 g de mozzarella, 100 g de gruyère râpé, 1 salade, 1 oignon, 50 cl de sauce tomate, 20 cl de crème fraîche, 4 c. à s. de lait, 1 c. à s. d'herbes de Provence, 2 c. à s. d'huile d'olive.

☐ Tarte au fromage

1 pâte brisée, 150 g de fromage au choix (bleu, chèvre, comté…), 1 salade, 2 c. à s. de Maïzena, 3 œufs, 25 cl de lait.

☐ Boudins blancs aux pommes

4 boudins blancs, 6 pommes, 2 oignons, 600 g de purée de céleri, 15 cl de vin blanc, 3 c. à s. d'huile d'olive.

☐ Bœuf au citron vert

600 g de filet de bœuf, 600 g de purée de carottes, 1 citron vert, 2 oignons, 1 c. à c. de gingembre, 4 c. à s. de sauce soja, 2 c. à s. d'huile, 1 c. à s. d'huile de sésame.

☐ Poulet à la moutarde

4 cuisses de poulet, 500 g d'épinards hachés surgelés, 2 oignons, 20 cl de crème semi-épaisse, 1 bouillon cube de volaille, 1 bouquet garni, 2 c. à s. de moutarde, 2 c. à s. d'huile d'olive.

☐ Parmentier de poisson

1 kg de filets de cabillaud, 800 g de pommes de terre, 2 gousses d'ail, 40 g de beurre, 4 c. à s. de chapelure, 20 cl de lait, 1 bouquet de persil, 2 c. à s. d'huile d'olive.

Et aussi

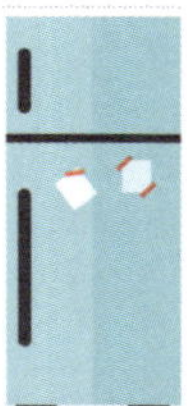

2022

NOVEMBRE

Lundi 14
Pizza aux légumes grillés
10 mn – 15 mn

Mardi 15
Soupe de choux-fleurs au lait de coco
15 mn – 30 mn

Mercredi 16
Tartines au saumon fumé et au Leerdammer
5 mn – 15 mn

Jeudi 17
Saucisses et poêlée de légumes
5 mn – 20 mn

Vendredi 18
Salade de haricots rouges
10 mn

Samedi 19
Tartare de saumon à la mangue
15 mn – 1 h 30

Dimanche 20
Foies de veau au poivre
10 mn – 20 mn

30

Recettes

Pour 4 personnes

Sur 1 pâte à pizza, répartir 25 cl de coulis de tomates + 125 g de lardons allumettes + 300 g de légumes grillés décongelés et émincés + 8 olives noires + 200 g de mozzarella en rondelles. Parsemer d'1 c. à s. de basilic + d'1 filet d'huile d'olive. Enfourner env. 15 mn à 220 °C.

Faire suer 1 oignon émincé dans 1 c. à s. d'huile d'olive. Ajouter 800 g de choux-fleurs + 1 bouillon cube de volaille. Couvrir d'eau. Cuire 15 mn. Mixer avec 1 partie du jus de cuisson. Ajouter 20 cl de lait de coco + 1 c. à c. de curry et de cumin. Réchauffer 5 mn. Servir avec 8 œufs à la coque (cuits 3 mn 30 après ébullition) + ½ baguette tartinée de 40 g de beurre.

Sur 8 tranches de pain de campagne, répartir 8 c. à s. de crème fraîche mélangées à 8 c. à c. de moutarde + 4 c. à s. d'aneth. Poser dessus 8 tranches de saumon fumé + 8 tranches de Leerdammer. Enfourner 10-15 mn à 180 °C. Servir avec 1 salade + ¼ de bocal de cornichons.

Poêler 8 saucisses dans 1 c. à s. d'huile d'olive. Réserver. Faire revenir 600 g de poêlée de légumes surgelée dans 1 c. à s. d'huile d'olive. En fin de cuisson, ajouter 1 c. à s. d'herbes au choix. Réchauffer les saucisses et servir avec 4 c. à c. de moutarde.

Mélanger 1 petite boîte de haricots rouges + 1 petite boîte de maïs + 1 barquette de dés de jambon + 200 g de gruyère en dés + 1 c. à s. de ciboulette + 4 tomates en dés. Assaisonner avec 1 c. à s. de mayonnaise. Servir frais.

Mélanger délicatement 400 g de saumon frais, 1 mangue et 2 tomates en dés + 1 échalote émincée + 1 c. à c. de gingembre + 30 g de noisettes concassées. Assaisonner avec le jus d'1 citron vert + 3 c. à s. d'huile de noix. Parsemer d'1 c. à s. de coriandre. Mariner 1 h 30 minimum au frais. Servir avec 4 tranches de pain aux noix + 100 g de fromage frais.

Poêler 2 mn/côté 4 tranches de foie de veau dans 25 g de beurre. Réserver. Déglacer la poêle avec 2 c. à s. de vin blanc. Ajouter 1 c. à s. de poivre concassé, puis de miel et caraméliser. Ajouter 1 c. à s. de vinaigre balsamique. Faire réduire de moitié. Ajouter 3 c. à s. de jus de citron. Remettre la viande 10 sec. Servir avec 600 g de purée de pommes de terre.

Courses

Pour 4 personnes

- [ ] **Pizza aux légumes grillés**

1 pâte à pizza, 300 g de légumes grillés surgelés, 8 olives noires, 200 g de mozzarella, 125 g de lardons allumettes, 25 cl de coulis de tomates, 1 c. à s. de basilic, 1 filet d'huile d'olive.

- [ ] **Soupe de choux-fleurs au lait de coco**

800 g de choux-fleurs, 1 oignon, ½ baguette, 8 œufs, 20 cl de lait de coco, 40 g de beurre, 1 bouillon cube de volaille, 1 c. à c. de curry et de cumin, 1 c. à s. d'huile d'olive.

- [ ] **Tartines au saumon fumé et au Leerdammer**

8 tranches de pain de campagne, de saumon fumé et de Leerdammer, 1 salade, ¼ de bocal de cornichons, 8 c. à s. de crème fraîche et de moutarde, 4 c. à s. d'aneth.

- [ ] **Saucisses et poêlée de légumes**

8 saucisses, 600 g de poêlée de légumes surgelée, 1 c. à s. d'herbes au choix, 4 c. à c. de moutarde, 2 c. à s. d'huile d'olive.

- [ ] **Salade de haricots rouges**

1 petite boîte de haricots rouges, 1 petite boîte de maïs, 4 tomates, 1 barquette de dés de jambon, 200 g de gruyère, 1 c. à s. de ciboulette, 1 c. à s. de mayonnaise.

- [ ] **Tartare de saumon à la mangue**

400 g de saumon frais, 1 mangue, 2 tomates, 1 citron vert, 1 échalote, 4 tranches de pain aux noix, 100 g de fromage frais, 30 g de noisettes, 1 c. à c. de gingembre, 1 c. à s. de coriandre, 3 c. à s. d'huile de noix.

- [ ] **Foies de veau au poivre**

4 tranches de foie de veau, 600 g de purée de pommes de terre, 25 g de beurre, 3 c. à s. de jus de citron, 2 c. à s. de vin blanc, 1 c. à s. de miel, de vinaigre balsamique et de poivre concassé.

Et aussi

NOVEMBRE

Lundi 21 — Pâtes à la bolognaise express

10 mn | 20 mn

Mardi 22 — Salade d'endives surprise

15 mn

Mercredi 23 — Saumon à l'oseille

15 mn | 35 mn

Jeudi 24 — Côtes de porc et fenouil braisé

15 mn | 55 mn

Vendredi 25 — Dahl de lentilles

15 mn | 45 mn

Samedi 26 — Quiche sans pâte aux poireaux

10 mn | 1 h

Dimanche 27 — Chili con carne à la cocotte

15 mn | 45 mn

Recettes

Pour 4 personnes

Poêler 2 oignons émincés + 2 gousses d'ail hachées dans 2 c. à s. d'huile d'olive. Ajouter 50 g de jambon cru haché, puis 500 g de steak haché émietté + 3 pincées de muscade, de cannelle, de cumin + 35 cl de coulis de tomates + 1 sucre + 3 c. à s. de vin rouge et mijoter 5 mn. Mélanger avec 350 g de tagliatelles *al dente* + 20 g de beurre.

Mélanger 6 endives en fines lamelles + 2 pommes épluchées et en dés + 100 g de comté et 2 kiwis en dés + 20 cerneaux de noix concassés + 100 g de dés de jambon. Ajouter 1 sauce : 1 c. à s. de vinaigre balsamique et de miel + 1 c. à c. de moutarde + 6 c. à s. d'huile de noix. Parsemer d'1 c. à s. de ciboulette.

Faire suer 2 échalotes émincées dans 1 noix de beurre. Ajouter 25 cl de vin blanc + 1 bouquet d'oseille + 1 tablette de court-bouillon. Faire réduire de moitié. Ajouter 4 c. à s. d'eau et réduire encore. Ajouter 20 cl de crème fraîche et faire épaissir. Mixer et servir sur 4 pavés de saumon cuits 8-10 mn à la vapeur. Accompagner de 600 g de haricots verts cuits 15 mn à la vapeur.

Poêler 4 bulbes de fenouil émincés dans 3 c. à s. d'huile d'olive pendant 5 mn. Ajouter 2 gousses d'ail hachées. Cuire encore 5 mn et ajouter le jus d'1 citron + 15 cl de vin blanc + 1 c. à s. de thym + 15 g de sucre. Cuire à couvert env. 30 mn en remuant souvent. Servir avec 4 côtes de porc poêlées 2 mn/côté à feu vif dans 1 c. à s. d'huile d'olive, puis 5 mn/côté à feu moyen.

Cuire env. 20 mn à l'eau 250 g de lentilles corail + 2 carottes en rondelles + ½ chou-fleur en fleurettes. Faire suer 1 oignon émincé dans 1 c. à s. d'huile d'olive pendant 5 mn. Ajouter 1 tomate en dés + 2 gousses d'ail hachées + 2 c. à c. de curry + 1 c. à c. de gingembre + 2 pincées de graines de cumin. Mélanger et verser 20 cl de lait de coco. Mijoter 10 mn et servir avec 200 g de riz.

Cuire 10 mn au micro-ondes 4 blancs de poireaux émincés. Les poêler env. 15 mn dans 20 g de beurre. Ajouter 1 c. à c. de muscade. Réserver. Mélanger 3 œufs + 60 g de farine + 20 cl de crème fraîche + 30 cl de lait. Ajouter les poireaux + 100 g de lardons allumettes (poêlés 2 mn à sec). Mettre dans 1 plat et enfourner 35 mn à 200 °C.

Dans 1 cocotte en fonte, faire suer 3 oignons émincés + 2 gousses d'ail hachées dans 40 g de beurre. Ajouter 500 g de bœuf haché. Cuire 10 mn à feu doux. Ajouter 2 c. à c. de cumin + 1 c. à c. de chili + 70 g de concentré de tomates. Mélanger. Ajouter 500 g de haricots rouges en boîte + 1 bouillon cube de bœuf + 35 cl d'eau. Enfourner la cocotte pour 25 mn à 180 °C.

Courses

Pour 4 personnes

☐ Pâtes à la bolognaise express

350 g de tagliatelles, 500 g de steak haché, 50 g de jambon cru, 2 oignons, 2 gousses d'ail, 35 cl de coulis de tomates, 20 g de beurre, 3 pincées de muscade, de cannelle, de cumin, 1 sucre, 3 c. à s. de vin rouge, 2 c. à s. d'huile d'olive.

☐ Salade d'endives surprise

6 endives, 2 pommes, 2 kiwis, 100 g de dés de jambon, 100 g de comté, 20 cerneaux de noix, 1 c. à s. de ciboulette, 1 c. à s. de vinaigre balsamique et de miel, 1 c. à c. de moutarde, 6 c. à s. d'huile de noix.

☐ Saumon à l'oseille

4 pavés de saumon, 600 g de haricots verts, 2 échalotes, 1 bouquet d'oseille, 20 cl de crème fraîche, 25 cl de vin blanc, 1 tablette de court-bouillon, 1 noix de beurre.

☐ Côtes de porc et fenouil braisé

4 côtes de porc, 4 bulbes de fenouil, 1 citron, 2 gousses d'ail, 15 g de sucre, 15 cl de vin blanc, 1 c. à s. de thym, 4 c. à s. d'huile d'olive.

☐ Dahl de lentilles

250 g de lentilles corail, 2 carottes, ½ chou-fleur, 1 tomate, 1 oignon, 2 gousses d'ail, 200 g de riz, 20 cl de lait de coco, 2 c. à c. de curry, 1 c. à c. de gingembre, 2 pincées de graines de cumin, 1 c. à s. d'huile d'olive.

☐ Quiche sans pâte aux poireaux

4 blancs de poireaux, 100 g de lardons allumettes, 60 g de farine, 20 g de beurre, 3 œufs, 30 cl de lait, 20 cl de crème fraîche, 1 c. à c. de muscade.

☐ Chili con carne à la cocotte

500 g de bœuf haché, 500 g de haricots rouges en boîte, 3 oignons, 2 gousses d'ail, 70 g de concentré de tomates, 40 g de beurre, 1 bouillon cube de bœuf, 2 c. à c. de cumin, 1 c. à c. de chili.

Et aussi

NOV./DÉC.

Lundi **28** — Pâtes aux champignons et au saumon fumé — 10 mn / 20 mn

Mardi **29** — Purée de carottes au poulet — 15 mn / 25 mn

Mercredi **30** — Galettes de l'Ouest — 10 mn / 20 mn

Jeudi **1** — Papillotes de rouget aux agrumes — 10 mn / 25 mn

Vendredi **2** — Gratin de courgettes au reblochon — 15 mn / 45 mn

Samedi **3** — Filet mignon exotique — 10 mn / 35 mn

Dimanche **4** — Pintade au chou — 20 mn / 1 h 10

34

Recettes
Pour 4 personnes

Mélanger 250 g de penne *al dente* avec 1 noix de beurre + 200 g de saumon fumé en dés + 300 g de mélange de champignons surgelés (poêlés 3 mn dans 1 c. à s. d'huile) + 1 sauce (cuire env. 2 mn à feu doux 2 échalotes hachées + 2 c. à s. de vin blanc. Ajouter 15 cl de crème liquide + 2 pincées de muscade et faire bouillir 1 mn).

Mélanger 600 g de purée de carottes surgelée chauffée au micro-ondes avec 2 c. à s. de St Môret. Ajouter 4 escalopes de poulet en dés poêlées 10-15 mn dans 2 c. à s. d'huile d'olive et mélanger. Parsemer de 4 c. à s. de parmesan râpé et servir chaud.

Faire fondre 1 noix de beurre à la poêle et réchauffer 1 galette de sarrasin. Ajouter 1 tranche de bacon + ¼ de bocal de ratatouille + 20 g de gruyère râpé. Recommencer l'opération pour les 3 autres galettes. Servir au fur et à mesure.

Dans 1 feuille de papier sulfurisé, déposer 2 filets de rouget + 1 rondelle d'1 orange, d'1 citron jaune et d'1 vert + 1 pincée de gingembre + 1 c. à c. d'huile d'olive + 1 c. à c. de coriandre. Recommencer dans 3 autres feuilles. Recueillir les zestes + les jus des agrumes et les répartir. Fermer et enfourner 15 mn à 180 °C. Servir avec 800 g de fondue de poireaux.

Faire suer 2 oignons émincés dans 1 c. à s. d'huile d'olive. Ajouter 200 g de lardons. Mélanger avec 6 courgettes en dés cuites 9 mn à la vapeur. Répartir dans 1 plat à gratin avec 2 tranches de jambon blanc en lanières, puis ½ reblochon en tranches. Enfourner 30 mn à 180 °C. Servir avec 1 salade.

Faire suer 1 oignon émincé + 1 gousse d'ail hachée dans 2 c. à s. d'huile. Y faire dorer 600 g de filet mignon en morceaux. Ajouter 1 poivron épépiné et en lanières + 1 petite boîte de tomates pelées + ½ petite boîte d'ananas en dés + 4 c. à s. de sauce soja + 1 c. à c. de gingembre et de cannelle + 2 gouttes de Tabasco. Mijoter 15 mn. Servir avec 200 g de riz.

Dans 1 cocotte, faire suer 1 oignon émincé dans 1 c. à s. d'huile + 40 g de beurre. Y faire dorer 1 pintade. Ajouter 175 g de lardons fumés + 1 bouillon cube de volaille + 15 cl de vin blanc + 6 carottes et 6 pommes de terre en rondelles + 1 chou vert frisé en morceaux. Fermer la cocotte et cuire 1 h à l'étouffée.
Conserver les restes pour mardi.

Courses
Pour 4 personnes

☐ **Pâtes aux champignons et au saumon fumé**
250 g de penne, 200 g de saumon fumé, 300 g de mélange de champignons surgelés, 2 échalotes, 15 cl de crème liquide, 1 noix de beurre, 2 pincées de muscade, 2 c. à s. de vin blanc, 1 c. à s. d'huile.

☐ **Purée de carottes au poulet**
600 g de purée de carottes surgelée, 4 escalopes de poulet, 2 c. à s. de St Môret, 4 c. à s. de parmesan râpé, 2 c. à s. d'huile d'olive

☐ **Galettes de l'Ouest**
4 galettes de sarrasin, 4 tranches de bacon, 1 bocal de ratatouille, 80 g de gruyère râpé, 4 noix de beurre.

☐ **Papillotes de rouget aux agrumes**
8 filets de rouget, 1 orange, 1 citron jaune, 1 citron vert, 800 g de fondue de poireaux, 4 c. à c. de coriandre, 4 pincées de gingembre, 4 c. à c. d'huile d'olive.

☐ **Gratin de courgettes au reblochon**
6 courgettes, 2 oignons, 1 salade, ½ reblochon, 200 g de lardons, 2 tranches de jambon blanc, 1 c. à s. d'huile d'olive.

☐ **Filet mignon exotique**
600 g de filet mignon, 200 g de riz, 1 poivron, 1 oignon, 1 gousse d'ail, 1 petite boîte de tomates pelées, ½ petite boîte d'ananas, 1 c. à c. de gingembre et de cannelle, 4 c. à s. de sauce soja, 2 gouttes de Tabasco, 2 c. à s. d'huile.

☐ **Pintade au chou**
1 pintade, 1 chou vert frisé, 6 carottes, 6 pommes de terre, 1 oignon, 175 g de lardons fumés, 40 g de beurre, 15 cl de vin blanc, 1 bouillon cube de volaille, 1 c. à s. d'huile.

Et aussi

DÉCEMBRE

Lundi **5**

Tagliatelles aux poires et au gorgonzola

10 mn | 10 mn

Mardi **6**

Soupe de topinambours

15 mn | 45 mn

Mercredi **7**

Œufs au plat et duo de carottes

15 mn | 45 mn

Jeudi **8**

Boudins en feuilles de brick

15 mn | 25 mn

Vendredi **9**

Gratin d'endives de mamie Suzanne

15 mn | 45 mn

Samedi **10**

Poêlée de brocolis aux noisettes

15 mn | 25 mn

Dimanche **11**

Poulet rôti et purée de panais

20 mn | 1 h 40

36

Recettes

Pour 4 personnes

Chauffer 5 mn à feu doux 2 poires (épépinées, sans la peau et en fins quartiers) avec 200 g de gorgonzola en dés + 10 cl de crème liquide. Mélanger avec 450 g de tagliatelles fraîches *al dente*. Ajouter 1 c. à s. de basilic. Servir chaud.

Dans 1 faitout, faire suer 1 oignon émincé dans 2 c. à s. d'huile. Ajouter 700 g de topinambours lavés et coupés en dés avec la peau. Verser 1 l d'eau + 1 cube de bouillon de volaille + 1 c. à c. de bicarbonate de soude. Faire bouillir, puis cuire ½ h à feu moyen. Mixer avec 1 partie de l'eau de cuisson + 15 cl de crème liquide. Servir avec les restes de pintade au chou.

Dans 1 sauteuse, faire dorer 2 c. à c. de graines de cumin dans 2 c. à s. d'huile d'olive. Ajouter 400 g de carottes en dés et cuire 5 mn. Ajouter 400 g de panais en dés et cuire encore 5 mn. Ajouter 1 c. à c. de curcuma, 1 c. à c. de coriandre et mouiller avec de l'eau. Mijoter à couvert et à feu doux 20 à 25 mn. Servir avec 6 œufs poêlés dans 1 noix de beurre.

Poêler 3 pommes en dés dans 1 noix de beurre. Réserver une fois dorées. Poêler 2 boudins noirs en rondelles. Garnir 4 feuilles de brick des pommes + du boudin et refermer. Enfourner 10-15 mn à 180 °C. Servir avec 1 sachet de salade mélangée + 1 sauce (1 c. à s. de vinaigre balsamique + 1 c. à s. de miel + 3 c. à s. d'huile de noix) + 2 c. à s. de pignons.

Faire dorer 8 endives entières sans leur base dans 15 g de beurre. Ajouter 10 g de sucre + un peu d'eau lorsqu'elles sont dorées. Couvrir et mijoter 20 mn. Bien les égoutter, les enrouler dans ½ tranche de jambon. Les placer dans 1 plat à gratin et recouvrir d'1 béchamel + 2 c. à s. de chapelure + 80 g d'emmental râpé. Enfourner 20 mn à 200 °C.

Cuire 8 mn au micro-ondes avec un peu d'eau 600 g de brocolis. Poêler 1 oignon émincé + 1 gousse d'ail hachée dans 2 c. à s. d'huile d'olive. Ajouter 200 g de champignons de Paris. Cuire 2-3 mn. Ajouter 1 boîte de tomates pelées. Cuire 5 mn. Ajouter les brocolis égouttés + 12 tranches de bacon émincées. Mijoter 2 mn. Saupoudrer de 30 g de noisettes concassées.

Cuire env. 1 h 20 à 200 °C 1 poulet d'1,2 kg dans 4 c. à s. d'huile d'olive + 4 gousses d'ail pilées + 4 brins de thym et de romarin. Servir avec 1 purée de panais (600 g de panais et 2 pommes de terre, épluchés et cuits 20 mn à l'eau, puis mixés avec 20 cl de lait + 1 c. à c. de muscade + 1 noix de beurre).

Courses

Pour 4 personnes

☐ **Tagliatelles aux poires et au gorgonzola**

450 g de tagliatelles fraîches, 2 poires, 200 g de gorgonzola, 10 cl de crème liquide, 1 c. à s. de basilic.

☐ **Soupe de topinambours**

700 g de topinambours, 1 oignon, les restes de pintade au chou, 15 cl de crème liquide, 1 cube de bouillon de volaille, 1 c. à c. de bicarbonate de soude, 2 c. à s. d'huile.

☐ **Œufs au plat et duo de carottes**

400 g de carottes, 400 g de panais, 6 œufs, 1 noix de beurre, 2 c. à c. de graines de cumin, 1 c. à c. de curcuma, 1 c. à c. de coriandre, 2 c. à s. d'huile d'olive.

☐ **Boudins en feuilles de brick**

2 boudins noirs, 4 feuilles de brick, 3 pommes, 1 sachet de salade mélangée, 1 noix de beurre, 2 c. à s. de pignons, 1 c. à s. de miel, 1 c. à s. de vinaigre balsamique, 3 c. à s. d'huile de noix.

☐ **Gratin d'endives de mamie Suzanne**

8 endives, 4 tranches de jambon, 80 g d'emmental râpé, 10 g de sucre, 15 g de beurre, 1 béchamel, 2 c. à s. de chapelure.

☐ **Poêlée de brocolis aux noisettes**

600 g de brocolis, 30 g de noisettes, 200 g de champignons de Paris, 1 oignon, 1 gousse d'ail, 12 tranches de bacon, 1 boîte de tomates pelées, 2 c. à s. d'huile d'olive.

☐ **Poulet rôti et purée de panais**

1 poulet d'1,2 kg, 600 g de panais, 2 pommes de terre, 4 gousses d'ail, 20 cl de lait, 1 noix de beurre, 4 brins de thym et de romarin, 1 c. à c. de muscade, 4 c. à s. d'huile d'olive.

Et aussi

DÉCEMBRE 2022

Lundi **12**
Risotto de coquillettes au chorizo
10 mn 30 mn

Mardi **13**
Salade Tamara
15 mn

Mercredi **14**
Quiche au potiron
15 mn 55 mn

Jeudi **15**
Aumônières aux Saint-Jacques
15 mn 30 mn

Vendredi **16**
Gratin de choux-fleurs au bleu
15 mn 35 mn

Samedi **17**
Veau à la mangue
15 mn 1 h 20

Dimanche **18**
Bœuf bourguignon
20 mn 1 h 45

38

Recettes

Pour 4 personnes

Dans 1 faitout, faire suer 1 oignon émincé dans 40 g de beurre. Ajouter 400 g de coquillettes, mélanger 1 mn et ajouter progressivement 80 cl de bouillon de volaille + 10 cl de vin blanc. Cuire 8-10 mn à feu doux. Verser 150 g de chorizo en rondelles. Cuire 2 mn. Mélanger avec 80 g de parmesan râpé.

Mélanger 2 pommes en dés avec la chair d'1 pamplemousse rose + 1 boîte de maïs + 100 g de gruyère en dés + 1 sachet de chou rouge + 12 grosses crevettes roses décortiquées. Assaisonner de 2 c. à s. de mayonnaise + 1 c. à s. de vinaigre de framboise. Servir avec 4 tranches de pain de campagne tartinées de 80 g de fromage frais.

Cuire 1 pâte brisée à blanc 10 mn à 200 °C. Mélanger 500 g de chair de potiron en dés (cuite 20 mn à la vapeur et réduite en purée) + 3 œufs battus + 2 c. à s. de crème fraîche + 1 c. à c. de muscade + 150 g de dés de jambon. Verser sur la pâte, ajouter 100 g de gruyère râpé. Enfourner 25 mn. Servir avec 1 salade.

Dans 8 feuilles de brick, répartir 400 g de fondue de poireaux décongelée + 16 grosses noix de Saint-Jacques ou 32 petites (poêlées 1 mn dans 1 noix de beurre + 1 c. à s. d'aneth) + 200 g de petites crevettes roses décortiquées. Fermer et enfourner 15-20 mn à 200 °C. Servir avec 200 g de riz + 2 c. à s. de crème fraîche + 1 citron en quartiers.

Dans 1 plat à gratin, disposer 800 g de choux-fleurs en fleurettes cuits 15 mn à la vapeur. Recouvrir d'1 béchamel. Répartir dessus 1 mélange fait de 60 g de chapelure + 100 g de bleu de Bresse émietté + 6 cerneaux de noix en poudre. Enfourner 20 mn à 200 °C.

Faire suer 2 oignons émincés dans 2 c. à s. d'huile. Ajouter 800 g d'épaule de veau désossée en morceaux et faire dorer. Ajouter 25 cl d'eau + 1 c. à s. de concentré de tomates + 3 c. à s. de fond de veau. Couvrir et mijoter 45 mn. Ajouter 2 mangues épluchées et en dés. Cuire encore 10 mn. Parsemer de 1 c. à s. de ciboulette. Servir avec 600 g de haricots verts.

Dans 1 cocotte en fonte, faire suer 2 oignons émincés dans 50 g de beurre. Ajouter 1,2 kg de bœuf pour bourguignon. Faire dorer 5 mn. Ajouter 6 pommes de terre et 6 carottes en rondelles. Verser 30 g de farine. Cuire 3 mn. Verser 75 cl de vin rouge + 1 bouillon cube + 1 bouquet garni + 1 boîte de champignons de Paris. Mijoter 1 h 30. **Conserver les restes pour mardi.**

Courses

Pour 4 personnes

☐ Risotto de coquillettes au chorizo

400 g de coquillettes, 150 g de chorizo, 80 g de parmesan râpé, 1 oignon, 40 g de beurre, 80 cl de bouillon de volaille, 10 cl de vin blanc.

☐ Salade Tamara

12 grosses crevettes roses, 2 pommes, 1 pamplemousse rose, 1 sachet de chou rouge, 1 boîte de maïs, 4 tranches de pain de campagne, 100 g de gruyère, 80 g de fromage frais, 2 c. à s. de mayonnaise, 1 c. à s. de vinaigre de framboise.

☐ Quiche au potiron

1 pâte brisée, 500 g de chair de potiron, 1 salade, 150 g de dés de jambon, 100 g de gruyère râpé, 3 œufs, 2 c. à s. de crème fraîche, 1 c. à c. de muscade.

☐ Aumônières aux Saint-Jacques

8 feuilles de brick, 16 grosses noix de Saint-Jacques ou 32 petites, 200 g de petites crevettes roses, 400 g de fondue de poireaux surgelée, 1 citron, 200 g de riz, 1 c. à s. d'aneth, 1 noix de beurre, 2 c. à s. de crème fraîche.

☐ Gratin de choux-fleurs au bleu

800 g de choux-fleurs, 100 g de bleu de Bresse, 6 cerneaux de noix, 60 g de chapelure, 1 béchamel.

☐ Veau à la mangue

800 g d'épaule de veau désossée, 2 mangues, 600 g de haricots verts, 2 oignons, 1 c. à s. de concentré de tomates, 3 c. à s. de fond de veau, 1 c. à s. de ciboulette, 2 c. à s. d'huile.

☐ Bœuf bourguignon

1,2 kg de bœuf pour bourguignon, 6 pommes de terre, 6 carottes, 2 oignons, 1 boîte de champignons de Paris, 30 g de farine, 50 g de beurre, 75 cl de vin rouge, 1 bouquet garni, 1 bouillon cube.

Et aussi

DÉCEMBRE

Lundi

19

Mugs cakes surprise

15 mn 5 mn

Mardi

20

Soupe de brocolis

10 mn 45 mn

Mercredi

21

Cake aux noix et au roquefort

10 mn 40 mn

Jeudi

22

Poulet à l'ananas

15 mn 25 mn

Vendredi

23

Wok de légumes

15 mn 15 mn

Samedi

24

Magrets de canard aux figues et à l'orange

15 mn 30 mn

Dimanche

25

Noël

Dorade sauce passion

20 mn 35 mn

Recettes
Pour 4 personnes

Dans 1 mug, fouetter 1 c. à s. de mascarpone + 1 c. à s. de crème liquide + 1 pincée de muscade. Ajouter 1 œuf. Fouetter encore. Verser 20 g de farine en mélangeant + 50 g de coquillettes cuites + ½ tranche de jambon en dés. Parsemer de 15 g de comté râpé. Cuire 1 mn 20 au micro-ondes. Recommencer 3 fois et servir avec 500 g de betteraves sous vide + 1 vinaigrette.

Dans 1 sauteuse, faire suer 2 oignons émincés dans 10 g de beurre. Ajouter 800 g de brocolis surgelés en morceaux + 1 bouillon cube + 1 l d'eau. Porter à ébullition. Ajouter 1 bouquet garni et cuire ½ h à feu moyen. Mixer avec 1 partie de l'eau de cuisson + 3 c. à s. de St Môret. Servir avec les restes de bœuf bourguignon.

Mélanger 3 œufs battus + 150 g de farine + 1 sachet de levure + 3 c. à s. d'huile de noix + 12 cl de lait. Ajouter 100 g de gruyère râpé + 150 g de roquefort émietté + 50 g de noix concassées + 80 g de lardons. Verser dans 1 moule à cake et enfourner 40 mn à 180 °C. Servir tiède avec 1 salade.

Dorer 800 g de blancs de poulet en dés dans 6 c. à s. d'huile. Ajouter 1 gousse d'ail hachée + 1 poivron et 2 cm de gingembre en dés. Cuire 2 mn. Verser 2 c. à s. de Maïzena et de vinaigre de vin + 4 c. à s. de concentré de tomates et de sauce soja + le jus de 600 g d'ananas au sirop. Mijoter 3 mn. Ajouter les ananas en dés. Cuire 5 mn. Servir avec 400 g de riz. **Conserver les restes pour demain.**

Faire suer 1 oignon émincé dans 2 c. à s. d'huile d'arachide. Ajouter 4 carottes et 3 panais en rondelles + 1 petit bocal de mini épis de maïs en morceaux + 200 g de brocolis en fleurettes. Cuire 5 mn. Ajouter 1 c. à s. de sauce soja + 2 cm de gingembre en dés + 1 c. à s. de persil et de coriandre. Servir avec les restes de riz et de poulet à l'ananas.

Inciser la peau de 2 magrets de canard de 300 g, les poêler 8 mn côté peau + 3 mn côté chair. Réserver. Déglacer la poêle avec 4 c. à s. de miel et d'eau + 1 c. à s. de fond de veau + 2 c. à c. de vinaigre balsamique + le jus d'1 orange + 20 g de beurre + 8 figues en morceaux. Mijoter 5 mn. Ôter les figues et faire réduire 5 mn. Servir sur les magrets tranchés avec 600 g de pommes duchesse.

Dans 1 plat, mettre 4 filets de dorade. Y poser 1 citron vert en fines tranches et arroser d'1 filet d'huile d'olive. Enfourner 12-15 mn à 180 °C. Poêler 2 échalotes émincées dans 10 g de beurre. Ajouter 15 cl de crème liquide + le jus de 4 fruits de la passion. Réduire le feu, mijoter 5 mn. Servir sur le poisson avec 600 g de purée de patates douces.

Courses
Pour 4 personnes

- [ ] **Mugs cakes surprise**

200 g de coquillettes cuites, 500 g de betteraves sous vide, 80 g de farine, 2 tranches de jambon, 4 œufs, 60 g de comté râpé, 4 c. à s. de mascarpone, 4 c. à s. de crème liquide, 4 pincées de muscade, 1 vinaigrette.

- [ ] **Soupe de brocolis**

800 g de brocolis surgelés, 2 oignons, les restes de bœuf bourguignon, 10 g de beurre, 3 c. à s. de St Môret, 1 bouillon cube, 1 bouquet garni.

- [ ] **Cake aux noix et au roquefort**

50 g de noix, 150 g de roquefort, 100 g de gruyère râpé, 80 g de lardons, 150 g de farine, 3 œufs, 12 cl de lait, 1 salade, 1 sachet de levure, 3 c. à s. d'huile de noix.

- [ ] **Poulet à l'ananas**

800 g de blancs de poulet, 600 g d'ananas au sirop, 1 poivron, 2 cm de gingembre, 1 gousse d'ail, 400 g de riz, 4 c. à s. de concentré de tomates et de sauce soja, 2 c. à s. de Maïzena et de vinaigre de vin, 6 c. à s. d'huile.

- [ ] **Wok de légumes**

4 carottes, 3 panais, 200 g de brocolis, 1 oignon, 2 cm de gingembre, 1 petit bocal de mini épis de maïs, les restes de riz et de poulet à l'ananas, 1 c. à s. de sauce soja, de persil et de coriandre, 2 c. à s. d'huile d'arachide.

- [ ] **Magrets de canard aux figues et à l'orange**

2 magrets de canard de 300 g, 8 figues, 1 orange, 600 g de pommes duchesse, 20 g de beurre, 4 c. à s. de miel, 2 c. à c. de vinaigre balsamique, 1 c. à s. de fond de veau.

- [ ] **Dorade sauce passion**

4 filets de dorade, 4 fruits de la passion, 1 citron vert, 2 échalotes, 600 g de purée de patates douces, 15 cl de crème liquide, 10 g de beurre, 1 filet d'huile d'olive.

Et aussi

DÉC./JANV.

Lundi **26**

Pizza feuilletée au chorizo

5 mn — 15 mn

Mardi **27**

Mousseline de céleri

10 mn — 30 mn

Mercredi **28**

Galettes complètes aux oignons fondants

15 mn — 25 mn

Jeudi **29**

Soupe aux lentilles corail

10 mn — 25 mn

Vendredi **30**

Spaghettis au citron

5 mn — 15 mn

Samedi **31**

Tagliatelles aux cèpes et au foie gras

15 mn — 15 mn

Dimanche **1**

Jour de l'An

Œufs cocotte et salade de champignons

10 mn — 15 mn

Recettes

Pour 4 personnes

Sur 1 pâte feuilletée, étaler 1 boîte de concentré de tomates + 1 chorizo en fines rondelles + 1 boîte de cœurs d'artichauts coupés en 2. Recouvrir de 125 g de mozzarella en rondelles et parsemer d'1 filet d'huile d'olive. Enfourner 15 mn à 180 °C. Servir avec 1 salade de mâche.

Cuire à l'eau env. 30 mn avec 1 bouillon cube 450 g de céleri-rave émincé + 200 g de pommes de terre épluchées et en morceaux. Égoutter et mixer avec 20 cl de crème fraîche + 2 brins de cerfeuil. Servir avec 6 tranches de jambon roulées.

Faire suer 2 oignons émincés dans 2 noix de beurre. Réserver. Faire fondre 1 noix de beurre et poêler 1 galette de sarrasin. Ajouter 1 tranche de jambon + ¼ des oignons + 1 œuf cassé délicatement dessus + 25 g de gruyère râpé. Recommencer l'opération pour les 3 autres galettes. Servir au fur et à mesure.

Dans 1 faitout, faire suer 1 oignon émincé dans 1 c. à s. d'huile d'olive. Ajouter 250 g de lentilles corail (lavées) + 1 carotte en rondelles + 1 l d'eau. Cuire 15-20 mn après ébullition. Mixer avec 1 partie de l'eau + 10 cl de lait de coco + 1 pincée de cannelle. Saupoudrer de 1 c. à s. de coriandre et de persil. Servir avec 6 tranches de pain de campagne + 1 bûche de chèvre.

Dans 1 casserole, faire bouillir 25 cl de crème fraîche + le jus et le zeste de 2 citrons bio. Mélanger avec 500 g de spaghettis *al dente*. Servir chaud avec 100 g de parmesan râpé.

Poêler env. 2 mn dans 1 c. à s. d'huile neutre 300 g de cèpes brossés. Égoutter et jeter l'huile. Poêler à nouveau 7 mn dans 40 g de beurre moussant. Ajouter 15 cl de crème liquide et faire bouillir. Frémir 2 mn, retirer du feu et ajouter 50 g de foie gras en dés. Mélanger avec 250 g de tagliatelles fraîches al dente + encore 50 g de foie gras en dés.

Beurrer 8 ramequins. Dans chacun d'entre eux, mettre 1 c. à s. de crème fraîche et ajouter délicatement 1 œuf extra-frais + 10 g de gruyère râpé + 1 pincée de persil. Cuire 10 à 15 mn au bain-marie dans 1 four préchauffé à 180 °C. Servir avec 500 g de champignons de Paris nettoyés et émincés + 1 vinaigrette.

Courses

Pour 4 personnes

☐ **Pizza feuilletée au chorizo**

1 pâte feuilletée, 1 chorizo, 125 g de mozzarella, 1 boîte de cœurs d'artichauts, 1 salade de mâche, 1 boîte de concentré de tomates, 1 filet d'huile d'olive.

☐ **Mousseline de céleri**

450 g de céleri-rave, 200 g de pommes de terre, 6 tranches de jambon, 20 cl de crème fraîche, 1 bouillon cube, 2 brins de cerfeuil.

☐ **Galettes complètes aux oignons fondants**

4 galettes de sarrasin, 2 oignons, 4 tranches de jambon, 100 g de gruyère râpé, 4 œufs, 6 noix de beurre.

☐ **Soupe aux lentilles corail**

250 g de lentilles corail, 1 carotte, 1 oignon, 6 tranches de pain de campagne, 1 bûche de chèvre, 10 cl de lait de coco, 1 pincée de cannelle, 1 c. à s. de coriandre et de persil, 1 c. à s. d'huile d'olive.

☐ **Spaghettis au citron**

500 g de spaghettis,
2 citrons bio,
100 g de parmesan râpé,
25 cl de crème fraîche.

☐ **Tagliatelles aux cèpes et au foie gras**

250 g de tagliatelles fraîches, 300 g de cèpes, 100 g de foie gras, 15 cl de crème liquide, 40 g de beurre, 1 c. à s. d'huile neutre.

☐ **Œufs cocotte et salade de champignons**

500 g de champignons de Paris, 8 œufs extra-frais, 80 g de gruyère râpé, 8 c. à s. de crème fraîche, 8 pincées de persil, 1 vinaigrette, 1 noix de beurre.

43

Et aussi

2023

JANVIER

Lundi **2**

Pâtes à la crème de citrons et roquette

5 mn · 15 mn

Mardi **3**

Soupe de poireaux et de pommes de terre

10 mn · 40 mn

Mercredi **4**

Aumônières de saumon fumé

15 mn · 20 mn

Jeudi **5**

Poulet à la mangue rapide

15 mn · 20 mn

Vendredi **6**

Poêlée d'endives au jambon et au gouda

10 mn · 10 mn · 10 mn

Samedi **7**

Papillotes de merlu

10 mn · 15 mn

Dimanche **8**

Rôti de bœuf simplissime

15 mn · 30 mn

44

Recettes
Pour 4 personnes

Dans 1 casserole, faire bouillir 25 cl de crème liquide avec le jus et le zeste de 2 citrons bio. Mélanger avec 500 g de linguine cuites al dente. Servir chaud avec 100 g de parmesan râpé et 1 sachet de roquette.

Poêler 1 oignon émincé + 20 g de beurre dans 1 faitout. Ajouter 3 poireaux émincés + 1 c. à c. de muscade et cuire 5 mn. Ajouter 300 g de pommes de terre en cubes + 80 cl d'eau + 40 cl de lait + 1 bouillon cube. Cuire 30 mn après ébullition. Mixer avec 2 c. à s. de chèvre frais. Servir avec 4 tranches de jambon.

Mélanger 300 g de saumon fumé en dés avec 8 c. à s. de crème fraîche + 1 c. à s. de ciboulette + 1 c. à s. de jus de citron. Répartir au centre de 8 feuilles de brick et fermer les aumônières avec 8 brins de ciboulette. Enfourner dans 1 plat huilé 20 mn à 180 °C et servir avec 1 barquette de carottes râpées.

Mariner 4 blancs de poulet en dés avec 4 c. à s. de sauce soja diluées dans 2 c. à s. d'eau. Poêler 1 oignon émincé avec 1 c. à s. d'huile d'olive. Ajouter le poulet et 1 c. à c. d'ail en poudre. Lorsque le poulet est doré, ajouter 8 tranches de mangue en morceaux + 1 c. à c. de curry et cuire 5-10 mn. Hors du feu, ajouter 2 c. à s. de fromage frais et servir avec 250 g de riz basmati.

Mariner 10 mn 8 endives émincées finement dans 2 c. à s. de sucre + 2 c. à s. de jus de citron. Poêler le tout à feu vif dans 10 g de beurre env. 10 mn en mélangeant souvent. Une fois caramélisées, ajouter 1 c. à s. de persil et servir avec 8 tranches de jambon et 100 g de gouda en dés.

Dans 4 feuilles d'aluminium, répartir 4 filets de merlu, 4 c. à c. d'herbes de Provence, 4 c. à s. d'huile d'olive, 1 échalote émincée et 1 citron coupé en 4. Fermer les papillotes et enfourner 15 mn à 180 °C. Servir avec 1 bocal de ratatouille et 4 c. à c. de moutarde.

Enfourner 10 mn à 240 °C 1 kg de rôti de bœuf enduit de 20 g de beurre + 4 c. à s. d'herbes de Provence. Déglacer avec 10 cl de lait + 1 c. à c. de fond de veau + 2 c. à s. d'eau. Cuire encore 10-15 mn. Servir avec 800 g de poêlée de légumes surgelée préparée selon les indications du sachet.

Courses
Pour 4 personnes

- [ ] **Pâtes à la crème de citrons et roquette**

500 g de linguine, 1 sachet de roquette, 2 citrons bio, 25 cl de crème liquide, 100 g de parmesan râpé.

- [ ] **Soupe de poireaux et de pommes de terre**

3 poireaux, 300 g de pommes de terre, 1 oignon, 2 c. à s. de chèvre frais, 40 cl de lait, 1 bouillon cube, 1 c. à c. de muscade, 4 tranches de jambon, 20 g de beurre.

- [ ] **Aumônières de saumon fumé**

8 feuilles de brick, 300 g de saumon fumé, 8 c. à s. de crème fraîche, 1 c. à s. de ciboulette, 8 brins de ciboulette, 1 c. à s. de jus de citron, 1 barquette de carottes râpées.

- [ ] **Poulet à la mangue rapide**

4 blancs de poulet, 8 tranches de mangue, 1 oignon, 250 g de riz basmati, 1 c. à c. d'ail en poudre, 1 c. à c. de curry, 2 c. à s. de fromage frais, 4 c. à s. de sauce soja, 1 c. à s. d'huile d'olive.

- [ ] **Poêlée d'endives au jambon et au gouda**

8 endives, 8 tranches de jambon, 100 g de gouda, 10 g de beurre, 2 c. à s. de sucre, 2 c. à s. de jus de citron, 1 c. à s. de persil.

- [ ] **Papillotes de merlu**

4 filets de merlu, 1 bocal de ratatouille, 4 c. à c. d'herbes de Provence, 1 citron, 1 échalote, 4 c. à s. d'huile d'olive, 4 c. à c. de moutarde.

- [ ] **Rôti de bœuf simplissime**

1 kg de rôti de bœuf, 20 g de beurre, 10 cl de lait, 4 c. à s. d'herbes de Provence, 1 c. à c. de fond de veau, 800 g de poêlée de légumes surgelée.

Et aussi

JANVIER

Lundi 9 — Gratin de pâtes artichauts-tomate
15 mn | 30 mn

Mardi 10 — Salade de crottins
15 mn | 10 mn

Mercredi 11 — Quiche sans pâte aux brocolis et au bleu
15 mn | 40 mn

Jeudi 12 — Gambas au lait de coco
10 mn | 15 mn

Vendredi 13 — Julienne de légumes à la carbonara
10 mn | 20 mn

Samedi 14 — Poulet à l'indienne
15 mn | 1 h | 15 mn

Dimanche 15 — Couscous marin
10 mn | 15 mn

Recettes
Pour 4 personnes

Poêler 1 oignon émincé avec 1 c. à s. d'huile d'olive. Ajouter 250 g de cœurs d'artichauts en boîte + 150 g de jambon cru en morceaux + 200 g de ricotta + 40 g de parmesan râpé. Cuire 2 mn. Mélanger avec 400 g de penne al dente + 6 c. à s. de sauce tomate cuisinée. Répartir 150 g de mozzarella en dés et enfourner 10 mn à 180 °C.

Étaler sur 4 grosses tranches de pain de campagne 4 c. à c. de miel et répartir 2 crottins de Chavignol + 4 c. à c. de pignons + 1 filet d'huile d'olive. Gratiner 10 mn au four. Servir avec 1 salade mesclun + 250 g de tomates cerises + 1 sauce (2 c. à s. de vinaigre de cidre + 1 c. à c. de moutarde + 3 c. à s. d'huile d'olive).

Battre 3 œufs et ajouter 20 cl de crème liquide légère – 20 cl de lait. Mélanger avec 100 g de farine + ajouter 80 g de bleu émietté. Cuire 400 g de brocolis en fleurettes 5-10 mn à la vapeur. Verser la pâte dans 1 moule souple et ajouter les brocolis. Répartir 40 g de gruyère râpé et enfourner 30 mn à 210 °C.

Poêler à feu moyen 16 gambas décortiquées + 2 c. à s. d'huile + 1 c. à s. de citronnelle + 1 c. à s. de ciboulette + 1 c. à c. d'ail + le jus d'1 citron vert. Baisser le feu et verser 20 cl de lait de coco + 2 c. à s. de concentré de tomates. Cuire encore 5 mn. Servir avec 1 grosse boîte de petits pois.

Poêler 2 oignons émincés avec 1 c. à s. d'huile d'olive. Ajouter 800 g de julienne de légumes décongelée au micro-ondes. Cuire 5 mn. Ajouter 4 tranches de jambon en dés, puis 20 cl de crème légère. Cuire 5 mn. Ajouter 1 c. à c. de muscade et 2 jaunes d'œufs en fin de cuisson. Bien mélanger, saupoudrer de 40 g de parmesan râpé + 1 c. à s. de persil.

Mariner 1 h minimum 4 blancs de poulet en dés dans le jus d'1 citron vert + 20 cl de yaourt grec + 4 c. à s. de pâte de curry + 1 gousse d'ail écrasée. Poêler le poulet avec la marinade 10 mn, ajouter 20 cl de lait de coco et cuire encore 2-3 mn. Servir avec 250 g de riz thaï.

Cuire 5 mn au court-bouillon 800 g de fruits de mer mélangés surgelés avec 3 c. à c. de fumet de poisson. Servir avec 1 citron en quartiers, 300 g de semoule cuite mélangée avec 1 noix de beurre et 1 sauce réalisée avec 20 cl de crème liquide légère réchauffée à faible puissance au micro-ondes et saupoudrée de 1 c. à s. de persil.

Courses
Pour 4 personnes

☐ **Gratin de pâtes artichauts-tomate**

400 g de penne, 6 c. à s. de sauce tomate cuisinée, 250 g de cœurs d'artichauts en boîte, 1 oignon, 150 g de jambon cru, 200 g de ricotta, 150 g de mozzarella, 40 g de parmesan râpé, 1 c. à s. d'huile d'olive.

☐ **Salade de crottins**

1 salade mesclun, 250 g de tomates cerises, 2 crottins de Chavignol, 4 grosses tranches de pain de campagne, 4 c. à c. de miel, 4 c. à c. de pignons, 3 c. à s. + 1 filet d'huile d'olive, 2 c. à s. de vinaigre de cidre, 1 c. à c. de moutarde.

☐ **Quiche sans pâte aux brocolis et au bleu**

400 g de brocolis, 80 g de bleu, 40 g de gruyère râpé, 3 œufs, 20 cl de crème liquide légère, 20 cl de lait, 100 g de farine.

☐ **Gambas au lait de coco**

16 gambas décortiquées, 20 cl de lait de coco, 1 grosse boîte de petits pois, 2 c. à s. de concentré de tomates, 1 citron vert, 1 c. à s. de citronnelle, 1 c. à s. de ciboulette, 1 c. à c. d'ail, 2 c. à s. d'huile.

☐ **Julienne de légumes à la carbonara**

800 g de julienne de légumes surgelée, 4 tranches de jambon, 2 oignons, 2 jaunes d'œufs, 20 cl de crème légère, 40 g de parmesan râpé, 1 c. à s. de persil, 1 c. à c. de muscade, 1 c. à s. d'huile d'olive.

☐ **Poulet à l'indienne**

4 blancs de poulet, 250 g de riz thaï, 20 cl de yaourt grec, 20 cl de lait de coco, 4 c. à s. de pâte de curry, 1 citron vert, 1 gousse d'ail.

☐ **Couscous marin**

800 g de fruits de mer mélangés surgelés, 300 g de semoule, 1 citron, 1 c. à s. de persil, 20 cl de crème liquide légère, 3 c. à c. de fumet de poisson, 1 noix de beurre.

Et aussi

JANVIER

Lundi **16**

Spaghettis aux petits pois et au pesto

10 mn 20 mn

Mardi **17**

Velouté de carottes au cumin

15 mn 25 mn

Mercredi **18**

Wraps au thon et salade de chou

10 mn

Jeudi **19**

Hachis parmentier de veau aux olives

15 mn 25 mn

Vendredi **20**

Steaks végé aux champignons

15 mn 30 mn 35 mn

Samedi **21**

Saumon au sésame et aux fèves

10 mn 30 mn 15 mn

Dimanche **22**

Poulet à la tomate et aux olives

15 mn 40 mn

48

Recettes
Pour 4 personnes

Poêler à sec 1 c. à s. de pignons. Réserver. Mettre dans la poêle 200 g de petits pois décongelés, cuire 2 mn, puis ajouter 4 c. à s. de mascarpone et 2 c. à s. de pesto. Cuire 2 mn à feu doux. Mélanger avec 400 g de spaghettis al dente et saupoudrer de pignons.

Faire suer 1 oignon émincé + 1 gousse d'ail pelée avec 1 c. à s. d'huile d'olive dans 1 faitout. Ajouter 800 g de carottes en rondelles + 1 bouillon cube + 1 c. à c. de cumin en poudre. Recouvrir d'eau et cuire 20 mn. Mixer avec 1 partie de l'eau de cuisson + 10 cl de crème liquide. Servir avec 6 tranches de pain complet tartinées de 100 g de chèvre frais.

Mélanger 150 g de St Môret avec 1 c. à s. de câpres + 2 c. à s. de persil + 1 c. à s. de jus de citron + 300 g de thon au naturel. En tartiner 6 tortillas de blé et répartir 6 feuilles de laitue + 6 c. à s. de maïs doux en boîte. Enrouler, couper en 2 et servir avec 500 g de salade de chou rouge.

Poêler 2 oignons et 1 gousse d'ail émincés dans 1 c. à s. d'huile d'olive. Ajouter 600 g de veau haché + 1 bocal de sauce tomate aux olives. Cuire 3 mn. Étaler dans 1 plat à gratin, recouvrir de 800 g de purée de pommes de terre + 150 g de gruyère râpé. Enfourner 10-15 mn à 180 °C.

Poêler 1 oignon émincé avec 1 c. à s. d'huile d'olive. Ajouter 700 g de champignons de Paris émincés. Ajouter 2 gousses d'ail pilées après 15 mn. Égoutter le contenu et mixer. Mélanger avec 6 c. à s. de sauce tomate + 6 c. à s. de farine + 2 c. à s. de persil + 1 c. à c. de 4 épices. Réserver 30 mn au frais, puis façonner 6 steaks. Les poêler avec 1 c. à s. d'huile d'olive 7-8 mn/côté. Servir avec 1 salade.

Répartir sur 6 pavés de saumon 3 c. à c. d'huile de tournesol + 3 c. à s. de miel + 9 c. à s. de sauce soja. Mariner 30 mn. Enfourner 6-7 mn à 180 °C en arrosant. Cuire 6 mn à l'eau 600 g de fèves pelées surgelées. Ajouter 3 c. à s. d'huile de sésame + 2 c. à s. de graines de sésame grillées. Servir avec le saumon + la sauce + 2 c. à s. de graines de sésame grillées. **Garder les restes pour lundi.**

Poêler 1 oignon émincé avec 1 c. à s. d'huile d'olive. Ajouter 4 blancs de poulet en aiguillettes. Faire dorer 3 mn. Ajouter 1 boîte de tomates concassées + 1 sucre + 1 bouquet garni + 12 olives vertes dénoyautées coupées en morceaux. Mijoter 20 mn. Ôter le bouquet garni et servir avec 250 g de boulgour cuit.

Courses
Pour 4 personnes

- [ ] Spaghettis aux petits pois et au pesto

400 g de spaghettis, 200 g de petits pois surgelés, 2 c. à s. de pesto, 4 c. à s. de mascarpone, 1 c. à s. de pignons.

- [ ] Velouté de carottes au cumin

800 g de carottes, 1 oignon, 1 gousse d'ail, 1 c. à c. de cumin en poudre, 1 bouillon cube, 10 cl de crème liquide, 1 c. à s. d'huile d'olive, 6 tranches de pain complet, 100 g de chèvre frais.

- [ ] Wraps au thon et salade de chou

6 tortillas de blé, 300 g de thon au naturel, 150 g de St Môret, 500 g de salade de chou rouge, 6 feuilles de laitue, 2 c. à s. de persil, 1 c. à s. de jus de citron, 6 c. à s. de maïs doux en boîte, 1 c. à s. de câpres.

- [ ] Hachis parmentier de veau aux olives

800 g de purée de pommes de terre, 600 g de veau haché, 1 bocal de sauce tomate aux olives, 150 g de gruyère râpé, 2 oignons, 1 gousse d'ail, 1 c. à s. d'huile d'olive.

- [ ] Steaks végé aux champignons

700 g de champignons de Paris, 1 salade, 1 oignon, 2 gousses d'ail, 6 c. à s. de sauce tomate, 6 c. à s. de farine, 2 c. à s. de persil, 1 c. à c. de 4 épices, 2 c. à s. d'huile d'olive.

- [ ] Saumon au sésame et aux fèves

6 pavés de saumon, 600 g de fèves pelées surgelées, 4 c. à s. de graines de sésame grillées, 9 c. à s. de sauce soja, 3 c. à s. de miel, 3 c. à s. d'huile de sésame, 3 c. à c. d'huile de tournesol.

- [ ] Poulet à la tomate et aux olives

4 blancs de poulet, 250 g de boulgour, 1 boîte de tomates concassées, 12 olives vertes dénoyautées, 1 sucre, 1 oignon, 1 bouquet garni, 1 c. à s. d'huile d'olive.

Et aussi

JANVIER

Lundi
23
Légumes sautés à l'asiatique
15 mn | 20 mn

Mardi
24
Velouté de betteraves
15 mn | 50 mn

Mercredi
25
Boulettes de porc
15 mn | 10 mn

Jeudi
26
Omelette au fromage frais ail et fines herbes
5 mn | 10 mn

Vendredi
27
Céréales aux légumes verts et à la feta
10 mn | 15 mn

Samedi
28
Escalopes de veau à la sauge et aux champignons
10 mn | 30 mn

Dimanche
29
Merlu à la florentine
10 mn | 20 mn

Recettes
Pour 4 personnes

Poêler 1 oignon émincé avec 2 c. à s. d'huile d'arachide. Ajouter 4 carottes et 3 panais en rondelles + 1 petit bocal de mini-maïs en morceaux + 200 g de brocolis en fleurettes. Cuire 10 mn. Ajouter 1 c. à s. de sauce soja, de persil et de coriandre + 2 cm de gingembre en dés. Ajouter les restes du saumon aux fèves et cuire encore 2-3 mn.

Poêler dans 1 faitout 3 betteraves cuites + 2 navets + 1 pomme de terre + 1 oignon en morceaux dans 1 c. à s. d'huile. Ajouter 1,2 l de bouillon de légumes + 1 c. à s. de vinaigre de Xérès + 1 c. à c. de curry. Mijoter 35 mn. Ajouter 10 cl de crème et mixer. Servir avec ½ baguette coupée en 2, ouverte dans la longueur, recouverte de 4 tranches de Leerdammer et gratinée 5 mn au four.

Mélanger 700 g de porc haché + 1 échalote hachée + 1 gousse d'ail pilée + 1 œuf + 120 g de pain complet émietté + 2 c. à s. de persil + 1 c. à c. de paprika + le jus d'½ citron. Faire des boulettes, les rouler dans 70 g de farine, puis poêler 10 mn avec 2 c. à s. d'huile. Servir avec 250 g de riz + 1 bocal de sauce tomate aux champignons.

Battre 8 œufs avec 4 c. à s. de fromage frais ail et fines herbes + 10 cl de lait. Poêler 1 noix de beurre et verser le mélange. À la fin, saupoudrer d'1 c. à s. de ciboulette et servir avec 1 laitue.

Cuire à la vapeur 200 g de fèves pelées surgelées, 200 g de petits pois surgelés et 100 g de brocolis en fleurettes. Mélanger avec 250 g de céréales mélangées cuites selon les indications du paquet. Ajouter 1 filet d'huile de noisette et 100 g de feta en dés et servir.

Poêler avec 20 g de beurre + 1 c. à s. d'huile 4 escalopes de veau 5 mn/côté. Ajouter 1 c. à s. d'eau, couvrir et cuire 8 mn à feu moyen. Ajouter 1 boîte de champignons de Paris émincés, cuire encore 2 mn. Réserver au chaud. Déglacer la poêle avec 10 cl de crème liquide, mélanger avec le jus des escalopes + 1 c. à c. de sauge. Cuire 2 mn sans bouillir. Servir avec la viande + 200 g de coquillettes al dente.

Dans 1 plat à gratin beurré avec 1 noix de beurre, déposer 4 filets de merlu nappés de 2 c. à s. de moutarde + 600 g d'épinards en branches décongelés et égouttés. Ajouter 1 sauce béchamel + 1 c. à c. de muscade. Répartir 80 g de comté râpé. Enfourner 20 mn à 180 °C.

Courses
Pour 4 personnes

☐ **Légumes sautés à l'asiatique**

200 g de brocolis, 4 carottes, 3 panais, 1 oignon, 1 petit bocal de mini-maïs, 2 cm de gingembre, 1 c. à s. de sauce soja, de persil et de coriandre, 2 c. à s. d'huile d'arachide, les restes du saumon aux fèves.

☐ **Velouté de betteraves**

3 betteraves cuites, 2 navets, 1 pomme de terre, 1 oignon, 10 cl de crème, 1 c. à c. de curry, 4 tranches de Leerdammer, ½ baguette, 1,2 l de bouillon de légumes, 1 c. à s. de vinaigre de Xérès, 1 c. à s. d'huile.

☐ **Boulettes de porc**

700 g de porc haché, 120 g de pain complet, 1 œuf, 1 échalote, 1 gousse d'ail, ½ citron, 2 c. à s. de persil, 70 g de farine, 250 g de riz, 1 bocal de sauce tomate aux champignons, 1 c. à c. de paprika, 2 c. à s. d'huile.

☐ **Omelette au fromage frais ail et fines herbes**

8 œufs, 4 c. à s. de fromage frais ail et fines herbes, 10 cl de lait, 1 c. à s. de ciboulette, 1 laitue, 1 noix de beurre.

☐ **Céréales aux légumes verts et à la feta**

250 g de céréales mélangées, 200 g de fèves pelées surgelées, 200 g de petits pois surgelés, 100 g de brocolis, 100 g de feta, 1 filet d'huile de noisette.

☐ **Escalopes de veau à la sauge et aux champignons**

4 escalopes de veau, 1 boîte de champignons de Paris émincés, 1 c. à c. de sauge, 200 g de coquillettes, 10 cl de crème liquide, 20 g de beurre, 1 c. à s. d'huile.

☐ **Merlu à la florentine**

4 filets de merlu, 600 g d'épinards en branches surgelés, 80 g de comté râpé, 1 sauce béchamel, 2 c. à s. de moutarde, 1 c. à c. de muscade, 1 noix de beurre.

Et aussi

JANV./FÉV.

Lundi 30

Gratin de pâtes au poulet

5 mn | 30 mn

Mardi 31

Purée de céleri au St Môret et jambon

5 mn | 10 mn

Mercredi 1

Tartines au four et salade

15 mn | 10 mn

Jeudi 2

Velouté de lentilles vertes, carottes et cumin

10 mn | 30 mn

Vendredi 3

Aubergines à la parmigiana

15 mn | 1 h

Samedi 4

Crêpes au chèvre et aux tomates confites

10 mn | 10 mn

Dimanche 5

Bœuf bourguignon rapide

20 mn | 1 h 45

Recettes

Pour 4 personnes

Mélanger 300 g de macaronis al dente + 150 g de dés de poulet cuit + 2 c. à s. de ricotta + 1 c. à s. de crème + 1 c. à s. de persil. Mettre dans 1 plat beurré avec 1 noix de beurre et parsemer de 100 g de gruyère râpé. Enfourner 10-15 mn à 200 °C.

Cuire selon les indications du paquet 800 g de purée de céleri-rave surgelée. Mélanger avec 1 noix de beurre, 4 c. à s. de St Môret + 1 c. à s. de ciboulette. Servir avec 4 tranches de jambon.

Tartiner 4 grosses tranches de pain de campagne d'1 noisette de beurre chacune, puis répartir 2 tranches de jambon et 80 g de comté en tranches. Griller 10 mn au four. Servir avec 1 salade + 200 g de betteraves cuites tranchées + 1 vinaigrette à la moutarde.

Verser 150 g de lentilles vertes + 4 grosses carottes en tronçons + 1,5 l de bouillon de légumes dans 1 faitout, couvrir et cuire à feu moyen 30 mn. Ajouter 1 c. à s. de cumin en poudre, puis mixer. Ajouter 2 c. à s. de persil + 1 trait d'huile d'olive et servir avec 1 paquet de croûtons.

Poêler 1 oignon et 1 gousse d'ail émincés + 1 c. à c. d'origan séché avec 1 filet d'huile d'olive. Après 10 mn, ajouter 800 g de tomates pelées, couvrir et mijoter 20 mn. Ajouter 6 feuilles de basilic + 1 c. à s. de vinaigre de vin. Dans 1 plat à gratin, étager la sauce + 80 g de parmesan râpé + 800 g d'aubergines grillées décongelées. Terminer par 150 g de mozzarella en morceaux et enfourner 30 mn à 180 °C.

Poêler dans 1 noisette de beurre 1 galette de blé noir avec 2 c. à s. de chèvre frais et 3 tomates confites coupées en dés + 1 c. à c. de ciboulette. Recommencer pour les 3 autres galettes. Servir avec 1 salade de mâche mélangée avec 1 pomme en quartiers + 2 c. à s. de noix + 1 vinaigrette.

Faire suer dans 1 cocotte 2 oignons émincés + 50 g de beurre. Ajouter 100 g de lardons + 1,2 kg de bœuf en morceaux. Faire dorer 5 mn. Ajouter 6 carottes en rondelles + 30 g de farine. Cuire 3 mn. Verser 75 cl de vin rouge + 1 bouillon cube + 1 bouquet garni + 1 grosse boîte de champignons de Paris. Mijoter 1 h 30. Servir avec 1 grosse boîte de haricots verts. **Garder les restes pour le lendemain.**

Courses

Pour 4 personnes

- [ ] **Gratin de pâtes au poulet**

300 g de macaronis, 150 g de dés de poulet cuit, 100 g de gruyère râpé, 2 c. à s. de ricotta, 1 c. à s. de crème, 1 c. à s. de persil, 1 noix de beurre.

- [ ] **Purée de céleri au St Môret et jambon**

800 g de purée de céleri-rave surgelée, 4 tranches de jambon, 4 c. à s. de St Môret, 1 noix de beurre, 1 c. à s. de ciboulette.

- [ ] **Tartines au four et salade**

4 grosses tranches de pain de campagne, 2 tranches de jambon, 80 g de comté, 4 noisettes de beurre, 1 salade, 200 g de betteraves cuites, 1 vinaigrette à la moutarde.

- [ ] **Velouté de lentilles vertes, carottes et cumin**

150 g de lentilles vertes, 4 grosses carottes, 2 c. à s. de persil, 1 c. à s. de cumin en poudre, 1 paquet de croûtons, 1,5 l de bouillon de légumes, 1 trait d'huile d'olive.

- [ ] **Aubergines à la parmigiana**

800 g d'aubergines grillées surgelées, 800 g de tomates pelées en boîte, 1 oignon, 1 gousse d'ail, 1 c. à c. d'origan séché, 80 g de parmesan râpé, 150 g de mozzarella, 6 feuilles de basilic, 1 c. à s. de vinaigre de vin, 1 filet d'huile d'olive.

- [ ] **Crêpes au chèvre et aux tomates confites**

4 galettes de blé noir, 8 c. à s. de chèvre frais, 12 tomates confites, 1 salade de mâche, 1 pomme, 4 c. à c. de ciboulette, 2 c. à s. de noix, 1 vinaigrette, 4 noisettes de beurre.

- [ ] **Bœuf bourguignon rapide**

1,2 kg de bœuf, 100 g de lardons, 6 carottes, 2 oignons, 1 grosse boîte de champignons de Paris, 1 grosse boîte de haricots verts, 30 g de farine, 50 g de beurre, 75 cl de vin rouge, 1 bouillon cube, 1 bouquet garni.

53

Et aussi

FÉVRIER
2023

Lundi 6 — Tagliatelles au bœuf
5 mn | 10 mn

Mardi 7 — Salade de lentilles corail au poulet et au curry
10 mn | 15 mn

Mercredi 8 — Tarte à l'oignon et aux lardons
15 mn | 45 mn

Jeudi 9 — Poisson super-simple au citron
10 mn | 35 mn

Vendredi 10 — Noix de Saint-Jacques à la fondue d'endives et au cidre
10 mn | 45 mn

Samedi 11 — Tortilla au persil
15 mn | 30 mn

Dimanche 12 — Curry de porc aux abricots secs
20 mn | 1 h 20

Recettes
Pour 4 personnes

Mélanger 500 g de tagliatelles fraîches cuites al dente avec les restes du bœuf bourguignon réchauffés.

Mélanger 400 g de lentilles corail (cuites 15 mn à l'eau et refroidies) avec 100 g de laitue iceberg + 250 g de poulet cuit coupé en dés. Assaisonner avec 1 sauce (battre le jus d'1 citron avec 2 c. à c. de miel + 1 c. à c. de curry + 4 c. à s. d'huile d'olive).

Poêler à sec 120 g de lardons et réserver. Dans la même poêle, faire suer 5 oignons émincés env. 10 mn. Mélanger 3 œufs avec 15 cl de crème liquide + 10 cl de lait et mélanger avec les oignons tiédis + les lardons. Répartir sur 1 pâte brisée, saupoudrer de 40 g de gruyère râpé et enfourner 30 mn à 200 °C. Servir avec 1 salade verte.

Déposer 4 filets de poisson blanc (perche, cabillaud…) sur 4 feuilles de papier sulfurisé. Répartir 2 échalotes et 1 citron non traité en rondelles, arroser d'1 trait d'huile d'olive et fermer les papillotes. Enfourner 20-25 mn à 200 °C. Servir avec 4 pommes de terre à la vapeur et 4 c. à c. de moutarde.

Poêler avec 20 g de beurre 4 endives sans le cœur et émincées. Lorsqu'elles colorent, verser 25 cl de cidre brut et laisser réduire à feu moyen. Ajouter 20 cl de crème liquide et faire épaissir. Réserver. Poêler 10 g de beurre et ajouter 8 noix de Saint-Jacques. Les saisir 1 mn/côté à feu vif. Les poser sur les endives, ajouter 2 c. à s. de persil plat et servir avec 250 g de riz sauvage.

Poêler 20-25 mn avec 4 c. à s. d'huile d'olive 750 g de pommes de terre épluchées et coupées en petits morceaux. Ajouter 7 œufs battus + 2 c. à s. de persil et 1 c. à s. de crème fraîche. Cuire 2 mn/côté à feu vif et servir avec 1 salade.

Dorer 1,5 kg de filet mignon de porc en morceaux dans 1 cocotte avec 2 c. à s. d'huile d'olive. Réserver. Poêler 2 oignons émincés, ajouter 2 c. à s. de curry et de gingembre. Cuire 5 mn. Ajouter 1 c. à s. de concentré de tomates + 8 abricots secs en dés + le porc + 20 cl de lait de coco + 1 bouillon cube + 50 cl d'eau. Mijoter 1 h. Servir avec 250 g de semoule. **Garder les restes pour mardi.**

Courses
Pour 4 personnes

☐ **Tagliatelles au bœuf**

500 g de tagliatelles fraîches, les restes du bœuf bourguignon.

☐ **Salade de lentilles corail au poulet et au curry**

400 g de lentilles corail, 250 g de poulet cuit, 1 c. à c. de curry, 100 g de laitue iceberg, 1 citron, 2 c. à c. de miel, 4 c. à s. d'huile d'olive.

☐ **Tarte à l'oignon et aux lardons**

1 pâte brisée, 5 oignons, 120 g de lardons, 3 œufs, 15 cl de crème liquide, 10 cl de lait, 40 g de gruyère râpé, 1 salade verte.

☐ **Poisson super-simple au citron**

4 filets de poisson blanc (perche, cabillaud…), 1 citron non traité, 4 pommes de terre, 2 échalotes, 4 c. à c. de moutarde, 1 trait d'huile d'olive.

☐ **Noix de Saint-Jacques à la fondue d'endives et au cidre**

8 noix de Saint-Jacques, 4 endives, 25 cl de cidre brut, 20 cl de crème liquide, 30 g de beurre, 2 c. à s. de persil plat, 250 g de riz sauvage.

☐ **Tortilla au persil**

7 œufs, 750 g de pommes de terre, 1 salade, 2 c. à s. de persil, 1 c. à s. de crème fraîche, 4 c. à s. d'huile d'olive.

☐ **Curry de porc aux abricots secs**

1,5 kg de filet mignon de porc, 250 g de semoule, 8 abricots secs, 2 oignons, 20 cl de lait de coco, 2 c. à s. de curry et de gingembre, 1 c. à s. de concentré de tomates, 1 bouillon cube, 2 c. à s. d'huile d'olive.

Et aussi

FÉVRIER

Lundi 13
Pâtes au roquefort, céleri et bacon
10 mn — 25 mn

Mardi 14
Gratin de potiron au porc
10 mn — 10 mn

Mercredi 15
Quiche de poireaux au comté
15 mn — 40 mn

Jeudi 16
Knacki-ratatouille
5 mn — 10 mn

Vendredi 17
Flans de petits pois, chèvre et lardons
10 mn — 30 mn

Samedi 18
Poisson pané maison
15 mn — 15 mn

Dimanche 19
Poulet rôti aux citrons confits
15 mn — 1 h 20

Recettes
Pour 4 personnes

Poêler 15 mn 200 g de céleri-branche émincé avec 1 c. à s. d'huile d'olive. Mélanger avec 400 g de macaronis al dente + 80 g de roquefort émietté + 2 c. à s. de crème fraîche + 8 tranches de bacon poêlées à sec et coupées en morceaux.

Répartir 700 g de purée de potiron décongelée dans 1 plat à gratin, puis les restes du curry de porc en petits morceaux. Saupoudrer de 60 g de comté et de 4 biscottes (mixés ensemble pour obtenir une poudre granuleuse) et gratiner 5-10 mn au four.

Poêler 125 g de lardons fumés. Réserver. Dans la même poêle, faire suer 3 poireaux émincés. Les répartir sur 1 pâte feuilletée avec les lardons et ajouter 3 œufs battus avec 20 cl de crème fraîche + 10 cl de lait + 1 c. à c. de curry. Répartir 100 g de comté râpé. Enfourner 30 mn à 180 °C. Servir avec 1 salade.

Poêler 8 saucisses Knacki coupées en morceaux avec 1 noisette de beurre. Servir avec 4 c. à c. de moutarde et 1 bocal de ratatouille réchauffée.

Battre 4 œufs avec 3 c. à s. de fromage blanc + 1 c. à s. de Maïzena. Ajouter 40 g de fromage râpé + 60 g de chèvre frais + 600 g de petits pois surgelés cuits à la vapeur + 100 g de lardons. Répartir dans des moules individuels et enfourner 20 mn à 180 °C.

Rouler 4 gros filets de cabillaud dans 2 c. à s. de farine, puis dans 2 œufs battus, puis dans 150 g de biscottes mixées avec 2 c. à s. de persil + 1 c. à s. d'estragon + le zeste d'1 citron. Poêler dans 50 g de beurre et cuire jusqu'à ce que la panure soit dorée. Servir avec le jus du citron et 700 g de poêlée de légumes surgelée préparée selon les indications du paquet.

Verser sur 1 poulet d'1,2 kg 4 c. à s. d'huile d'olive + 4 gousses d'ail pilées + 4 brins de thym et de romarin + 2 citrons confits au sel en morceaux. Répartir 1 kg de petites pommes de terre. Cuire 1 h 20 à 200 °C en ajoutant un peu d'eau en cours de cuisson si besoin et en retournant le poulet plusieurs fois dans le plat.
Garder les restes pour mardi.

Courses
Pour 4 personnes

- [ ] **Pâtes au roquefort, celeri et bacon**

400 g de macaronis, 200 g de céleri-branche, 80 g de roquefort, 8 tranches de bacon, 2 c. à s. de crème fraîche, 1 c. à s. d'huile d'olive.

- [ ] **Gratin de potiron au porc**

700 g de purée de potiron surgelée, 60 g de comté, 4 biscottes, les restes du curry de porc.

- [ ] **Quiche de poireaux au comté**

1 pâte feuilletée, 3 poireaux, 100 g de comté râpé, 125 g de lardons fumés, 3 œufs, 20 cl de crème fraîche, 10 cl de lait, 1 salade, 1 c. à c. de curry.

- [ ] **Knacki-ratatouille**

8 saucisses Knacki, 1 bocal de ratatouille, 4 c. à c. de moutarde, 1 noisette de beurre.

- [ ] **Flans de petits pois, chèvre et lardons**

600 g de petits pois surgelés, 60 g de chèvre frais, 100 g de lardons, 40 g de fromage râpé, 3 c. à s. de fromage blanc, 4 œufs, 1 c. à s. de Maïzena.

- [ ] **Poisson pané maison**

4 gros filets de cabillaud, 150 g de biscottes, 2 c. à s. de farine, 50 g de beurre, 2 œufs, 1 citron, 2 c. à s. de persil, 1 c. à s. d'estragon, 700 g de poêlée de légumes surgelée.

- [ ] **Poulet rôti aux citrons confits**

1 poulet d'1,2 kg, 2 citrons confits au sel, 1 kg de petites pommes de terre, 4 gousses d'ail, 4 brins de thym et de romarin, 4 c. à s. d'huile d'olive.

Et aussi

FÉVRIER

Jour	Recette	Préparation	Cuisson
Lundi 20	Boulgour aux tomates et oignons	10 mn	30 mn
Mardi 21	Poêlée de légumes au poulet	5 mn	10 mn
Mercredi 22	Mug cakes chèvre, olives et tomates séchées	15 mn	10 mn
Jeudi 23	Paupiettes de veau aux champignons	10 mn	40 mn
Vendredi 24	Polenta gratinée aux 3 fromages	15 mn	30 mn
Samedi 25	Lapin cocotte au cidre	15 mn	1 h 20
Dimanche 26	Tagliatelles au lapin	5 mn	10 mn

Recettes
Pour 4 personnes

Dans 1 faitout, poêler 2 oignons émincés dans 2 c. à s. d'huile d'olive. Ajouter 1 boîte de tomates concassées + 1 sucre. Mijoter 5 mn. Ajouter 250 g de boulgour + 25 cl d'eau + 1 bouquet garni. Cuire 20 mn à feu doux à couvert en ajoutant de l'eau si nécessaire. Mélanger avec 80 g de comté râpé.

Poêler 500 g de poêlée de légumes surgelée dans 1 c. à s. d'huile d'olive. Ajouter les restes du poulet aux citrons confits en morceaux. Servir tiède.

Faire fondre 15 g de beurre dans 1 mug 30 s au micro-ondes. Ajouter 1 œuf + 20 g de farine + 1 c. à c. de levure. Mélanger. Ajouter 3 tomates séchées et 2 olives noires en morceaux + 1 c. à s. de gruyère râpé. Mélanger. Ajouter 1 c. à s. de chèvre frais en morceaux. Mélanger. Cuire 1 mn à pleine puissance, puis encore 1 mn. Recommencer pour 3 mugs et servir avec 1 salade.

Poêler 1 oignon et 2 gousses d'ail émincées dans 2 c. à s. d'huile d'olive. Y dorer 8 paupiettes de veau. Ajouter 4 c. à s. de fond de veau + 25 cl d'eau + 15 cl de vin blanc + 1 c. à s. de farine, de moutarde et de vinaigre balsamique. Cuire 5 mn à feu moyen. Ajouter 1 grosse boîte de champignons de Paris, couvrir et mijoter 25 mn en retournant la viande. Servir avec 1 grosse boîte de petits pois.

Faire bouillir ½ l de lait et ½ l d'eau avec 1 bouillon cube. Ajouter 250 g de polenta + 1 c. à c. de muscade. Cuire à feu doux en tournant jusqu'à épaississement. Ajouter 20 g de beurre + 100 g de mozzarella et 100 g de feta en dés. Verser dans 1 plat à gratin beurré avec 5 g de beurre et parsemer de 40 g de parmesan râpé. Enfourner 15 mn à 210 °C. Servir avec 1 brique de soupe.

Dans 1 cocotte en fonte, poêler 3 oignons émincés + 200 g de lardons + 30 g de beurre. Poêler 1,2 kg de lapin en morceaux. Poêler 500 g de champignons de Paris émincés + 2 gousses d'ail pilées. Remettre le lapin + oignons + lardons. Ajouter 4 carottes en rondelles. Saupoudrer de 1 c. à c. de farine et ajouter 50 cl de cidre brut + 2 branches de thym. Couvrir et cuire 1 h. **Garder les restes pour le lendemain.**

Mélanger 500 g de tagliatelles fraîches cuites al dente avec les restes du lapin de la veille réchauffés + 1 filet de crème légère + 1 c. à s. de persil.

Courses
Pour 4 personnes

☐ **Boulgour aux tomates et oignons**

250 g de boulgour, 1 boîte de tomates concassées, 2 oignons, 1 bouquet garni, 80 g de comté râpé, 1 sucre, 2 c. à s. d'huile d'olive.

☐ **Poêlée de légumes au poulet**

500 g de poêlée de légumes surgelée, les restes du poulet aux citrons confits, 1 c. à s. d'huile d'olive.

☐ **Mug cakes chèvre, olives et tomates séchées**

4 c. à s. de chèvre frais, 12 tomates séchées, 8 olives noires, 80 g de farine, 4 c. à c. de levure, 4 œufs, 60 g de beurre, 4 c. à s. de gruyère râpé, 1 salade.

☐ **Paupiettes de veau aux champignons**

8 paupiettes de veau, 1 grosse boîte de champignons de Paris, 1 grosse boîte de petits pois, 1 oignon, 2 gousses d'ail, 1 c. à s. de farine, 1 c. à s. de moutarde, 15 cl de vin blanc, 4 c. à s. de fond de veau, 2 c. à s. d'huile d'olive, 1 c. à s. de vinaigre balsamique.

☐ **Polenta gratinée aux 3 fromages**

250 g de polenta, 100 g de mozzarella, 100 g de feta, 40 g de parmesan râpé, 25 g de beurre, ½ l de lait, 1 bouillon cube, 1 c. à c. de muscade, 1 brique de soupe.

☐ **Lapin cocotte au cidre**

1,2 kg de lapin, 50 cl de cidre brut, 500 g de champignons de Paris, 4 carottes, 3 oignons, 2 gousses d'ail, 2 branches de thym, 200 g de lardons, 30 g de beurre, 1 c. à c. de farine.

☐ **Tagliatelles au lapin**

Les restes du lapin de la veille, 500 g de tagliatelles fraîches, 1 filet de crème légère, 1 c. à s. de persil.

Et aussi

2023

FÉV./MARS

Lundi **27**

Pizza au gorgonzola et au jambon de Parme

10 mn 15 mn

Mardi **28**

Salade de pommes de terre revisitée

15 mn 20 mn

Mercredi **1**

Bricks de chèvre et salade de chou rouge

15 mn 1 h 15 mn

Jeudi **2**

Merlu et sa sauce au citron

15 mn 25 mn

Vendredi **3**

Carbonara toute verte

10 mn 20 mn

Samedi **4**

Crevettes sautées à l'ail

10 mn 10 mn

Dimanche **5**

Bœuf sauté aux épices

10 mn 10 mn 10 mn

60

Recettes
Pour 4 personnes

Napper 1 pâte à pizza de 200 g de sauce tomate et parsemer de 100 g de gorgonzola en dés. Répartir 5 tranches de jambon de Parme et ajouter 125 g de mozzarella tranchée et 100 g de roquette. Verser 1 trait d'huile d'olive. Enfourner env. 15 mn à 210 °C.

Cuire à la vapeur 600 g de pommes de terre + 200 g de brocolis. Mélanger les pommes de terre épluchées et en morceaux, les brocolis en fleurettes + 1 oignon rouge émincé + 150 g de blanc de poulet cuit en morceaux + 80 g de bleu émietté. Ajouter 1 sauce (2 c. à s. de vinaigre de Xérès + 1 c. à c. de moutarde + 2 c. à s. de fromage blanc + 2 c. à s. d'huile d'olive) + 1 c. à s. d'estragon. Servir froid.

Faire tremper 1 petit chou rouge émincé 1 h dans 10 cl de vinaigre de vin + 3 c. à s. de sel en pétrissant 2-3 fois. Bien rincer, égoutter et ajouter 1 sauce (le jus d'½ citron + 1 gousse d'ail pilée + ½ c. à c. de sucre + 1 c. à s. de mayonnaise + 2 c. à s. d'huile d'olive). Sur 8 feuilles de brick, mettre 1 bûche de chèvre en rondelles + 8 c. à c. de mie + 8 branches de romarin. Fermer les bricks. Enfourner 15 mn à 180 °C.

Pocher 5 mn 4 filets de merlu dans de l'eau bouillante avec 1 bouillon cube. Réserver. Dans 1 casserole, faire fondre 30 g de beurre. Ajouter 1 c. à s. de farine + 20 cl d'eau de cuisson + le jus d'½ citron + 2 c. à s. d'estragon + 10 cl de crème liquide. Cuire jusqu'à épaississement. Servir avec le poisson + 600 g de frites surgelées cuites au four.

Poêler 200 g de lardons à sec. Ajouter 300 g de haricots plats, 300 g de haricots verts et 200 g de petits pois surgelés (précuits au micro-ondes) + 1 noix de beurre. Cuire 10 mn. Ajouter 1 c. à s. de persil + 20 cl de crème liquide mélangée à 1 jaune d'œuf battu + 4 c. à s. de parmesan. Cuire 2 mn à feu doux et servir.

Poêler 3 gousses d'ail émincées dans 3 c. à s. d'huile d'olive, puis ajouter 450 g de crevettes roses décortiquées et cuire 3 mn en remuant. Saupoudrer de 1 c. à c. de paprika. Verser 2 c. à s. de cognac et faire flamber. Parsemer de 1 c. à c. de coriandre et servir avec 250 g de riz thaï.

Mariner 10 mn 600 g de bœuf émincé fin mélangé avec 2 c. à s. de sauce soja et de sauce d'huître + 2 c. à c. de sucre + 2 c. à c. de curry + 2 c. à c. de 4 épices. Poêler 1 oignon émincé dans 4 c. à s. d'huile env. 1 mn, puis ajouter la viande et faire sauter env. 3 mn. Parsemer de 4 brins de ciboulette ciselée et servir avec 500 g de nouilles asiatiques.

Courses
Pour 4 personnes

- [ ] **Pizza au gorgonzola et au jambon de Parme**

1 pâte à pizza, 100 g de gorgonzola, 125 g de mozzarella, 5 tranches de jambon de Parme, 200 g de sauce tomate, 100 g de roquette, 1 trait d'huile d'olive.

- [ ] **Salade de pommes de terre revisitée**

600 g de pommes de terre, 200 g de brocolis, 1 oignon rouge, 1 c. à s. d'estragon, 150 g de blanc de poulet cuit, 80 g de bleu, 2 c. à s. de fromage blanc, 2 c. à s. de vinaigre de Xérès, 2 c. à s. d'huile d'olive, 1 c. à c. de moutarde.

- [ ] **Bricks de chèvre et salade de chou rouge**

8 feuilles de brick, 1 bûche de chèvre, 1 petit chou rouge, 1 gousse d'ail, ½ citron, 8 branches de romarin, 8 c. à c. de miel, 1 c. à s. de mayonnaise, 3 c. à s. de sel, ½ c. à c. de sucre, 10 cl de vinaigre de vin, 2 c. à s. d'huile d'olive.

- [ ] **Merlu et sa sauce au citron**

4 filets de merlu, ½ citron, 2 c. à s. d'estragon, 30 g de beurre, 10 cl de crème liquide, 1 c. à s. de farine, 1 bouillon cube, 600 g de frites surgelées au four.

- [ ] **Carbonara toute verte**

300 g de haricots plats surgelés, 300 g de haricots verts surgelés, 200 g de petits pois surgelés, 200 g de lardons, 20 cl de crème liquide, 1 jaune d'œuf, 4 c. à s. de parmesan, 1 c. à s. de persil, 1 noix de beurre.

- [ ] **Crevettes sautées à l'ail**

450 g de crevettes roses décortiquées, 3 gousses d'ail, 250 g de riz thaï, 1 c. à c. de paprika, 1 c. à c. de coriandre, 3 c. à s. d'huile d'olive, 2 c. à s. de cognac.

- [ ] **Bœuf sauté aux épices**

600 g de bœuf, 1 oignon, 4 brins de ciboulette, 2 c. à c. de curry, 2 c. à c. de 4 épices, 2 c. à c. de sucre, 500 g de nouilles asiatiques, 2 c. à s. de sauce soja, 2 c. à s. de sauce d'huître, 4 c. à s. d'huile.

Et aussi

MARS

Lundi 6 — Tagliatelles au citron et aux pignons
5 mn | 15 mn

Mardi 7 — Velouté de céleri-rave
10 mn | 10 mn

Mercredi 8 — Croque-monsieur au comté
10 mn | 10 mn

Jeudi 9 — Quenelles tomates-olives
5 mn | 40 mn

Vendredi 10 — Boulettes de quinoa à la mozzarella
15 mn | 1 h | 25 mn

Samedi 11 — Cabillaud au four tout simple
5 mn | 15 mn | 20 mn

Dimanche 12 — Côtelettes d'agneau aux herbes
5 mn | 1 h | 15 mn

62

Recettes
Pour 4 personnes

Poêler à sec 2 c. à s. de pignons et ajouter 500 g de tagliatelles fraîches cuites al dente. Verser 20 cl de crème liquide réchauffée 30 s au micro-ondes + 1 c. à s. d'eau de cuisson des pâtes + le zeste d'1 citron. Saupoudrer de 80 g de pecorino et servir.

Dans 1 Cocotte-Minute, faire revenir 5 mn 800 g de céleri-rave et 2 pommes de terre épluchés et en morceaux + 2 oignons et 2 gousses d'ail émincés dans 1 c. à s. d'huile d'olive. Ajouter 1 l d'eau + 1 bouillon cube et fermer la cocotte. Cuire 5 mn après rotation de la soupape. Mixer avec 1 c. à s. de crème épaisse et servir avec 4 tranches de jambon.

Tartiner 4 grandes tranches de pain de mie complet de 4 c. à c. de moutarde. Répartir dessus 4 tranches de jambon + 80 g de comté râpé. Recouvrir de 4 autres tranches de pain de mie complet. Poêler les croques 2-3 mn/côté dans 20 g de beurre. Servir avec 1 salade.

Verser dans 1 plat à gratin 4 quenelles nature + 1 bocal de sauce tomate aux olives mélangé avec 20 cl de crème liquide légère. Enfourner 40 mn à 180 °C en retournant 1 ou 2 fois les quenelles. Servir avec 1 grosse boîte de haricots verts.

Mélanger 2 verres de quinoa + 2 verres de lentilles corail (cuits séparément et réfrigérés 1 h) + 2 c. à s. d'huile d'olive + 4 c. à s. de farine + 2 c. à c. d'origan. Placer les 16 billes de mozzarella au centre, puis refermer. Les tremper dans 1 verre de lait puis 4 c. à s. de farine, 2 œufs battus, 10 c. à s. de chapelure. Poêler 15 mn dans 2 c. à s. d'huile d'olive. Servir avec 1 salade de mâche.

Mariner 15 mn 4 filets de cabillaud dans 2 gousses d'ail pilées + 3 c. à s. de jus de citron. Dans 1 plat badigeonné de 1 c. à s. d'huile d'olive, répartir le poisson et verser 20 cl de crème légère + 3 c. à s. de parmesan râpé. Enfourner 20 mn à 180 °C. Servir avec 1 grosse boîte de petits pois-carottes.

Mariner 1 h 4 côtelettes d'agneau dans 4 c. à s. d'huile d'olive + 2 c. à s. d'herbes de Provence. Enfourner sur le gril du four 4 mn/côté et servir avec 700 g de purée de pommes de terre surgelée préparée selon les indications du paquet + 1 noix de beurre.

Courses
Pour 4 personnes

- [ ] **Tagliatelles au citron et aux pignons**

500 g de tagliatelles fraîches, 1 citron, 2 c. à s. de pignons, 80 g de pecorino, 20 cl de crème liquide.

- [ ] **Velouté de céleri-rave**

800 g de céleri-rave, 2 pommes de terre, 2 oignons, 2 gousses d'ail, 1 bouillon cube, 1 c. à s. de crème épaisse, 4 tranches de jambon, 1 c. à s. d'huile d'olive.

- [ ] **Croque-monsieur au comté**

8 grandes tranches de pain de mie complet, 4 tranches de jambon, 80 g de comté râpé, 20 g de beurre, 4 c. à c. de moutarde, 1 salade.

- [ ] **Quenelles tomates-olives**

4 quenelles nature, 1 bocal de sauce tomate aux olives, 20 cl de crème liquide légère, 1 grosse boîte de haricots verts.

- [ ] **Boulettes de quinoa à la mozzarella**

2 verres de quinoa, 2 verres de lentilles corail, 16 billes de mozzarella, 2 œufs, 10 c. à s. de chapelure, 8 c. à s. de farine, 2 c. à c. d'origan, 1 salade de mâche, 1 verre de lait, 4 c. à s. d'huile d'olive.

- [ ] **Cabillaud au four tout simple**

4 filets de cabillaud, 2 gousses d'ail, 3 c. à s. de jus de citron, 1 grosse boîte de petits pois-carottes, 3 c. à s. de parmesan râpé, 20 cl de crème légère, 1 c. à s. d'huile d'olive.

- [ ] **Côtelettes d'agneau aux herbes**

4 côtelettes d'agneau, 2 c. à s. d'herbes de Provence, 700 g de purée de pommes de terre surgelée, 1 noix de beurre, 4 c. à s. d'huile d'olive.

Et aussi

MARS

Lundi 13

Fusilli au saumon et aux brocolis

10 mn — 30 mn

Mardi 14

Velouté de tomates à l'italienne

10 mn — 25 mn

Mercredi 15

Boulettes de bœuf à la provençale

15 mn — 10 mn

Jeudi 16

Omelette au chèvre et betteraves vinaigrette

5 mn — 10 mn

Vendredi 17

Steaks de pois chiches et salade

15 mn — 30 mn

Samedi 18

Poisson au lait de coco facile

15 mn — 30 mn

Dimanche 19

Burgers veggie

15 mn — 5 mn

64

Recettes
Pour 4 personnes

Poêler 5 mn avec 1 c. à s. d'huile d'olive 300 g de brocolis en fleurettes (précuits 5 mn au micro-ondes) et cuire à la vapeur 200 g de saumon. Le découper en morceaux et mélanger avec les brocolis + 350 g de fusilli cuits al dente. Parsemer de 1 c. à s. de noix concassées, ajouter 2 c. à s. de crème liquide et servir.

Dans 1 faitout, poêler 1 oignon + 1 gousse d'ail émincés avec 2 c. à s. d'huile d'olive. Ajouter 800 g de tomates concassées en boîte + 4 c. à s. de concentré de tomates + 1 sucre et mijoter 3 mn. Ajouter 1 bouillon cube de bœuf + 30 cl d'eau. Cuire 15 mn à feu moyen. Ajouter 10 cl de crème liquide et mixer. Parsemer de 1 c. à s. de persil et 2 c. à s. de parmesan. Servir avec 4 grosses tranches de pain + 60 g de comté.

Mélanger 400 g de bœuf haché + 2 oignons émincés + 2 c. à s. de persil + 1 c. à c. de paprika + 4 biscottes mixées. Former 16 boulettes. Les poêler 5 mn dans 2 c. à s. d'huile. Ajouter 1 bocal de sauce tomate aux herbes, mijoter 5 mn et servir avec 250 g de riz.

Battre 8 œufs avec 100 g de fromage de chèvre frais en morceaux + 2 c. à s. de ciboulette. Poêler avec 1 noix de beurre et laisser prendre l'omelette. Servir avec 600 g de betteraves cuites sous vide + 1 vinaigrette à l'échalote.

Mixer brièvement 1,2 kg de pois chiches en boîte (rincés et bien égouttés). Mélanger avec 4 oignons et 4 gousses d'ail hachés + 4 œufs battus. Ajouter 12 c. à s. d'huile d'olive. Étaler la pâte sur du papier sulfurisé et découper 8 « steaks ». Enfourner 30 mn à 180 °C. Servir la moitié des steaks avec 1 salade et **garder les 4 autres pour dimanche**.

Dans 1 faitout, poêler 1 oignon émincé avec 1 c. à s d'huile d'olive. Ajouter 4 filets de cabillaud coupés en lanières. Cuire à feu doux 5 mn. Ajouter 4 tomates en petits dés (sans la pulpe). Cuire 5 mn et ajouter 1 c. à c. de curcuma + 1 c. à c. de curry + 20 cl de lait de coco + 10 cl de crème liquide. Mijoter 10-15 mn. Servir avec 250 g de riz basmati.

Couper 1 tomate en 8 tranches et 1 oignon rouge en rondelles. Toaster 4 pains à burgers coupés en 2. Tartiner 4 tranches de 4 c. à s. de ketchup, puis déposer 2 feuilles de salade + 2 tranches de tomate + 2 rondelles d'oignon rouge + 4 steaks de pois chiches réchauffés + 4 tranches de cheddar. Refermer les burgers. Servir avec 400 g de maïs en boîte mélangé + 3 tomates en dés + 1 vinaigrette.

Courses
Pour 4 personnes

☐ **Fusilli au saumon et aux brocolis**

350 g de fusilli, 200 g de saumon, 300 g de brocolis, 1 c. à s. de noix, 2 c. à s. de crème liquide, 1 c. à s. d'huile d'olive.

☐ **Velouté de tomates à l'italienne**

800 g de tomates concassées en boîte, 4 c. à s. de concentré de tomates, 1 oignon, 1 gousse d'ail, 1 bouillon cube de bœuf, 1 sucre, 10 cl de crème liquide, 60 g de comté, 2 c. à s. de parmesan, 1 c. à s. de persil, 4 grosses tranches de pain, 2 c. à s. d'huile d'olive.

☐ **Boulettes de bœuf à la provençale**

400 g de bœuf haché, 4 biscottes, 1 bocal de sauce tomate aux herbes, 2 oignons, 2 c. à s. de persil, 1 c. à c. de paprika, 250 g de riz, 2 c. à s. d'huile.

☐ **Omelette au chèvre et betteraves vinaigrette**

8 œufs, 100 g de fromage de chèvre frais, 600 g de betteraves cuites sous vide, 2 c. à s. de ciboulette, 1 vinaigrette à l'échalote, 1 noix de beurre.

☐ **Steaks de pois chiches et salade**

1,2 kg de pois chiches en boîte, 4 œufs, 4 oignons, 4 gousses d'ail, 1 salade, 12 c. à s. d'huile d'olive.

☐ **Poisson au lait de coco facile**

4 filets de cabillaud, 20 cl de lait de coco, 10 cl de crème liquide, 4 tomates, 1 oignon, 250 g de riz basmati, 1 c. à c. de curcuma, 1 c. à c. de curry, 1 c. à s. d'huile d'olive.

☐ **Burgers veggie**

4 steaks de pois chiches, 4 pains à burgers, 8 feuilles de salade, 4 tomates, 1 oignon rouge, 4 tranches de cheddar, 4 c. à s. de ketchup, 400 g de maïs en boîte, 1 vinaigrette.

Et aussi

MARS

Lundi

20

Pizza thon-mozzarella

10 mn 25 mn

Mardi

21

Salade franco-italienne

15 mn 10 mn

Mercredi

22

Tarte fine aux courgettes, au miel et aux pignons

15 mn 30 mn

Jeudi

23

Œufs à la coque à la ciboulette

10 mn 5 mn

Vendredi

24

Boulgour tomates-feta

15 mn 25 mn

Samedi

25

Steaks sauce au poivre

10 mn 1 h 25 mn

Dimanche

26

Papillotes de saumon au citron confit

10 mn 30 mn

66

Recettes
Pour 4 personnes

Poêler avec 2 c. à s. d'huile d'olive 2 oignons émincés. Ajouter 1 boîte de sauce tomate cuisinée. Mijoter 5 mn. Étaler sur 1 pâte à pizza. Répartir 200 g de thon au naturel + 8 olives noires + 2 c. à s. de câpres + 150 g de mozzarella en rondelles. Enfourner 15 mn à 240 °C et servir avec 1 salade de mâche.

Mélanger 1 sachet de roquette + 8 fonds d'artichauts émincés + 8 cœurs d'artichauts marinés à l'huile + 8 tomates séchées coupées en morceaux + 60 g de parmesan en copeaux + 100 g de lardons grillés à sec + 1 sachet de croûtons. Verser 1 sauce (1 c. à c. de moutarde mélangée avec le jus d'1 citron + 3 c. à s. de l'huile du bocal d'artichauts) + 4 œufs durs.

Étaler 1 c. à s. de moutarde sur 1 pâte brisée, puis répartir 60 g de fromage râpé + 2 courgettes coupées en très fines rondelles + 100 g d'allumettes de lardons + 100 g de feta en dés + 2 c. à s. de pignons de pin. Arroser de 2 c. à s. de miel et enfourner 30 mn à 180 °C.

Cuire 8 œufs à la coque (3 mn 30 après ébullition) et parsemer de 8 c. à c. de ciboulette. Tartiner 8 tranches de pain de mie toastées de 8 noisettes de beurre et servir en mouillettes avec les œufs + 1 brique de soupe au choix.

Poêler 1 oignon émincé dans 2 c. à s. d'huile d'olive 5 mn. Ajouter 6 tomates en dés (sans la pulpe) + 3 c. à s. de confit de tomates séchées + 1 pincée d'ail + 1 c. à s. d'origan et cuire 10 mn. Mélanger à 250 g de boulgour cuit selon les indications du paquet + 100 g de feta en dés.

Reposer 1 h 4 steaks de 150 g avec 1 c. à s. de poivre noir concassé. Les poêler à feu vif 2-3 mn/côté dans 1 c. à s. d'huile + 20 g de beurre. Réserver au chaud. Déglacer avec 5 cl de vinaigre balsamique. Porter à ébullition. Ajouter 2 c. à c. de fond de veau. Bouillir 1 mn. Ajouter 25 cl de crème liquide, chauffer 2 mn. Remettre les steaks et servir avec 8 pommes de terre vapeur.

Dans 4 feuilles de papier aluminium, répartir 4 pavés de saumon + 200 g de tomates cerises coupées en 2 + 12 rondelles de citron confit + 1 gousse d'ail pilée + 4 c. à c. d'huile d'olive + 4 c. à c. de persil. Fermer et enfourner 25 mn à 180 °C. Servir avec 700 g d'épinards surgelés à la crème préparés selon les indications du paquet.

Courses
Pour 4 personnes

- [ ] **Pizza thon-mozzarella**

1 pâte à pizza, 150 g de mozzarella, 200 g de thon au naturel, 2 oignons, 1 boîte de sauce tomate cuisinée, 8 olives noires, 2 c. à s. de câpres, 1 salade de mâche, 2 c. à s. d'huile d'olive.

- [ ] **Salade franco-italienne**

1 sachet de roquette, 8 fonds d'artichauts, 8 cœurs d'artichauts marinés à l'huile, 8 tomates séchées, 4 œufs, 100 g de lardons, 60 g de parmesan en copeaux, 1 citron, 1 sachet de croûtons, 1 c. à c. de moutarde.

- [ ] **Tarte fine aux courgettes, au miel et aux pignons**

1 pâte brisée, 2 courgettes, 2 c. à s. de pignons de pin, 2 c. à s. de miel, 1 c. à s. de moutarde, 100 g d'allumettes de lardons, 100 g de feta, 60 g de fromage râpé.

- [ ] **Œufs à la coque à la ciboulette**

8 œufs, 8 c. à c. de ciboulette, 8 tranches de pain de mie, 8 noisettes de beurre, 1 brique de soupe au choix.

- [ ] **Boulgour tomates-feta**

250 g de boulgour, 6 tomates, 1 oignon, 100 g de feta, 3 c. à s. de confit de tomates séchées, 1 pincée d'ail, 1 c. à s. d'origan, 2 c. à s. d'huile d'olive.

- [ ] **Steaks sauce au poivre**

4 steaks de 150 g, 1 c. à s. de poivre noir concassé, 25 cl de crème liquide, 5 cl de vinaigre balsamique, 2 c. à c. de fond de veau, 8 pommes de terre, 20 g de beurre, 1 c. à s. d'huile.

- [ ] **Papillotes de saumon au citron confit**

4 pavés de saumon, 12 rondelles de citron confit, 700 g d'épinards surgelés à la crème, 200 g de tomates cerises, 1 gousse d'ail, 4 c. à c. de persil, 4 c. à c. d'huile d'olive.

Et aussi

MARS/AVRIL 2023

Lundi 27
Linguine aux crevettes à la thaïe
5 mn — 15 mn

Mardi 28
Salade de champignons au jambon fumé
15 mn — 15 mn

Mercredi 29
Bricks au thon et aux fines herbes
15 mn — 25 mn

Jeudi 30
Tagliatelles poulet et petits pois
10 mn — 30 mn

Vendredi 31
Gratin d'endives au parmesan
15 mn — 45 mn

Samedi 1
Poulet pané maison
15 mn — 2 h — 15 mn

Dimanche 2
Filet mignon aux 2 moutardes
10 mn — 30 mn

Recettes

Pour 4 personnes

Poêler 1 échalote émincée avec 1 c. à s. d'huile. Réserver. Poêler 300 g de crevettes roses décortiquées env. 5 mn. Ajouter 1 c. à c. de curry et de paprika, puis 15 cl de crème liquide + 10 cl de lait de coco + 2 c. à s. de concentré de tomates + l'échalote. Cuire 2 mn à feu doux. Mélanger avec 500 g de linguine fraîches cuites al dente + 1 c. à s. de coriandre.

Cuire 2 pommes de terre à la vapeur et laisser refroidir. Les trancher et les mélanger avec 600 g de champignons de Paris brossés et émincés + 2 échalotes émincées + 3 c. à s. de persil. Faire 1 sauce (1 c. à c. de moutarde mélangée avec 4 c. à s. de vinaigre de vin + 8 c. à s. d'huile d'olive). Servir avec 8 tranches de jambon fumé.

Écraser 3 œufs durs (les cuire 9 mn après ébullition) avec 2 c. à s. de persil + 1 c. à s. de ciboulette + ½ oignon haché + 280 g de thon au naturel + 3 c. à s. de fromage frais + le jus d'1 citron. En farcir 12 feuilles de brick, puis les refermer. Badigeonner de 3 c. à s. d'huile d'olive et enfourner 10-15 mn à 180 °C. Servir avec 1 barquette de carottes râpées.

Poêler 1 oignon + 2 gousses d'ail émincés dans 1 c. à s. d'huile d'olive. Ajouter 12 cl de vin blanc + 1 c. à s. de moutarde et faire bouillir. Cuire 5 mn, ajouter 25 cl de crème liquide, cuire encore 5 mn. Ajouter 350 g de poulet cuit en dés + 250 g de petits pois en boîte. Mélanger avec 250 g de tagliatelles al dente + 2 c. à s. de ciboulette.

Poêler 1,5 kg d'endives finement émincées (sans le cœur) avec 40 g de beurre, à couvert. Cuire 20 mn en remuant 2-3 fois. Ajouter 1 c. à s. de sucre roux et cuire 3-4 mn à feu vif. Verser dans 1 plat à gratin et recouvrir avec 1 béchamel. Parsemer de 50 g de parmesan râpé et gratiner 10 mn à 200 °C.

Mariner 2 h 500 g d'aiguillettes de poulet + le jus d'1 citron. Tremper le poulet dans 4 c. à s. de farine, puis 2 œufs battus mélangés avec 2 c. à s. d'huile, puis dans 4 c. à s. de chapelure mélangée avec 1 c. à s. de paprika. Poêler 15 mn dans 4 c. à s. d'huile et servir avec 1 sauce (2 yaourts nature + le jus d'1 citron + 1 gousse d'ail pilée + 2 c. à s. de ciboulette + 1 c. à c. de moutarde) + 1 salade.

Poêler 1 filet mignon de 800 g avec 20 g de beurre pour qu'il dore. L'ôter et le tartiner de 3 c. à s. de moutarde. Déglacer la poêle avec 1 c. à s. de crème épaisse, ajouter 1 boîte de champignons de Paris et remettre le filet env. 20 mn. Ajouter 5 c. à s. de crème épaisse mélangée avec 2 c. à s. de moutarde à l'ancienne et cuire encore 2 mn. Servir avec 600 g de haricots verts.

Courses

Pour 4 personnes

- [ ] **Linguine aux crevettes à la thaïe**

500 g de linguine fraîches, 300 g de crevettes roses décortiquées, 15 cl de crème liquide, 10 cl de lait de coco, 2 c. à s. de concentré de tomates, 1 échalote, 1 c. à s. de coriandre, 1 c. à c. de curry et de paprika, 1 c. à s. d'huile.

- [ ] **Salade de champignons au jambon fumé**

600 g de champignons de Paris, 2 pommes de terre, 2 échalotes, 3 c. à s. de persil, 8 tranches de jambon fumé, 1 c. à c. de moutarde, 8 c. à s. d'huile d'olive, 4 c. à s. de vinaigre de vin.

- [ ] **Bricks au thon et aux fines herbes**

12 feuilles de brick, 280 g de thon au naturel, 2 c. à s. de persil, 1 c. à s. de ciboulette, 1 citron, ½ oignon, 3 c. à s. de fromage frais, 3 œufs, 1 barquette de carottes râpées, 3 c. à s. d'huile d'olive.

- [ ] **Tagliatelles poulet et petits pois**

250 g de tagliatelles, 350 g de poulet cuit, 250 g de petits pois en boîte, 1 oignon, 2 gousses d'ail, 2 c. à s. de ciboulette, 25 cl de crème liquide, 12 cl de vin blanc, 1 c. à s. de moutarde 1 c. à s. d'huile d'olive.

- [ ] **Gratin d'endives au parmesan**

1,5 kg d'endives, 50 g de parmesan râpé, 40 g de beurre, 1 c. à s. de sucre roux, 1 béchamel.

- [ ] **Poulet pané maison**

500 g d'aiguillettes de poulet, 4 c. à s. de chapelure, 4 c. à s. de farine, 1 c. à s. de paprika, 2 citrons, 1 salade, 1 gousse d'ail, 2 c. à s. de ciboulette, 2 œufs, 2 yaourts nature, 1 c. à c. de moutarde, 6 c. à s. d'huile.

- [ ] **Filet mignon aux 2 moutardes**

1 filet mignon de 800 g, 3 c. à s. de moutarde, 2 c. à s. de moutarde à l'ancienne, 6 c. à s. de crème épaisse, 20 g de beurre, 1 boîte de champignons de Paris, 600 g de haricots verts.

Et aussi

2023

AVRIL

Lundi **3**

Salade de pâtes printanière

15 mn 15 mn

Mardi **4**

Soupe froide à la betterave et tartines à l'avocat

15 mn

Mercredi **5**

Wraps à l'italienne

15 mn

Jeudi **6**

Crevettes à la mangue

15 mn 25 mn

Vendredi **7**

Petits gâteaux courgettes-carottes

15 mn 30 mn 30 mn

Samedi **8**

Cheeseburgers au bacon

15 mn 10 mn

Dimanche **9**

Pâques

Gigot d'agneau et purée de petits pois

15 mn 10 mn 1 h 05

Recettes
Pour 4 personnes

Mélanger 200 g de fusilli cuits al dente et refroidis + 250 g de tomates cerises coupées en 2 + 150 g de feta émiettée + 200 g de fèves pelées surgelées cuites selon les indications du paquet + 200 g de champignons de Paris émincés + 50 g de pignons de pin + 100 g d'allumettes de jambon. Ajouter 1 sauce (1 c. à s. de vinaigre balsamique + 1 c. à c. de moutarde + 4 c. à s. d'huile d'olive).

Mixer 800 g de betteraves cuites + 2 oignons rouges + le jus de 2 oranges + 2 c. à s. de persil + 1 c. à c. de sucre + 2 c. à s. de vinaigre balsamique + 1 filet d'huile d'olive. Diluer avec de l'eau pour obtenir la consistance souhaitée. Servir frais avec 4 grosses tranches de pain de campagne tartinées de 4 c. à s. de fromage frais et recouvertes de 2 avocats en morceaux + 4 c. à c. de ciboulette.

Tartiner 6 tortillas de blé de 1 c. à c. de pesto chacune. Répartir 1 avocat en dés (arrosé du jus d'1 citron) + 1 tomate et 150 g de mozzarella en dés + 6 tranches de jambon cru en petits morceaux. Rouler les tortillas et les couper en 2. Servir avec 1 sachet de roquette.

Poêler 4 échalotes émincées + 4 gousses d'ail pilées avec 1 noix de beurre. Ajouter 600 g de crevettes roses décortiquées. Cuire 2 mn. Recouvrir de 40 cl de lait de coco et ajouter 2 c. à c. de pâte de curry jaune + 1 c. à s. de concentré de tomates + le jus d'½ citron vert + 1 c. à s. de basilic. Mijoter 15 mn. À la fin, ajouter 3 tranches de mangue décongelées en dés. Servir avec 250 g de riz thaï.

Faire dégorger 30 mn 3 courgettes râpées avec 1 c. à c. de sel. Bien égoutter. Mélanger avec 2 carottes râpées (précuites 5 mn au micro-ondes) + 3 œufs battus + 40 g de parmesan râpé + 80 g de chèvre frais + 10 cl de crème liquide + 2 c. à s. de persil, de ciboulette et de pignons de pin + 50 g de gruyère râpé + 100 g d'allumettes de lardons. Verser dans des moules à muffins. Enfourner 25 mn à 180 °C.

Poêler 1 oignon émincé dans 1 c. à s. d'huile. Ajouter 4 steaks hachés. Les cuire 1 ou 2 mn/face selon le goût. Ajouter 4 tranches de cheddar sur les steaks 30 s avant la fin. Tartiner 4 pains à burgers de 4 c. à s. de ketchup. Les garnir de 8 feuilles de salade + 1 tomate coupée en 8 rondelles + les steaks au fromage + 4 tranches de bacon + l'oignon. Griller 2 mn au four et servir avec 6 tomates + 1 vinaigrette.

Dans 1 plat, mettre 1 gigot d'agneau d'1,5 kg + 60 g de beurre en morceaux + 1 bouquet garni + 2 carottes en rondelles + 20 cl d'eau. Enfourner 20 mn à 210 °C. Retourner le gigot, ajouter 6 gousses d'ail en chemise. Cuire 40 mn à 180 °C en arrosant de jus. Reposer 10 mn. Servir avec 700 g de purée de petits pois décongelée + 1 c. à s. de moutarde. **Garder 300 g de gigot pour le lendemain.**

Courses
Pour 4 personnes

- [ ] **Salade de pâtes printanière**

200 g de fusilli, 200 g de fèves pelées surgelées, 250 g de tomates cerises, 200 g de champignons de Paris, 150 g de feta, 100 g d'allumettes de jambon, 50 g de pignons de pin, 4 c. à s. d'huile d'olive, 1 c. à s. de vinaigre balsamique, 1 c. à c. de moutarde.

- [ ] **Soupe froide à la betterave et tartines à l'avocat**

800 g de betteraves cuites, 2 oignons rouges, 2 oranges, 2 avocats, 2 c. à s. de persil, 1 c. à c. de sucre, 4 grosses tranches de pain de campagne, 4 c. à s. de fromage frais, 4 c. à c. de ciboulette, 2 c. à s. de vinaigre balsamique, 1 filet d'huile d'olive.

- [ ] **Wraps à l'italienne**

6 tortillas de blé, 1 avocat, 1 tomate, 1 citron, 150 g de mozzarella, 6 tranches de jambon cru, 1 sachet de roquette, 6 c. à c. de pesto.

- [ ] **Crevettes à la mangue**

600 g de crevettes roses décortiquées, 3 tranches de mangue surgelées, 4 échalotes, 4 gousses d'ail, ½ citron vert, 1 c. à s. de basilic, 250 g de riz thaï, 40 cl de lait de coco, 2 c. à c. de pâte de curry jaune, 1 c. à s. de concentré de tomates, 1 noix de beurre.

- [ ] **Petits gâteaux courgettes-carottes**

3 courgettes, 2 carottes, 2 c. à s. de persil, 2 c. à s. de ciboulette, 100 g d'allumettes de lardons, 80 g de chèvre frais, 50 g de gruyère râpé, 40 g de parmesan râpé, 10 cl de crème liquide, 3 œufs, 2 c. à s. de pignons de pin, 1 c. à c. de sel.

- [ ] **Cheeseburgers au bacon**

4 pains à burgers, 4 steaks hachés, 4 tranches de bacon, 4 tranches de cheddar, 8 feuilles de salade, 7 tomates, 1 oignon, 4 c. à s. de ketchup, 1 vinaigrette, 1 c. à s. d'huile.

- [ ] **Gigot d'agneau et purée de petits pois**

1 gigot d'agneau d'1,5 kg, 700 g de purée de petits pois surgelée, 2 carottes, 6 gousses d'ail, 1 bouquet garni, 60 g de beurre, 1 c. à s. de moutarde.

Et aussi

AVRIL

2023

Lundi 10 (Lundi de Pâques)

Boulettes d'agneau à l'orientale

15 mn – 5 mn – 20 mn

Mardi 11

Salade composée aux asperges

15 mn – 20 mn

Mercredi 12

Tarte au saumon et à la tomate

15 mn – 35 mn

Jeudi 13

Papillotes de perche au citron confit

15 mn – 20 mn

Vendredi 14

Galettes de courgettes au curry

15 mn – 1 h – 10 mn

Samedi 15

Œufs cocotte au jambon et purée de légumes

10 mn – 15 mn

Dimanche 16

Steaks de veau au comté et poêlée de champignons

10 mn – 25 mn

72

Recettes
Pour 4 personnes

Hacher 300 g de restes de gigot d'agneau + 2 gousses d'ail + 1 oignon nouveau + 3 c. à s. de menthe + 30 g de pain rassis (trempé 5 mn dans 10 cl de lait, puis égoutté) + 1 tranche de citron confit. Ajouter ½ c. à c. de cumin + ½ c. à c. de paprika + 1 œuf. Former 12 boulettes. Les poêler dans 2 c. à s. d'huile d'olive 3 mn/côté à feu vif. Ajouter 1 bocal de sauce tomate cuisinée. Mijoter 10 mn. Servir avec 250 g de riz thaï.

Mélanger 1 botte d'asperges vertes cuites à l'eau ou à la vapeur et coupées en tronçons + 1 laitue + 250 g de champignons de Paris émincés + 200 g de tomates cerises coupées en 2 + 60 g de comté en dés. Ajouter 1 vinaigrette + 2 c. à s. de ciboulette et servir avec 4 œufs mollets + 6 tranches de jambon cru.

Tartiner 1 pâte brisée de 2 c. à s. de moutarde et répartir 2 tomates en petits dés (sans la pulpe) + 80 g de saumon frais émincé. Recouvrir d'1 mélange de 3 œufs battus + 20 cl de crème épaisse + 10 cl de lait + 1 c. à s. de ciboulette et d'aneth. Parsemer de 40 g de gruyère râpé. Enfourner 35 mn à 180 °C. Servir avec 1 salade.

Mixer 1 bouquet de coriandre + 2 gousses d'ail pelées + 6 c. à s. de jus de citron + 4 c. à s. d'huile d'olive + 2 c. à c. de curcuma. Répartir sur 4 feuilles de papier sulfurisé 1 oignon haché + 4 filets de perche – la sauce à la coriandre + 60 g de citron confit en tout petits dés + 100 g d'épinards frais. Fermer les papillotes et cuire 10-15 mn à 200 °C. Servir avec 700 g de poêlée de légumes décongelée.

Faire dégorger 30 mn 2 courgettes râpées avec 1 c. à c. de sel. Bien égoutter. Mélanger avec 1 gousse d'ail pressée + 2 c. à s. de persil plat + 100 g de flocons d'avoine. Ajouter 2 œufs battus avec 2 c. à s. d'eau + 2 c. à c. de curry + 40 g de gruyère râpé + 1 oignon émincé. Réserver 30 mn au frais. Former 12 galettes et les poêler 10 mn avec 2 c. à s. d'huile d'olive.

Répartir dans 8 ramequins beurrés 8 c. à s. de crème épaisse + 2 tranches de jambon blanc en lanières. Ajouter délicatement dans chacun 1 œuf extra-frais + 10 g de gruyère râpé + 1 c. à c. de ciboulette. Cuire 10-15 mn au bain-marie dans un four préchauffé à 180 °C. Servir avec 700 g de purée de légumes au choix.

Mélanger 500 g de veau haché avec 40 g de comté râpé + 1 gousse d'ail hachée + 40 g de chapelure et former 4 steaks. Les poêler 2-3 mn/côté à feu vif dans 1 c. à s. d'huile de tournesol. Servir avec 1 kg de poêlée de champignons surgelée préparée selon les indications du paquet + 300 g de tagliatelles fraîches al dente + 1 filet d'huile d'olive.

Courses
Pour 4 personnes

☐ **Boulettes d'agneau à l'orientale**

300 g de restes de gigot d'agneau, 30 g de pain rassis, 10 cl de lait, 1 œuf, 2 gousses d'ail, 1 oignon nouveau, 3 c. à s. de menthe, 1 tranche de citron confit, ½ c. à c. de cumin, ½ c. à c. de paprika, 250 g de riz thaï, 1 bocal de sauce tomate cuisinée, 2 c. à s. d'huile d'olive.

☐ **Salade composée aux asperges**

1 botte d'asperges vertes, 250 g de champignons de Paris, 200 g de tomates cerises, 1 laitue, 2 c. à s. de ciboulette, 60 g de comté, 6 tranches de jambon cru, 4 œufs, 1 vinaigrette.

☐ **Tarte au saumon et à la tomate**

1 pâte brisée, 80 g de saumon frais, 2 tomates, 1 salade, 1 c. à s. de ciboulette, 1 c. à s. d'aneth, 3 œufs, 40 g de gruyère râpé, 20 cl de crème épaisse, 10 cl de lait, 2 c. à s. de moutarde.

☐ **Papillotes de perche au citron confit**

4 filets de perche, 60 g de citron confit, 100 g d'épinards frais, 1 oignon, 2 gousses d'ail, 1 bouquet de coriandre, 2 c. à c. de curcuma, 700 g de poêlée de légumes surgelée, 6 c. à s. de jus de citron, 4 c. à s. d'huile d'olive.

☐ **Galettes de courgettes au curry**

2 courgettes, 1 oignon, 1 gousse d'ail, 2 c. à s. de persil plat, 2 c. à c. de curry, 100 g de flocons d'avoine, 40 g de gruyère râpé, 2 œufs, 1 c. à c. de sel, 2 c. à s. d'huile d'olive.

☐ **Œufs cocotte au jambon et purée de légumes**

8 œufs extra-frais, 2 tranches de jambon blanc, 80 g de gruyère râpé, 8 c. à s. de crème épaisse, 700 g de purée de légumes au choix. 8 c. à c. de ciboulette, 8 noix de beurre.

☐ **Steaks de veau au comté et poêlée de champignons**

500 g de veau haché, 40 g de comté râpé, 1 gousse d'ail, 40 g de chapelure, 1 kg de poêlée de champignons surgelée, 300 g de tagliatelles fraîches, 1 c. à s. d'huile de tournesol, 1 filet d'huile d'olive.

73

Et aussi

AVRIL

2023

Lundi
17
Linguine à la crème de courgettes
15 mn — 25 mn

Mardi
18
Salade de saumon fumé, feta et concombre
10 mn — 10 mn

Mercredi
19
Muffins parmesan, olives et tomate
10 mn — 30 mn

Jeudi
20
Œufs brouillés au bacon
10 mn — 10 mn

Vendredi
21
Moussaka rapide
10 mn — 45 mn

Samedi
22
Filets de merlu panés et purée d'artichauts
15 mn — 25 mn

Dimanche
23
Blanquette de veau ultra-simple
15 mn — 2 h

74

Recettes
Pour 4 personnes

Poêler 1 gousse d'ail hachée dans 4 c. à s. d'huile d'olive et ajouter 800 g de courgettes râpées. Cuire env. 8 mn. Saupoudrer de 1 c. à s. de thym et laisser tiédir. En mixer les ¾ avec 4 c. à s. de chèvre frais et tout remettre dans la poêle avec les courgettes râpées restantes. Ajouter 400 g de linguine al dente + 2 c. à s. d'eau de cuisson, cuire 2 mn en mélangeant, puis saupoudrer de 80 g de parmesan râpé.

Mélanger 200 g de saumon fumé émincé avec 100 g de feta en dés + 1 concombre en fines rondelles + 12 olives noires en dés + 1 rondelle de citron confit en petits dés + 250 g de boulgour (cuit selon les indications du paquet et refroidi). Mélanger avec 1 sauce (2 c. à s. de jus de citron + 4 c. à s. d'huile d'olive). Servir frais.

Mélanger 120 g de beurre (fondu au micro-ondes, puis légèrement refroidi) avec 10 cl de lait + 12 cl de coulis de tomates + 2 œufs battus. Mélanger 200 g de farine + 1 sachet de levure + 100 g de flocons d'avoine + 150 g de parmesan râpé + 100 g d'olives noires dénoyautées en dés + 1 c. à s. d'herbes de Provence. Mélanger les 2 préparations. Mettre dans des moules à muffins et enfourner 25 mn à 180 °C.

Poêler à sec 8 tranches de bacon. Délayer 2 c. à c. de Maïzena dans 4 c. à s. de lait et mélanger avec 6 œufs battus en omelette + 1 c. à s. d'herbes de Provence. Faire fondre 2 c. à c. de beurre dans 1 poêle et ajouter les œufs. Retirer très vite du feu et mélanger 15 s. Ajouter le bacon émietté et servir avec 4 tranches de pain aux noix et 1 salade.

Poêler 1 oignon et 1 gousse d'ail émincés dans 2 c. à s. d'huile d'olive. Ajouter 1 grosse boîte de tomates concassées – 1 feuille de laurier. Mijoter 20 mn. Ajouter 400 g d'agneau haché et cuire 5 mn. Dans 1 plat, étager 800 g d'aubergines grillées décongelées et la viande à la tomate. Terminer par les aubergines + 50 g de parmesan râpé + 50 g de gruyère râpé. Enfourner 15 mn à 210 °C.

Cuire 20 mn à la vapeur 300 g de pommes de terre et 6 fonds d'artichauts. Les égoutter et les mixer avec 15 cl de lait + 3 c. à s. d'huile d'olive. Poêler à feu vif 2-3 mn avec 2 noix de beurre 4 filets de merlu passés dans 2 c. à s. de chapelure et servir avec la purée.

Dans 1 cocotte, dorer 1 kg de veau pour blanquette dans 1 noix de beurre. Ajouter 2 c. à s. de farine + 2 bouillons cubes de volaille + 50 cl d'eau + 25 cl de vin blanc + 1 oignon émincé + 2 carottes en rondelles + 1 boîte de champignons émincés. Mijoter à feu très doux 1 h 45 en remuant. Verser 20 cl de crème épaisse + 1 jaune d'œuf + le jus d'1 citron. Servir avec 250 g de riz.

Courses
Pour 4 personnes

- [ ] **Linguine à la crème de courgettes**

400 g de linguine, 800 g de courgettes, 1 gousse d'ail, 1 c. à s. de thym, 80 g de parmesan râpé, 4 c. à s. de chèvre frais, 4 c. à s. d'huile d'olive.

- [ ] **Salade de saumon fumé, feta et concombre**

200 g de saumon fumé, 100 g de feta, 1 concombre, 250 g de boulgour, 12 olives noires, 1 rondelle de citron confit, 2 c. à s. de jus de citron, 4 c. à s. d'huile d'olive.

- [ ] **Muffins parmesan, olives et tomate**

200 g de farine, 1 sachet de levure, 100 g de flocons d'avoine, 150 g de parmesan râpé, 120 g de beurre, 2 œufs, 100 g d'olives noires dénoyautées, 12 cl de coulis de tomates, 10 cl de lait, 1 c. à s. d'herbes de Provence.

- [ ] **Œufs brouillés au bacon**

6 œufs, 8 tranches de bacon, 2 c. à c. de beurre, 4 c. à s. de lait, 2 c. à c. de Maïzena, 4 tranches de pain aux noix, 1 salade, 1 c. à s. d'herbes de Provence.

- [ ] **Moussaka rapide**

400 g d'agneau haché, 800 g d'aubergines grillées surgelées, 1 grosse boîte de tomates concassées, 1 oignon, 1 gousse d'ail, 1 feuille de laurier, 50 g de parmesan râpé, 50 g de gruyère râpé, 2 c. à s. d'huile d'olive.

- [ ] **Filets de merlu panés et purée d'artichauts**

4 filets de merlu, 300 g de pommes de terre, 6 fonds d'artichauts, 2 c. à s. de chapelure, 15 cl de lait, 2 noix de beurre, 3 c. à s. d'huile d'olive.

- [ ] **Blanquette de veau ultra-simple**

1 kg de veau pour blanquette, 2 carottes, 1 oignon, 1 citron, 1 boîte de champignons émincés, 250 g de riz, 2 bouillons cubes de volaille, 2 c. à s. de farine, 25 cl de vin blanc, 20 cl de crème épaisse, 1 jaune d'œuf, 1 noix de beurre.

Et aussi

AVRIL
2023

Lundi
24
Lasagnes aux asperges, à la menthe et à la ricotta
15 mn 20 mn

Mardi
25
Salade complète poulet, avocats et pamplemousses
15 mn 20 mn

Mercredi
26
Quiche sans pâte à la courgette et au camembert
15 mn 35 mn

Jeudi
27
Pain de poisson à la tomate
10 mn 55 mn

Vendredi
28
Gratin façon crumble aux fenouils et aux tomates confites
15 mn 50 mn

Samedi
29
Paupiettes de veau au four
15 mn 50 mn

Dimanche
30
Curry de bœuf parfumé
15 mn 3 h 10

76

Recettes
Pour 4 personnes

Bouillir 18 asperges 3 mn. Les couper en tronçons. Poêler 2 échalotes émincées + 1 c. à s. d'huile d'olive. Ajouter 200 g de ricotta + 20 cl de crème liquide + les asperges + 25 g de parmesan râpé + 1 bouquet de menthe ciselée. Mijoter 3 mn. Ajouter le jus et le zeste d'1 citron. Bouillir 12 feuilles de lasagnes 1 mn. Étager avec la sauce. Finir par 25 g de parmesan râpé. Enfourner 10 mn à 210 °C.

Poêler 10 mn 300 g de blanc de poulet en dés avec 1 noix de beurre + 1 pincée de paprika et de curry. Cuire 100 g de riz. Laisser refroidir et mélanger le poulet et le riz avec 2 avocats en dés + 2 pamplemousses roses coupés en quartiers + 1 salade de mâche. Assaisonner avec 2 c. à s. de vinaigre balsamique + 4 c. à s. d'huile d'olive.

Poêler 1 oignon émincé avec 1 c. à s. d'huile d'olive. Ajouter 1 grosse courgette râpée et cuire 5 mn. Battre 3 œufs et ajouter 15 cl de crème liquide + 1 c. à s. de Maïzena + 1 c. à s. de ciboulette. Mélanger avec les courgettes. Disposer la pâte dans des moules individuels et répartir 100 g de camembert en morceaux. Enfourner 25 mn à 180 °C. Servir chaud ou froid avec 1 laitue.

Cuire au court-bouillon 10 mn 800 g de colin avec 1 c. à c. de fumet de poisson. Égoutter et émietter le poisson. Ajouter 5 œufs battus + 20 cl de crème liquide + 1 brique de coulis de tomates + 100 g de gruyère râpé. Beurrer 1 moule à cake, verser la pâte et enfourner 45 mn à 150 °C. Servir très frais avec 4 c. à s. de mayonnaise et 1 barquette de carottes râpées.

Mélanger avec les doigts 100 g de farine + 65 g de beurre froid coupé en dés + 20 g de sucre. Ajouter 100 g de parmesan râpé. Réserver. Mettre dans 1 plat 1 kg de fenouils émincés + 3 gousses d'ail pilées + 4 brins de thym + 3 c. à s. d'huile d'olive + 8 tomates confites coupées en 2. Répartir 20 cl de crème épaisse + le crumble. Couvrir d'alu. Enfourner 45-50 mn à 200 °C. Parsemer de 1 c. à s. de persil.

Poêler avec 2 c. à s. d'huile d'olive 6 paupiettes de veau sur chaque face 3 mn. Réserver. Déglacer avec ½ verre d'eau et ajouter ce jus à 25 cl de bouillon de bœuf. Poêler 1 oignon émincé dans 1 c. à s. d'huile. Mettre dans 1 plat avec les paupiettes + le bouillon. Couvrir d'alu. Enfourner 30 mn à 180 °C. Ajouter 600 g de champignons de Paris émincés. Cuire 10 mn. Servir avec 700 g de haricots verts.

Poêler dans 1 cocotte 1 oignon émincé avec 40 g de beurre. Ajouter 1 pomme pelée et en dés + 1 c. à s. de curry + 2 c. à s. de farine. Cuire 3 mn à feu doux. Ajouter 1 l de bouillon de bœuf + 600 g de bœuf en gros dés et faire bouillir. Ajouter 2 carottes en rondelles + le jus d'½ citron. Couvrir et mijoter 3 h. Ajouter 1 c. à s. de coriandre + 2 c. à s. de persil et servir avec 200 g de riz thaï.

Courses
Pour 4 personnes

- [ ] **Lasagnes aux asperges, à la menthe et à la ricotta**

12 feuilles de lasagnes, 18 asperges, 1 bouquet de menthe, 2 échalotes, 1 citron, 200 g de ricotta, 50 g de parmesan râpé, 20 cl de crème liquide, 1 c. à s. d'huile d'olive.

- [ ] **Salade complète poulet, avocats et pamplemousses**

300 g de blanc de poulet, 2 avocats, 2 pamplemousses roses, 1 salade de mâche, 100 g de riz, 1 pincée de paprika et de curry, 1 noix de beurre, 4 c. à s. d'huile d'olive, 2 c. à s. de vinaigre balsamique.

- [ ] **Quiche sans pâte à la courgette et au camembert**

1 grosse courgette, 1 oignon, 1 laitue, 1 c. à s. de ciboulette, 100 g de camembert, 3 œufs, 15 cl de crème liquide, 1 c. à s. de Maïzena, 1 c. à s. d'huile d'olive.

- [ ] **Pain de poisson à la tomate**

800 g de colin, 1 brique de coulis de tomates, 1 barquette de carottes râpées, 100 g de gruyère râpé, 5 œufs, 20 cl de crème liquide, 4 c. à s. de mayonnaise, 1 c. à c. de fumet de poisson, 1 noix de beurre.

- [ ] **Gratin façon crumble aux fenouils et aux tomates confites**

1 kg de fenouils, 8 tomates confites, 3 gousses d'ail, 4 brins de thym, 1 c. à s. de persil, 100 g de farine, 20 g de sucre, 100 g de parmesan, 65 g de beurre, 20 cl de crème épaisse, 3 c. à s. d'huile d'olive.

- [ ] **Paupiettes de veau au four**

6 paupiettes de veau, 700 g de haricots verts, 600 g de champignons de Paris, 1 oignon, 25 cl de bouillon de bœuf, 2 c. à s. d'huile d'olive, 1 c. à s. d'huile.

- [ ] **Curry de bœuf parfumé**

600 g de bœuf, 1 c. à s. de curry, 2 carottes, 1 oignon, 1 pomme, ½ citron, 2 c. à s. de persil, 1 c. à s. de coriandre, 200 g de riz thaï, 40 g de beurre, 2 c. à s. de farine, 1 l de bouillon de bœuf.

Et aussi

MAI

Lundi 1 — Fête du Travail

Tartines à la crème d'artichauts

10 mn — 15 mn

Mardi 2

Salade de pâtes façon César

15 mn — 15 mn

Mercredi 3

Bricks jambon et mozzarella

15 mn — 15 mn

Jeudi 4

Sauté de dinde aux olives

10 mn — 30 mn

Vendredi 5

Mousses de céleri au comté et chipolatas

10 mn — 35 mn

Samedi 6

Poulet en croûte de parmesan

10 mn — 15 mn

Dimanche 7

Porc au caramel

15 mn — 35 mn

Recettes
Pour 4 personnes

Mixer 200 g de fonds d'artichauts (cuits 15 mn à l'eau bouillante, égouttés et refroidis) avec 125 g de St Môret + le jus d'½ citron + 5 feuilles de basilic + ½ gousse d'ail + 1 pincée de piment d'Espelette. Tartiner 8 tranches de pain de campagne toastées et servir avec 1 sachet de roquette + 2 c. à s. de pignons de pin grillés à sec.

Poêler 300 g de blanc de poulet en dés avec 1 c. à s. d'huile et réserver. Mélanger 200 g de mini-penne al dente et refroidies avec 1 salade romaine émincée + 200 g de tomates cerises coupées en 2 + 50 g de croûtons + 50 g de copeaux de parmesan. Ajouter la sauce : mixer 2 c. à c. de câpres + 1 c. à c. de moutarde + le jus d'1 citron + 3 c. à s. d'huile + 1 œuf cuit 2 mn + 1 gousse d'ail.

Sur 8 feuilles de brick, répartir 4 tranches de jambon en lanières + 200 g de mozzarella tranchée + 8 c. à c. de basilic. Fermer les feuilles de brick. Enfourner 15 mn à 180 °C. Servir avec 8 tomates en quartiers + 1 vinaigrette (1 c. à s. de vinaigre balsamique mélangée + 1 c. à c. de moutarde + 3 c. à s. d'huile d'olive).

Poêler 1 oignon émincé avec 1 c. à s. d'huile d'olive. Ajouter 600 g d'escalopes de dinde en morceaux et cuire 10 mn à feu vif. Réserver. Poêler 150 g d'olives vertes dénoyautées émincées + 600 g de tomates concassées + 1 sucre + 2 feuilles de laurier. Faire réduire 5 mn en remuant, ajouter 5 cl de crème liquide et remettre la dinde. Cuire encore 5 mn à feu vif et servir avec 250 g de blé.

Mélanger 4 œufs + 10 cl de lait + 600 g de purée de céleri décongelée. Ajouter 60 g de comté râpé. Verser dans 4 ramequins beurrés et enfourner 30 mn à 200 °C. Servir avec 8 chipolatas grillées.

Tremper 4 blancs de poulet dans 2 blancs d'œuf battus, puis dans 100 g de parmesan râpé mélangé avec 2 tours de moulin à poivre. Enfourner 15 mn dans 1 four préchauffé à 200 °C. Servir avec 1 salade romaine émincée + 1 vinaigrette.

Poêler 1 oignon émincé dans 2 c. à s. d'huile et ajouter 800 g d'échine de porc en morceaux. Réserver. Verser dans la même sauteuse 10 cl de caramel liquide + 50 cl de bouillon de poule + 1 c. à c. de gingembre + 1 c. à s. de 4 épices + 3 c. à s. de sauce soja et remettre la viande. Cuire 25 mn à feu vif en mélangeant. Servir avec 250 g de nouilles chinoises.

Courses
Pour 4 personnes

- [ ] **Tartines à la crème d'artichauts**

8 tranches de pain de campagne, 200 g de fonds d'artichauts, ½ gousse d'ail, ½ citron, 5 feuilles de basilic, 1 sachet de roquette, 125 g de St Môret, 2 c. à s. de pignons de pin, 1 pincée de piment d'Espelette.

- [ ] **Salade de pâtes façon César**

200 g de mini-penne, 300 g de blanc de poulet, 200 g de tomates cerises, 1 salade romaine, 1 citron, 1 gousse d'ail, 50 g de copeaux de parmesan, 50 g de croûtons, 1 œuf, 2 c. à c. de câpres, 1 c. à c. de moutarde, 4 c. à s. d'huile.

- [ ] **Bricks jambon et mozzarella**

8 feuilles de brick, 4 tranches de jambon, 200 g de mozzarella, 8 tomates, 8 c. à c. de basilic, 1 c. à c. de moutarde, 3 c. à s. d'huile d'olive, 1 c. à s. de vinaigre balsamique.

- [ ] **Sauté de dinde aux olives**

600 g d'escalopes de dinde, 150 g d'olives vertes dénoyautées, 600 g de tomates concassées, 1 oignon, 2 feuilles de laurier, 250 g de blé, 1 sucre, 5 cl de crème liquide, 1 c. à s. d'huile d'olive.

- [ ] **Mousses de céleri au comté et chipolatas**

600 g de purée de céleri surgelée, 60 g de comté râpé, 8 chipolatas, 4 œufs, 10 cl de lait, 4 noix de beurre.

- [ ] **Poulet en croûte de parmesan**

4 blancs de poulet, 100 g de parmesan râpé, 2 blancs d'œuf, 1 salade romaine, 1 vinaigrette, 2 tours de moulin à poivre.

- [ ] **Porc au caramel**

800 g d'échine de porc, 10 cl de caramel liquide, 250 g de nouilles chinoises, 1 oignon, 1 c. à s. de 4 épices, 1 c. à c. de gingembre, 50 cl de bouillon de poule, 3 c. à s. de sauce soja, 2 c. à s. d'huile.

Et aussi

MAI

Lundi **8** Victoire de 1945

Gratin de ravioles au chèvre et aux poivrons

10 mn · 10 mn

Mardi **9**

Velouté d'asperges au fromage frais

15 mn · 15 mn

Mercredi **10**

Wraps jambon-coleslaw

15 mn

Jeudi **11**

Cake poivrons et feta

15 mn · 50 mn

Vendredi **12**

Salade de saison au boulgour

15 mn · 10 mn

Samedi **13**

Steaks hachés aux oignons et au parmesan

10 mn · 15 mn

Dimanche **14**

Saint-Jacques poêlées et purée de patate douce

10 mn · 10 mn

80

Recettes

Pour 4 personnes

Cuire à l'eau 1 mn 8 plaques de ravioles, égoutter et réserver. Mixer 150 g de poivrons rôtis à l'huile (bien égouttés) avec 150 g de chèvre frais + 20 cl de coulis de tomates + 2 gousses d'ail + 5 g de sucre. Ajouter 4 feuilles de basilic ciselées. Répartir les ravioles dans 4 cocottes individuelles, recouvrir de coulis de poivrons, répartir 4 rondelles de bûche de chèvre et enfourner 10 mn à 180 °C.

Cuire 15 mn dans 70 cl d'eau + 1 bouillon cube de volaille, 500 g d'asperges pelées et en tronçons + 400 g de courgettes en tronçons + 1 oignon émincé + 1 c. à c. de curry + 1 c. à s. de persil. Mixer avec 100 g de St Môret et servir avec 4 tranches de pain de campagne beurrées avec 1 noix de beurre chacune.

Mixer 3 carottes râpées + ½ chou blanc. Mélanger 5 c. à s. de mayonnaise + 20 cl de crème liquide légère + 3 c. à s. de moutarde + 4 c. à s. de vinaigre de cidre + 2 c. à s. de sucre + 1 c. à s. de persil. Ajouter aux crudités. Garnir 6 tortillas de blé d'une partie de la préparation (réserver le reste) + 2 tranches de jambon émincées. Rouler les tortillas, les couper en 2 et servir avec le reste de coleslaw.

Poêler 1 poivron rouge + ½ poivron vert en dés dans 1 c. à s. d'huile. Mélanger 3 œufs battus avec 150 g de farine + 1 sachet de levure. Ajouter 6 c. à s. de lait + 5 c. à s. d'huile + 100 g de gruyère râpé + 150 g de feta en dés + 50 g d'olives noires dénoyautées coupées en 2 + le poivron. Mettre dans 1 moule à cake beurré et enfourner 45 mn à 180 °C.

Mélanger 200 g de boulgour cuit et refroidi avec ½ concombre épépiné + 4 tomates en dés + 40 g de noix + 1 petite boîte de maïs + 150 g de feta émiettée + 1 c. à s. de raisins secs + ½ oignon rouge émincé + 20 feuilles de menthe ciselées. Assaisonner avec 4 c. à s. d'huile d'olive + le jus d'½ citron.

Poêler 2 oignons émincés avec 40 g de beurre. Ajouter 1 c. à c. de sucre lorsqu'ils ont blondi + 1 à 2 c. à s. d'eau. Cuire 2 mn. Mélanger avec les doigts 500 g de bœuf haché + 4 c. à s. de copeaux de parmesan + 4 c. à s. de persil. Ajouter les oignons + 2 tours de moulin à poivre. Façonner 4 steaks et les poêler 2-3 mn/face avec 1 c. à s. d'huile d'olive. Servir avec 1 salade + 600 g de frites au four.

Faire chauffer 2 c. à s. d'huile d'olive + 1 noix de beurre à feu vif dans 1 poêle. Ajouter 16 noix de Saint-Jacques sans corail. Laisser 1 mn, baisser un peu le feu, puis les retourner et les laisser cuire encore 1 mn. Saler et poivrer. Servir avec 700 g de purée de patate douce réchauffée mélangée avec 2 c. à s. de parmesan.

Courses

Pour 4 personnes

- [ ] **Gratin de ravioles au chèvre et aux poivrons**

8 plaques de ravioles, 150 g de chèvre frais, 4 rondelles de bûche de chèvre, 150 g de poivrons rôtis à l'huile, 2 gousses d'ail, 4 feuilles de basilic, 20 cl de coulis de tomates, 5 g de sucre.

- [ ] **Velouté d'asperges au fromage frais**

500 g d'asperges, 400 g de courgettes, 1 oignon, 100 g de St Môret, 1 c. à s. de persil, 1 c. à c. de curry, 1 bouillon cube de volaille, 4 tranches de pain de campagne, 4 noix de beurre.

- [ ] **Wraps jambon-coleslaw**

6 tortillas de blé, 2 tranches de jambon, ½ chou blanc, 3 carottes, 1 c. à s. de persil, 2 c. à s. de sucre, 20 cl de crème liquide légère, 5 c. à s. de mayonnaise, 3 c. à s. de moutarde, 4 c. à s. de vinaigre de cidre.

- [ ] **Cake poivrons et feta**

1 poivron rouge, ½ poivron vert, 150 g de feta, 100 g de gruyère râpé, 150 g de farine, 1 sachet de levure, 50 g d'olives noires dénoyautées, 3 œufs, 6 c. à s. de lait, 6 c. à s. d'huile, 1 noix de beurre.

- [ ] **Salade de saison au boulgour**

200 g de boulgour, 4 tomates, ½ concombre, ½ oignon rouge, ½ citron, 20 feuilles de menthe, 1 petite boîte de maïs, 40 g de noix, 150 g de feta, 1 c. à s. de raisins secs, 4 c. à s. d'huile d'olive.

- [ ] **Steaks hachés aux oignons et au parmesan**

500 g de bœuf haché, 2 oignons, 4 c. à s. de copeaux de parmesan, 40 g de beurre, 600 g de frites au four, 1 salade, 4 c. à s. de persil, 1 c. à c. de sucre, 1 c. à s. d'huile d'olive, 2 tours de moulin à poivre.

- [ ] **Saint-Jacques poêlées et purée de patate douce**

16 noix de Saint-Jacques sans corail, 700 g de purée de patate douce, 2 c. à s. de parmesan, 1 noix de beurre, 2 c. à s. d'huile d'olive, 1 pincée de sel et de poivre.

Et aussi

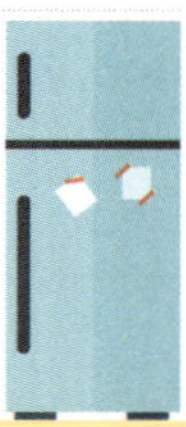

MAI

Lundi 15
Pizza au saumon et aux tomates cerises
10 mn – 20 mn

Mardi 16
Salade fraîche de printemps
15 mn – 5 mn

Mercredi 17
Galettes de courgettes au parmesan
10 mn – 10 mn

Jeudi 18
Ascension
Poulet coco et ananas
10 mn – 20 mn

Vendredi 19
Salade de lentilles et de pois chiches
15 mn

Samedi 20
Foies de veau au vinaigre
15 mn – 20 mn

Dimanche 21
Côtes de porc et pois gourmands
10 mn – 45 mn

Recettes
Pour 4 personnes

Étaler sur 1 pâte à pizza 2 c. à s. de fromage ail et fines herbes, puis répartir 250 g de saumon fumé en lanières + 75 g de lardons fumés + 12 tomates cerises coupées en 2 + 200 g de mozzarella tranchée + 40 g de fromage râpé + 1 c. à s. d'aneth. Enfourner 20 mn à 220 °C. Servir avec 1 salade.

Mélanger 200 g de haricots verts surgelés (cuits 5 mn à l'eau et refroidis) + 1 bouquet de fines herbes ciselées + 80 g de roquette + 1 oignon rouge émincé + 8 radis en tranches fines + 1 petit melon en dés + 30 g de pignons de pin + 30 g de raisins secs + 200 g de feta en dés. Ajouter 2 c. à s. de vinaigre de Xérès + 3 c. à s. d'huile d'olive + 1 c. à s. de moutarde. Servir avec 4 tranches de jambon cru.

Mélanger 2 courgettes râpées + 2 œufs battus + 1 échalote émincée + 4 c. à s. de farine + 2 c. à s. de parmesan + 1 c. à c. d'herbes de Provence. Façonner 12 galettes et les poêler 5 mn/côté dans 2 c. à s. d'huile d'olive chaude. Servir avec 8 tranches de jambon + 4 c. à s. de coulis de tomates.

Poêler dans 1 wok 1 oignon émincé dans 1 c. à s. d'huile et ajouter 4 blancs de poulet en dés. Ajouter 1 boîte d'ananas au sirop égouttée et faire dorer. Verser 20 cl de lait de coco + 20 cl de crème de coco + 2 c. à s. de curry et mijoter 10 mn. Ajouter 1 c. à s. de persil et servir avec 250 g de riz basmati.

Mélanger 1 boîte de lentilles cuisinées + 1 boîte de pois chiches cuits égouttés + 1 petit oignon rouge émincé. Ajouter 1 bouquet d'herbes (menthe, coriandre, persil) ciselées + 100 g de feta en dés. Mélanger le jus de 2 citrons avec 1 c. à c. de moutarde + 1 c. à c de miel + 4 c. à s. d'huile d'olive et ajouter la sauce à la salade. Servir très frais.

Poêler 4 tranches de foie de veau dans 1 c. à s. d'huile + 1 noix de beurre. Quand elles sont dorées, ajouter 3 c. à s. de vinaigre balsamique. Laisser mijoter 2-3 mn, puis réserver au chaud. Poêler dans le jus 6 échalotes émincées avec 1 c. à s. de fond de veau. Napper la viande de cette sauce et servir avec 700 g de purée de céleri surgelée réchauffée.

Poêler 2 oignons émincés dans 2 c. à s. d'huile d'olive. Réserver Poêler 4 côtes de porc passées dans 2 c. à s. de farine. Remettre les oignons, ajouter 1 c. à s. de fond de veau + 40 cl d'eau. Couvrir et mijoter 25 mn. Verser 6 c. à s. de crème fraîche mélangées avec 4 c. à s. de moutarde. Faire bouillir et servir avec 700 g de pois gourmands surgelés préparés à la vapeur.

Courses
Pour 4 personnes

- [ ] **Pizza au saumon et aux tomates cerises**

1 pâte à pizza, 250 g de saumon fumé, 12 tomates cerises, 200 g de mozzarella, 40 g de fromage râpé, 75 g de lardons fumés, 2 c. à s. de fromage ail et fines herbes, 1 salade, 1 c. à s. d'aneth.

- [ ] **Salade fraîche de printemps**

200 g de feta, 4 tranches de jambon cru, 200 g de haricots verts surgelés, 80 g de roquette, 1 petit melon, 8 radis, 1 oignon rouge, 1 bouquet de fines herbes, 30 g de pignons de pin, 30 g de raisins secs, 1 c. à s. de moutarde, 3 c. à s. d'huile d'olive, 2 c. à s. de vinaigre de Xérès.

- [ ] **Galettes de courgettes au parmesan**

2 courgettes, 1 échalote, 2 c. à s. de parmesan, 8 tranches de jambon, 4 c. à s. de farine, 2 œufs, 1 c. à c. d'herbes de Provence, 4 c. à s. de coulis de tomates, 2 c. à s. d'huile d'olive

- [ ] **Poulet coco et ananas**

4 blancs de poulet, 20 cl de lait de coco, 20 cl de crème de coco, 1 boîte d'ananas au sirop, 1 oignon, 250 g de riz basmati, 2 c. à s. de curry, 1 c. à s. de persil, 1 c. à s. d'huile.

- [ ] **Salade de lentilles et de pois chiches**

1 boîte de lentilles cuisinées, 1 boîte de pois chiches cuits, 2 citrons, 1 petit oignon rouge, 1 bouquet d'herbes (menthe, coriandre, persil), 100 g de feta, 1 c. à c de miel, 1 c. à c. de moutarde, 4 c. à s. d'huile d'olive.

- [ ] **Foies de veau au vinaigre**

4 tranches de foie de veau, 3 c. à s. de vinaigre balsamique, 6 échalotes, 700 g de purée de céleri surgelée, 1 noix de beurre, 1 c. à s. de fond de veau, 1 c. à s. d'huile.

- [ ] **Côtes de porc et pois gourmands**

4 côtes de porc, 700 g de pois gourmands surgelés, 2 oignons, 2 c. à s. de farine, 6 c. à s. de crème fraîche, 4 c. à s. de moutarde, 2 c. à s. d'huile d'olive, 1 c. à s. de fond de veau.

Et aussi

MAI

Lundi 22 — Salade de riz thaïe
15 mn / 10 mn

Mardi 23 — Soupe froide courgettes, menthe et chèvre
10 mn / 20 mn

Mercredi 24 — Pain de saumon
15 mn / 55 mn

Jeudi 25 — Œufs cocotte poivron et lardons
15 mn / 20 mn

Vendredi 26 — Courgettes farcies légères
15 mn / 30 mn

Samedi 27 — Steaks de thon poêlés à la sauce soja
10 mn / 20 mn

Dimanche 28 Pentecôte — Sauté de dinde au curry
10 mn / 25 mn

Recettes
Pour 4 personnes

Mélanger 250 g de riz noir (cuit, puis rincé et bien égoutté) + 4 carottes fraîchement râpées + 2 avocats en dés + 60 g de cacahuètes et de noix de cajou concassées. Ajouter 160 g de tofu fumé en petits dés et 1 sauce (4 c. à s. de jus de citron + 2 c. à s. de sauce soja + 4 c. à s. d'huile de sésame). Servir très frais.

Cuire 1,5 kg de courgettes en morceaux à la vapeur et les laisser refroidir. Les mixer avec 250 g de chèvre frais + 1 bouquet de menthe + 2 c. à s. d'huile d'olive. Servir frais avec 20 grosses crevettes roses décortiquées, poêlées 2 mn avec 1 noix de beurre et 1 pincée de piment d'Espelette.

Cuire au court-bouillon 10 mn 800 g de saumon avec 1 c. à c. de fumet de poisson. Égoutter et émietter le poisson. Ajouter 5 œufs battus + 20 cl de crème liquide + 1 brique de coulis de tomates + 100 g de gruyère râpé. Beurrer 1 moule à cake, verser la pâte et enfourner 45 mn à 150 °C. Servir très frais avec 1 salade et 1 sauce (1 yaourt nature + 2 c. à c. de moutarde + ½ c. à c. de curry + 2 c. à s. de persil).

Poêler 200 g de lardons et ajouter 1 oignon émincé. Ajouter 1 poivron rouge en petits dés et cuire 5 mn. Verser la préparation dans 4 ramequins, répartir 25 cl de crème liquide et ajouter 1 œuf extra-frais dans chacun. Cuire 10 mn dans 1 four préchauffé à 180 °C. Servir avec 4 grosses tranches de pain (ou ½ baguette) tartinées de 4 noisettes de beurre.

Cuire 5 mn à la Cocotte-Minute 4 courgettes entières. Les couper en 2 dans la longueur et les évider. Poêler 1 oignon et 1 échalote émincés avec 2 c. à s. d'huile d'olive et ajouter la chair des courgettes. Mélanger avec 4 c. à s. de fromage ail et fines herbes + 4 c. à s. d'herbes (basilic, persil, ciboulette) + 2 tranches de jambon en morceaux. Ajouter 2 blancs d'œufs en neige. Farcir les courgettes et enfourner 15-20 mn à 180 °C.

Déposer dans 1 poêle chaude avec 2 c. à s. d'huile d'olive 4 steaks de thon. Cuire 1 à 2 mn/côté. Réserver et déglacer la poêle avec le jus de 2 citrons et 6 c. à s. de sauce soja. Servir la sauce sur le thon, répartir 4 c. à c. de ciboulette et accompagner d'1 salade mesclun et de 8 pommes de terre cuites à la vapeur.

Poêler 1 oignon émincé avec 2 c. à s. d'huile d'olive. Une fois bien doré, réserver. Poêler 800 g de filet de dinde en dés env. 5 mn. Remettre l'oignon et ajouter 1 c. à s. de curry + 20 cl de crème liquide + 2 c. à s. de persil. Mijoter 10-15 mn et servir avec 250 g de riz.

Courses
Pour 4 personnes

- [ ] **Salade de riz thaïe**

250 g de riz noir, 4 carottes, 2 avocats, 160 g de tofu fumé, 60 g de cacahuètes et de noix de cajou, 4 c. à s. d'huile de sésame, 4 c. à s. de jus de citron, 2 c. à s. de sauce soja.

- [ ] **Soupe froide courgettes, menthe et chèvre**

1,5 kg de courgettes, 1 bouquet de menthe, 250 g de chèvre frais, 20 grosses crevettes roses décortiquées, 1 pincée de piment d'Espelette, 1 noix de beurre, 2 c. à s. d'huile d'olive.

- [ ] **Pain de saumon**

800 g de saumon, 1 salade, 2 c. à s. de persil, 100 g de gruyère râpé, 5 œufs, 1 yaourt nature, 20 cl de crème liquide, 1 brique de coulis de tomates, 2 c. à c. de moutarde, 1 c. à c. de fumet de poisson, ½ c. à c. de curry, 1 noix de beurre.

- [ ] **Œufs cocotte poivron et lardons**

4 œufs extra-frais, 1 poivron rouge, 1 oignon, 200 g de lardons, 25 cl de crème liquide, 4 grosses tranches de pain (ou ½ baguette), 4 noisettes de beurre.

- [ ] **Courgettes farcies légères**

4 courgettes, 1 oignon, 1 échalote, 4 c. à s. d'herbes (basilic, persil, ciboulette), 4 c. à s. de fromage ail et fines herbes, 2 blancs d'œufs, 2 tranches de jambon, 2 c. à s. d'huile d'olive.

- [ ] **Steaks de thon poêlés à la sauce soja**

4 steaks de thon, 1 salade mesclun, 8 pommes de terre, 2 citrons, 4 c. à c. de ciboulette, 6 c. à s. de sauce soja, 2 c. à s. d'huile d'olive.

- [ ] **Sauté de dinde au curry**

800 g de filet de dinde, 1 c. à s. de curry, 250 g de riz, 1 oignon, 2 c. à s. de persil, 20 cl de crème liquide, 2 c. à s. d'huile d'olive.

Et aussi

MAI/JUIN 2023

Lundi **29** Lundi de Pentecôte

Salade de pâtes à la viande des Grisons

15 mn — 10 mn

Mardi **30**

Soupe froide carottes, coco et curcuma

15 mn — 2 h — 20 mn

Mercredi **31**

Tarte au fenouil et à la tomate

15 mn — 40 mn

Jeudi **1**

Cake au thon

10 mn — 40 mn

Vendredi **2**

Gratin de courgettes

10 mn — 30 mn

Samedi **3**

Lapin primeur

15 mn — 1 h 10

Dimanche **4**

Saumon à la feta et aux légumes d'été

20 mn — 1 h 15

Recettes
Pour 4 personnes

Mélanger 250 g de pâtes multicolores cuites al dente et refroidies + 100 g de gruyère en dés + 100 g de tomates cerises coupées en 2 + 1 oignon nouveau finement émincé + 100 g de viande des Grisons émincée + ½ sachet de roquette + 200 g de champignons de Paris émincés + 2 c. à s. de persil. Ajouter 1 sauce (2 c. à s. de vinaigre de Xérès + 1 c. à c. de moutarde + 4 c. à s. d'huile d'olive).

Cuire 15 mn 5 carottes épluchées et en tronçons avec 1 l d'eau. Mixer avec 20 cl de lait de coco + 1 c. à c. de curcuma + 1 c. à c. de paprika et placer 2 h au frais. Servir avec 6 œufs cuits en omelette et 4 tranches de pain de campagne tartinées de 4 c. à s. de fromage frais.

Poêler 5 mn 2 bulbes de fenouil émincés (précuits 15 mn à la vapeur ou au micro-ondes) + 2 tomates en dés avec 1 c. à s. d'huile d'olive + 1 c. à c. d'herbes de Provence. Répartir la préparation sur 1 pâte brisée et verser 1 mélange fait de 3 œufs battus + 20 cl de crème liquide + 50 g de gruyère râpé. Enfourner 20 mn à 200 °C.

Mélanger 100 g de farine + 100 g de gruyère râpé + 10 cl de lait + 10 cl d'huile + 300 g de thon + 1 sachet de levure + 3 œufs battus. Beurrer 1 moule à cake et y verser la préparation. Enfourner 40 mn à 180 °C. Servir avec 1 salade.

Poêler 10 mn 1 kg de courgettes en rondelles avec 1 c. à s. d'huile d'olive. Battre 3 œufs et mélanger avec 300 g de fromage blanc à 0 ou 20 % + 1 c. à c. de muscade + 1 c. à s. de persil. Mettre dans 1 plat et répartir dessus 60 g d'emmental râpé. Enfourner 20 mn à 210 °C.

Mettre dans 1 plat 1 kg de lapin (poêlé 10 mn avec 30 g de beurre) + 2 carottes en rondelles + 1 petite boîte de champignons de Paris + 1 gousse d'ail pilée. Arroser avec 10 cl de vin blanc + 10 cl d'eau + 1 c. à s. de fond de veau. Badigeonner de 3 c. à s. de moutarde. Enfourner 45 mn à 210 °C en retournant 1 fois. Verser 20 cl de crème liquide et poursuivre 15 mn. Servir avec 1 grosse boîte de petits pois.

Répartir dans 1 plat 1 oignon émincé + 2 poivrons rouges en lanières + 4 pommes de terre coupées en 4 dans la longueur + 200 g de tomates cerises coupées en 2. Arroser de 4 c. à s. d'huile d'olive et parsemer de 1 c. à s. d'herbes de Provence. Enfourner 1 h à 180 °C. Déposer 100 g de feta émiettée + 4 pavés de saumon. Arroser du jus d'½ citron et cuire encore 15 mn.

Courses
Pour 4 personnes

☐ **Salade de pâtes à la viande des Grisons**

250 g de pâtes multicolores, 100 g de viande des Grisons, 100 g de gruyère, 200 g de champignons de Paris, 100 g de tomates cerises, ½ sachet de roquette, 1 oignon nouveau, 2 c. à s. de persil, 1 c. à c. de moutarde, 2 c. à s. de vinaigre de Xérès, 4 c. à s. d'huile d'olive.

☐ **Soupe froide carottes, coco et curcuma**

5 carottes, 20 cl de lait de coco, 1 c. à c. de curcuma, 1 c à c. de paprika, 6 œufs, 4 c. à s. de fromage frais, 4 tranches de pain de campagne.

☐ **Tarte au fenouil et à la tomate**

1 pâte brisée, 2 bulbes de fenouil, 2 tomates, 1 c. à c. d'herbes de Provence, 50 g de gruyère râpé, 3 œufs, 20 cl de crème liquide, 1 c. à s. d'huile d'olive.

☐ **Cake au thon**

300 g de thon, 100 g de farine, 1 sachet de levure, 100 g de gruyère râpé, 3 œufs, 1 salade, 10 cl de lait, 10 cl d'huile, 1 noix de beurre.

☐ **Gratin de courgettes**

1 kg de courgettes, 300 g de fromage blanc à 0 ou 20 %, 60 g d'emmental râpé, 3 œufs, 1 c. à c. de muscade, 1 c. à s. de persil, 1 c à s. d'huile d'olive.

☐ **Lapin primeur**

1 kg de lapin, 2 carottes, 1 gousse d'ail, 1 grosse boîte de petits pois, 1 petite boîte de champignons de Paris, 20 cl de crème liquide, 10 cl de vin blanc, 3 c. à s. de moutarde, 1 c. à s. de fond de veau, 30 g de beurre.

☐ **Saumon à la feta et aux légumes d'été**

4 pavés de saumon, 100 g de feta, 200 g de tomates cerises, 4 pommes de terre, 2 poivrons rouges, 1 oignon, ½ citron, 1 c. à s. d'herbes de Provence, 4 c. à s. d'huile d'olive.

Et aussi

JUIN

2023

Lundi
5
Risotto de coquillettes, chèvre et courgettes
10 mn | 35 mn

Mardi
6
Velouté petits pois-menthe et crevettes grillées
15 mn | 30 mn

Mercredi
7
Tartines à l'italienne
10 mn | 10 mn

Jeudi
8
Noix de pétoncles au curry
10 mn | 15 mn

Vendredi
9
Poulet au boulgour et sauce fraîche au concombre
15 mn | 20 mn

Samedi
10
Tajine de veau aux citrons
15 mn | 1 h 10

Dimanche
11
Cabillaud au gingembre
10 mn | 30 mn

88

Recettes
Pour 4 personnes

Poêler 10 mn 4 courgettes en petits dés + 1 gousse d'ail pilée + 1 c. à s. d'huile d'olive. Réserver. Poêler 2 échalotes émincées + 2 c. à s. d'huile d'olive + 350 g de coquillettes crues. Bien mélanger. Ajouter 20 cl de vin blanc. Faire bouillir, puis ajouter petit à petit 1,2 l de bouillon de volaille. Après absorption du liquide (15 mn), mélanger avec 100 g de chèvre frais + les courgettes + 2 c. à s. de basilic.

Poêler 2 échalotes émincées dans 20 g de beurre. Ajouter 1 l de bouillon de volaille. Faire bouillir, puis ajouter 800 g de petits pois surgelés. Cuire 20 mn. Faire refroidir, puis mixer avec ½ bouquet de menthe + 10 cl de crème liquide. Servir très frais avec 20 crevettes roses décortiquées poêlées 2 mn avec 1 c. à s. d'huile d'olive.

Tartiner 1 baguette coupée en 4, puis en 2 dans la longueur, de 4 c. à s. de pesto. Répartir 2 tomates tranchées + 150 g de mozzarella en rondelles. Gratiner 5-10 mn au four et servir avec 1 salade.

Poêler 1 oignon émincé avec 1 c. à s d'huile et ajouter 2 gousses d'ail pilées + 1 c. à c. de gingembre haché + 1 c. à s. de curry. Ajouter 20 cl de lait de coco, faire bouillir, puis réserver. Poêler 500 g de noix de pétoncles avec 1 c. à s. d'huile et faire dorer 3 mn. Servir avec la sauce + 200 g de riz thaï.

Mélanger 150 g de St Môret + 2 c. à s. de jus de citron + ½ gousse d'ail pilée + 1 concombre épluché, égrené et coupé en petits dés. Mélanger 180 g de boulgour (cuit 10-12 mn avec 1 bouillon cube de volaille) + 1 c. à s. d'huile d'olive + 1 tranche de citron confit en dés + 1 c. à s. de persil plat. Servir avec la sauce + 4 escalopes de poulet poêlées 10 mn avec 20 g de beurre et coupées en dés.

Poêler 1,2 kg de carré de veau en morceaux + 4 gousses d'ail pilées avec 40 g de beurre + 2 c. à s. d'huile d'olive. Assaisonner du jus d'1 citron. Mettre dans 1 plat avec 800 g de petits pois surgelés + 1 citron en quartiers + ½ bouquet de coriandre ciselée. Couvrir de papier alu et enfourner 1 h à 160 °C. Mélanger et servir.

Poser 4 pavés de cabillaud sur 4 feuilles de papier alu. Répartir 4 cm de gingembre frais émincé finement + 4 c. à c. de coriandre. Arroser de 4 c. à s. d'huile d'olive et fermer les papillotes. Enfourner 20 mn à 180 °C. Ôter le gingembre et servir avec 500 g de linguine fraîches cuites al dente.

Courses
Pour 4 personnes

☐ **Risotto de coquillettes, chèvre et courgettes**

350 g de coquillettes, 100 g de chèvre frais, 4 courgettes, 2 échalotes, 1 gousse d'ail, 1,2 l de bouillon de volaille, 20 cl de vin blanc, 3 c. à s. d'huile d'olive, 2 c. à s. de basilic

☐ **Velouté petits pois-menthe et crevettes grillées**

800 g de petits pois surgelés, ½ bouquet de menthe, 2 échalotes, 20 crevettes roses décortiquées, 20 g de beurre, 1 l de bouillon de volaille, 10 cl de crème liquide, 1 c. à s. d'huile d'olive.

☐ **Tartines à l'italienne**

1 baguette, 150 g de mozzarella, 4 c. à s. de pesto, 2 tomates, 1 salade.

☐ **Noix de pétoncles au curry**

500 g de noix de pétoncles, 1 c. à s. de curry, 200 g de riz thaï, 1 oignon, 2 gousses d'ail, 1 c. à c. de gingembre haché, 20 cl de lait de coco, 2 c. à s d'huile.

☐ **Poulet au boulgour et sauce fraîche au concombre**

4 escalopes de poulet, 180 g de boulgour, 1 concombre, ½ gousse d'ail, 150 g de St Môret, 20 g de beurre, 1 tranche de citron confit, 1 c. à s. de persil plat, 1 bouillon cube de volaille, 2 c. à s. de jus de citron, 1 c. à s. d'huile d'olive.

☐ **Tajine de veau aux citrons**

1,2 kg de carré de veau, 2 citrons, 4 gousses d'ail, ½ bouquet de coriandre, 800 g de petits pois surgelés, 40 g de beurre, 2 c. à s. d'huile d'olive.

☐ **Cabillaud au gingembre**

4 pavés de cabillaud, 4 cm de gingembre frais, 500 g de linguine fraîches, 4 c. à c. de coriandre, 4 c à s. d'huile d'olive.

89

Et aussi

JUIN

Lundi
12
Salade de pâtes aux asperges
15 mn 10 mn

Mardi
13
Salade de fèves, de betteraves et de fromage frais
15 mn 15 mn

Mercredi
14
Cake au saumon et au citron confit
15 mn 45 mn

Jeudi
15
Purée de pommes de terre aux olives et jambon
15 mn 20 mn

Vendredi
16
Tarte au fromage, au maïs et à l'oignon
15 mn 55 mn

Samedi
17
Poulet au jambon cru et aux tomates rôties
15 mn 20 mn

Dimanche
18
Chili con carne au blé
10 mn 40 mn

90

Recettes
Pour 4 personnes

Cuire 250 g de penne al dente. Ajouter 16 asperges en tronçons 2 mn avant la fin. Mélanger 250 g de billes de mozzarella coupées en 4 + 250 g de tomates cerises coupées en 2 + 1 c. à s. de basilic. Mélanger 3 c. à s. de vinaigre balsamique + 4 c. à s. d'huile d'olive + 1 petite gousse d'ail pilée au fouet. Mélanger les asperges et les pâtes égouttées + les tomates + la sauce et servir frais.

Mélanger 600 g de fèves pelées décongelées + 200 g de betteraves cuites en dés + 120 g de lardons poêlés à sec + 2 c. à s. de pignons avec 150 g de cottage cheese (mélangé avec 1 gousse d'ail pilée + 2 c. à s. de ciboulette + 1 c. à s. de persil). Verser 1 vinaigrette (2 c. à s. de vinaigre de Xérès + 1 c. à c. de moutarde + 4 c. à s. d'huile d'olive) et servir frais.

Battre 3 œufs et ajouter 80 g de fromage blanc + 1 c. à s. de ciboulette + 1 c. à s. de graines de pavot + le jus d'1 citron + 12 cl de lait. Ajouter 150 g de farine, 1 sachet de levure et bien mélanger. Ajouter 200 g de saumon fumé émincé + 1 citron confit en petits dés + 40 g de gruyère râpé. Verser dans 1 moule à cake et enfourner 45 mn à 180 °C. Servir avec 1 salade.

Cuire à l'eau 20 mn après ébullition 800 g de pommes de terre. Les éplucher et les écraser en purée. Ajouter 1 c. à s. d'huile d'olive + 2 c. à s. de crème liquide + 30 g d'olives vertes dénoyautées coupées en petits dés + 30 g de parmesan râpé. Bien mélanger et servir avec 8 tranches de jambon.

Faire fondre 60 g de beurre dans 1 casserole et faire dorer 2 oignons émincés env. 10 mn. Ajouter 1 c. à s. de farine, puis 30 cl de lait. Faire bouillir tout en remuant. Mijoter 2 mn à feu doux, ajouter 60 g de comté râpé, ôter du feu et laisser refroidir 3 mn. Ajouter 1 œuf battu + 120 g de maïs doux égoutté + 1 c. à s. de moutarde. Verser sur 1 pâte feuilletée et enfourner 35-40 mn à 200 °C.

Mettre 8 tomates coupées en 2 dans 1 plat. Répartir 1 c. à s. de romarin + 8 gousses d'ail sans peau + 4 c. à s. d'huile d'olive + 4 c. à s. de vinaigre balsamique. Ajouter 4 blancs de poulet recouverts de 4 brins de romarin et enveloppés d'1 tranche de jambon cru chacun, maintenue par une pique en bois. Enfourner 20 mn à 180 °C en arrosant 1 ou 2 fois. Servir avec 40 g de parmesan en copeaux.

Poêler 2 oignons émincés et 1 poivron jaune en cubes + 1 gousse d'ail pilée avec 2 c. à s. d'huile. Ajouter 600 g de bœuf haché. Cuire 3 mn et verser 600 g de haricots rouges en boîte + 50 cl de coulis de tomates + 1 c. à c. de paprika + 3 gouttes de Tabasco. Mijoter 20 mn à feu doux. Servir avec 200 g de blé préparé selon les indications du paquet.

Courses
Pour 4 personnes

☐ **Salade de pâtes aux asperges**

250 g de penne, 16 asperges, 250 g de tomates cerises, 1 petite gousse d'ail, 1 c. à s. de basilic, 250 g de billes de mozzarella, 4 c. à s. d'huile d'olive, 3 c. à s. de vinaigre balsamique.

☐ **Salade de fèves, de betteraves et de fromage frais**

600 g de fèves pelées surgelées, 200 g de betteraves cuites, 150 g de cottage cheese, 1 gousse d'ail, 2 c. à s. de ciboulette, 1 c. à s. de persil, 120 g de lardons, 2 c. à s. de pignons, 1 c. à c. de moutarde, 4 c. à s. d'huile d'olive, 2 c. à s. de vinaigre de Xérès.

☐ **Cake au saumon et au citron confit**

200 g de saumon fumé, 1 citron confit, 150 g de farine, 1 sachet de levure, 80 g de fromage blanc, 40 g de gruyère râpé, 3 œufs, 12 cl de lait, 1 citron, 1 salade, 1 c. à s. de ciboulette, 1 c. à s. de graines de pavot.

☐ **Purée de pommes de terre aux olives et jambon**

800 g de pommes de terre, 30 g d'olives vertes dénoyautées, 8 tranches de jambon, 30 g de parmesan râpé, 2 c. à s. de crème liquide, 1 c. à s. d'huile d'olive.

☐ **Tarte au fromage, au maïs et à l'oignon**

1 pâte feuilletée, 60 g de comté râpé, 120 g de maïs doux, 2 oignons, 1 œuf, 60 g de beurre, 30 cl de lait, 1 c. à s. de farine, 1 c. à s. de moutarde.

☐ **Poulet au jambon cru et aux tomates rôties**

4 blancs de poulet, 4 tranches de jambon cru, 8 tomates, 8 gousses d'ail, 1 c. à s. + 4 brins de romarin, 40 g de parmesan en copeaux, 4 c. à s. de vinaigre balsamique, 4 c. à s. d'huile d'olive.

☐ **Chili con carne au blé**

600 g de bœuf haché, 600 g de haricots rouges en boîte, 200 g de blé, 1 poivron jaune, 2 oignons, 1 gousse d'ail, 50 cl de coulis de tomates, 3 gouttes de Tabasco, 1 c. à c. de paprika, 2 c. à s. d'huile.

Et aussi

JUIN

Lundi 19

Salade de pâtes aux maquereaux

10 mn — 10 mn

Mardi 20

Velouté facile tomates-poivrons

15 mn — 20 mn

Mercredi 21

Tarte au thon et à la tomate

10 mn — 40 mn

Jeudi 22

Dinde sautée au curcuma

10 mn — 25 mn

Vendredi 23

Gratin d'asperges

10 mn — 15 mn

Samedi 24

Fish and chips au four

20 mn — 1 h

Dimanche 25

Brochettes de poulet aux nectarines

15 mn — 1 h — 20 mn

Recettes
Pour 4 personnes

Mélanger 350 g de fusilli cuits al dente et refroidis avec 250 g de tomates en dés + 200 g de mozzarella finement tranchée + 12 olives noires coupées en 2 + 1 c. à s. de basilic + 3 c. à s. d'huile d'olive + 1 c. à s. de vinaigre balsamique. Servir frais avec 2 petites boîtes de maquereaux au vin blanc.

Poêler 1 oignon émincé + 1 branche de céleri en dés avec 2 c. à s. d'huile d'olive. Ajouter 800 g de tomates pelées en boîte + 400 g de poivrons en conserve égouttés + 2 gousses d'ail pilées + 10 cl de bouillon de volaille + 1 c. à c. de cumin en poudre. Mijoter 15 mn, puis mixer. Servir dans 4 bols, avec 4 c. à c. de ricotta + 4 c. à c. de coriandre. Accompagner de 4 grosses tranches de pain.

Étaler sur 1 pâte feuilletée 2 c. à s. de moutarde. Répartir 240 g de thon en boîte, puis 30 cl de crème épaisse légère. Disposer 3 tomates coupées en tranches, puis 80 g de gruyère râpé. Enfourner 35-40 mn à 180 °C.

Poêler 1 oignon émincé avec 2 c. à s. d'huile d'olive dans 1 sauteuse. Ajouter 4 escalopes de dinde en morceaux + 1 c. à s. de curcuma. Cuire 10 mn. Mélanger avec 350 g de blé cuit avec 1 bouillon cube de volaille + 1 c. à s. de ricotta + 1 c. à s. de persil.

Étaler 1 béchamel dans 1 plat à gratin et répartir 4 œufs durs + 1 petite boîte d'asperges vertes + 4 tranches de jambon. Recouvrir de 80 g de gruyère râpé et enfourner 15 mn à 180 °C. Servir avec 1 salade.

Mélanger 1 kg de pommes de terre épluchées et coupées en frites + 2 c. à s. d'huile d'olive + 1 c. à s. de thym. Répartir sur 1 papier sulfurisé dans 1 plat. Enfourner 20 mn à 200 °C, puis ajouter 2 citrons bio en quartiers, mélanger et cuire 25 mn. Placer sur 1 côté du plat 4 filets de cabillaud badigeonnés de 20 g de beurre fondu + 2 gousses d'ail pilées et cuire encore 15 mn. Servir avec 4 c. à s. de ketchup.

Mariner 1 h au frais 4 blancs de poulet coupés en 8 + 3 c. à s. de vinaigre balsamique + 2 c. à s. d'huile d'olive + 1 c. à s. de thym. Couper 4 nectarines en 8 morceaux. Sur 1 pique en bois, intercaler 4 morceaux de poulet + 4 dés de nectarines. Recommencer pour 7 autres brochettes. Enfourner 20 mn à 210 °C en retournant à mi-cuisson et en arrosant. Servir avec 1 boîte de haricots verts.

Courses
Pour 4 personnes

- [ ] **Salade de pâtes aux maquereaux**

350 g de fusilli, 2 petites boîtes de maquereaux au vin blanc, 250 g de tomates, 200 g de mozzarella, 12 olives noires, 1 c. à s. de basilic, 3 c. à s. d'huile d'olive, 1 c. à s. de vinaigre balsamique.

- [ ] **Velouté facile tomates-poivrons**

800 g de tomates pelées en boîte, 400 g de poivrons en conserve, 1 branche de céleri, 1 oignon, 2 gousses d'ail, 4 grosses tranches de pain, 4 c. à c. de ricotta, 4 c. à c. de coriandre, 1 c. à c. de cumin en poudre, 10 cl de bouillon de volaille, 2 c. à s. d'huile d'olive.

- [ ] **Tarte au thon et à la tomate**

1 pâte feuilletée, 240 g de thon en boîte, 3 tomates, 80 g de gruyère râpé, 30 cl de crème épaisse légère, 2 c. à s. de moutarde.

- [ ] **Dinde sautée au curcuma**

4 escalopes de dinde, 1 c. à s. de curcuma, 350 g de blé, 1 oignon, 1 c. à s. de ricotta, 1 c. à s. de persil, 1 bouillon cube de volaille, 2 c. à s. d'huile d'olive.

- [ ] **Gratin d'asperges**

1 petite boîte d'asperges vertes, 4 œufs, 4 tranches de jambon, 80 g de gruyère râpé, 1 salade, 1 béchamel.

- [ ] **Fish and chips au four**

1 kg de pommes de terre, 4 filets de cabillaud, 2 citrons bio, 2 gousses d'ail, 1 c. à s. de thym, 20 g de beurre, 4 c. à s. de ketchup, 2 c. à s. d'huile d'olive.

- [ ] **Brochettes de poulet aux nectarines**

4 blancs de poulet, 4 nectarines, 1 boîte de haricots verts, 1 c. à s. de thym, 3 c. à s. de vinaigre balsamique, 2 c. à s. d'huile d'olive.

Et aussi

JUIN/JUIL. 2023

Lundi **26**

Gnocchis aux courgettes et aux tomates séchées

10 mn · 15 mn

Mardi **27**

Salade californienne

15 mn · 25 mn

Mercredi **28**

Pain de jambon

10 mn · 1 h

Jeudi **29**

Tartare de thon aux pignons

15 mn

Vendredi **30**

Ratatouille et tartines au fromage de brebis

15 mn · 35 mn

Samedi **1**

Steaks de veau et julienne de légumes

5 mn · 20 mn

Dimanche **2**

Filet de julienne aux épices douces

10 mn · 2 h · 25 mn

94

Recettes
Pour 4 personnes

Poêler 2 courgettes en fines rondelles + 1 c. à s. d'huile d'olive. Ajouter 10 tomates séchées + 1 c. à s. d'herbes de Provence, puis réserver. Cuire 1 gros sachet de gnocchis à poêler le temps indiqué avec 20 g de beurre. Une fois dorés, ajouter les légumes dans la poêle et servir avec 4 c. à s. de parmesan râpé.

Mélanger 3 sucrines émincées + 2 blancs de poulet en dés (poêlés 10 mn avec 15 g de beurre) + 1 avocat en dés (mélangés avec le jus d'1 citron) + 200 g de lardons fumés poêlés à sec + 2 œufs durs refroidis et tranchés + 1 tomate en dés + 1 oignon rouge émincé + 50 g de roquefort émietté + 1 c. à s. de ciboulette. Ajouter 1 c. à s. de moutarde + 3 c. à s. de vinaigre de cidre + 8 c. à s. d'huile d'olive.

Mixer 500 g de talon de jambon et ajouter 3 œufs battus + 20 cl de crème fraîche + 100 g de gruyère râpé + 1 c. à s. de moutarde + 2 c. à s. de persil. Mettre dans 1 moule à cake huilé et enfourner 1 h à 180 °C. Servir frais avec 4 c. à c. de mayonnaise, 12 cornichons et 1 salade.

Mixer grossièrement 2 poignées d'1 sachet de roquette + ½ bouquet de cerfeuil + 3 c. à s. d'huile de noix + 4 gouttes de Tabasco. Mélanger avec 400 g de filet de thon rouge extra-frais coupé en tout petits morceaux. Assaisonner et ajouter 40 g de copeaux de parmesan + 2 c. à s. de pignons de pin. Servir avec le reste de la roquette + 1 vinaigrette.

Poêler dans 1 cocotte 1 oignon et 2 gousses d'ail émincés avec 3 c. à s. d'huile d'olive. Ajouter 1 poivron en dés, cuire 3 mn, puis ajouter 3 tomates en dés + 1 aubergine en dés + 2 courgettes tranchées + 2 c. à s. d'herbes de Provence. Couvrir et cuire 25 mn en remuant de temps en temps. Servir avec 4 tranches de pain de campagne et 80 g de fromage de brebis.

Poêler 800 g de julienne de légumes surgelée avec 2 c. à s. d'huile d'olive env. 10 mn. Poêler 1 échalote émincée avec 1 c. à s. d'huile, puis ajouter 4 steaks hachés de veau et cuire env. 3 mn/côté. Servir avec les légumes + 4 c. à s. de parmesan.

Mariner 800 g de filets de julienne en morceaux de 4 cm dans 3 c. à s. d'huile d'olive + le jus d'1 citron + 1 c. à s. de gingembre moulu pendant 2 h. Poêler 1 oignon et 3 gousses d'ail émincés dans 1 c. à s. d'huile d'olive et ajouter 2 tomates en dés + 1 c. à c. de curcuma + 1 pincée de paprika et de cardamome + le poisson + 50 cl de lait de coco. Mijoter 10-15 mn et servir avec 4 brins de persil plat + 200 g de boulgour.

Courses
Pour 4 personnes

☐ **Gnocchis aux courgettes et aux tomates séchées**

1 gros sachet de gnocchis à poêler, 2 courgettes, 10 tomates séchées, 1 c. à s. d'herbes de Provence, 20 g de beurre, 4 c. à s. de parmesan râpé, 1 c. à s. d'huile d'olive

☐ **Salade californienne**

3 sucrines, 1 avocat, 1 tomate, 1 oignon rouge, 1 citron, 200 g de lardons fumés, 2 blancs de poulet, 2 œufs, 50 g de roquefort, 15 g de beurre, 1 c. à s. de ciboulette, 1 c. à s. de moutarde, 8 c. à s. d'huile d'olive, 3 c. à s. de vinaigre de cidre.

☐ **Pain de jambon**

500 g de talon de jambon, 100 g de gruyère râpé, 3 œufs, 20 cl de crème fraîche, 1 salade, 12 cornichons, 2 c. à s. de persil, 1 c. à s. de moutarde, 4 c. à c. de mayonnaise, 1 filet d'huile.

☐ **Tartare de thon aux pignons**

400 g de filet de thon rouge extra-frais, 2 c. à s. de pignons de pin, 1 sachet de roquette, ½ bouquet de cerfeuil, 40 g de copeaux de parmesan, 1 vinaigrette, 4 gouttes de Tabasco, 3 c. à s. d'huile de noix.

☐ **Ratatouille et tartines au fromage de brebis**

2 courgettes, 1 aubergine, 3 tomates, 1 poivron, 1 oignon, 2 gousses d'ail, 2 c. à s. d'herbes de Provence, 4 tranches de pain de campagne, 80 g de fromage de brebis, 3 c. à s. d'huile d'olive.

☐ **Steaks de veau et julienne de légumes**

4 steaks hachés de veau, 800 g de julienne de légumes surgelée, 1 échalote, 4 c. à s. de parmesan, 2 c. à s. d'huile d'olive, 1 c. à s. d'huile.

☐ **Filet de julienne aux épices douces**

800 g de filets de julienne, 1 c. à s. de gingembre moulu, 1 c. à c. de curcuma, 1 pincée de paprika et de cardamome, 200 g de boulgour, 2 tomates, 1 oignon, 3 gousses d'ail, 1 citron, 50 cl de lait de coco, 4 brins de persil plat, 4 c. à s. d'huile d'olive.

95

Et aussi

JUILLET

Lundi 3 — Tagliatelles aux gambas
10 mn — 25 mn

Mardi 4 — Gaspacho aux concombres
10 mn — 2 h

Mercredi 5 — Tarte tatin aux tomates cerises
15 mn — 45 mn

Jeudi 6 — Artichauts à la vinaigrette et œufs cocotte
10 mn — 45 mn

Vendredi 7 — Légumes poêlés au quinoa et au chèvre frais
15 mn — 45 mn

Samedi 8 — Bar grillé aux fenouils
10 mn — 30 mn

Dimanche 9 — Rôti de veau au pesto et légumes confits
15 mn — 1 h 20

96

Recettes
Pour 4 personnes

Poêler 5 mn 250 g de gambas décongelées avec 1 c. à s. d'huile. Réserver. Poêler 1 oignon émincé avec 20 g de beurre. Verser 10 cl de cognac, puis ajouter 1 c. à s. de concentré de tomates + 15 cl de crème fraîche après évaporation de l'alcool. Faire bouillir, puis verser 400 g de tagliatelles cuites al dente, ajouter les gambas et réchauffer 1 mn.

Mixer 2 concombres pelés et épépinés avec 10 feuilles de basilic + 1 gousse d'ail pelée et dégermée + 1 yaourt à la grecque. Assaisonner et placer au frais 2 h minimum. Accompagner de 4 tranches de pain grillées + 80 g de comté tranché + 4 tranches de jambon.

Placer 500 g de tomates cerises dans 1 moule à tarte et répartir 6 c. à c. de vinaigre balsamique + 4 c. à s. de miel + 4 noisettes de beurre. Enfourner 8 mn à 180 °C. Poêler 1 oignon émincé avec 1 c. à s. d'huile d'olive. Une fois doré, le répartir sur les tomates caramélisées et parsemer de 1 c. à s. de thym. Recouvrir la préparation d'1 pâte brisée. Enfourner 30 mn à 180 °C et servir avec 1 salade.

Cuire 45 mn après ébullition dans 2 l d'eau salée 4 artichauts équeutés. Beurrer 8 ramequins. Dans chacun d'entre eux, mettre 1 c. à s. de crème fraîche épaisse et ajouter délicatement 1 œuf extra-frais + 10 g de comté râpé. Cuire 10 à 15 mn au bain-marie dans 1 four préchauffé à 180 °C. Servir avec les artichauts refroidis + 1 vinaigrette.

Poêler 1 oignon émincé avec 1 c. à s. d'huile d'olive. Ajouter ½ poivron jaune, puis 1 courgette en petits dés. Cuire 10 mn à feu doux. Ajouter 3 tomates en petits dés + 1 gousse d'ail pressée. Couvrir et mijoter 20 mn en remuant. Ajouter 100 g de quinoa cuit selon les indications du sachet + 80 g de chèvre frais en morceaux.

Badigeonner l'intérieur d'1 bar d'1,2 kg vidé mais pas écaillé de 1 c. à s. de pastis + 2 c. à s. d'huile d'olive. Ajouter 1 branche de romarin + 2 bulbes de fenouil émincés et mélangés au jus de 2 citrons. Verser 3 c. à s. d'huile d'olive dans 1 plat, poser le bar et arroser avec ½ verre d'eau + 1 c. à s. de pastis. Enfourner 30 mn à 210 °C en arrosant 2-3 fois. Servir avec 1 petite boîte de crème de tomates séchées.

Poêler sur chaque face 1 rôti de veau d'1,2 kg avec 1 filet d'huile d'olive. Le mettre dans 1 plat + 12 tomates confites + 4 brins de thym. Enfourner 50 mn à 210 °C. Poêler 2 courgettes et 2 aubergines finement tranchées + 1 c. à s. de sucre + 1 oignon émincé + 20 g de beurre env. 10 mn. Verser 1 c. à s. de vinaigre de vin. Cuire 3 mn. Sortir le rôti, l'enduire d'1 petit pot de pesto, répartir les légumes et cuire 10 mn.

Courses
Pour 4 personnes

- [ ] Tagliatelles aux gambas

400 g de tagliatelles, 250 g de gambas surgelées, 20 g de beurre, 1 oignon, 1 c. à s. de concentré de tomates, 15 cl de crème fraîche, 10 cl de cognac, 1 c. à s. d'huile.

- [ ] Gaspacho aux concombres

2 concombres, 10 feuilles de basilic, 1 gousse d'ail, 4 tranches de pain, 4 tranches de jambon, 80 g de comté, 1 yaourt à la grecque.

- [ ] Tarte tatin aux tomates cerises

1 pâte brisée, 500 g de tomates cerises, 1 salade, 1 oignon, 1 c. à s. de thym, 4 noisettes de beurre, 4 c. à s. de miel, 6 c. à c. de vinaigre balsamique, 1 c. à s. d'huile d'olive.

- [ ] Artichauts à la vinaigrette et œufs cocotte

4 artichauts, 1 vinaigrette, 8 œufs extra-frais, 8 c. à s. de crème fraîche épaisse, 80 g de comté râpé, 8 noix de beurre.

- [ ] Légumes poêlés au quinoa et au chèvre frais

1 courgette, 3 tomates, ½ poivron jaune, 1 oignon, 1 gousse d'ail, 100 g de quinoa, 80 g de chèvre frais, 1 c. à s. d'huile d'olive.

- [ ] Bar grillé aux fenouils

1 bar d'1,2 kg vidé mais pas écaillé, 2 bulbes de fenouil, 2 citrons, 1 branche de romarin, 1 petite boîte de crème de tomates séchées, 5 c. à s. d'huile d'olive, 2 c. à s. de pastis.

- [ ] Rôti de veau au pesto et légumes confits

1 rôti de veau d'1,2 kg, 1 petit pot de pesto, 12 tomates confites, 2 courgettes, 2 aubergines, 1 oignon, 4 brins de thym, 20 g de beurre, 1 c. à s. de sucre, 1 c. à s. de vinaigre de vin, 1 filet d'huile d'olive.

Et aussi

JUILLET

Lundi **10**

Salade d'orzo toute fraîche

15 mn · 1 h · 10 mn

Mardi **11**

Terrine super-simple aux légumes

10 mn · 1 h · 40 mn

Mercredi **12**

Buddha bowl à la grecque

15 mn · 10 mn

Jeudi **13**

Légumes farcis au comté

15 mn · 55 mn

Vendredi **14**
Fête nationale française

Moules coco-curry et frites de patates douces

15 mn · 1 h

Samedi **15**

Planche fraîcheur

15 mn · 20 mn

Dimanche **16**

Crumble de veau à la tomate et au parmesan

15 mn · 35 mn

98

Recettes

Pour 4 personnes

Mariner 1 h 1 concombre émincé avec 3 c. à s. de miel – 3 c. à s. de vinaigre de cidre + 1 c. à s. de persil. Mélanger 200 g d'orzo cuit selon les indications du sachet + 1 sauce (2 c. à s. d'huile d'olive + 1 c. à s. de vinaigre de cidre + 1 c. à s. de miel) + 100 g de fraises, 1 petit bulbe de fenouil et 1 concombre en petits dés + 100 g de radis finement tranchés + 100 g de chèvre frais + le concombre mariné.

Mélanger 4 œufs battus + 20 cl de crème liquide légère + 100 g de gruyère râpé. Ajouter 1 c. à s. de basilic et de ciboulette + 1 petite boîte de macédoine de légumes égouttée. Beurrer 1 moule à cake et tapisser le fond et les côtés de 4 tranches de jambon. Remplir avec la préparation. Enfourner au bain-marie 40 mn à 210 °C. Attendre 1 h pour démouler. Servir tiède ou froid avec 1 salade.

Disposer au fond d'1 saladier 250 g de boulgour cuit selon les indications du paquet et refroidi. Répartir dessus ¼ de concombre, ¼ de poivron et 100 g de feta en petits cubes. Répartir 4 petites tomates et 8 olives noires en lamelles + ½ courgette râpée. Faire 1 sauce avec le jus d'½ citron + 5 c. à s. d'huile d'olive. Saupoudrer de 2 c. à s. de pignons de pin + 1 c. à s. d'herbes de Provence.

Poêler 2 oignons émincés + 1 c. à s. d'huile d'olive. Ajouter la chair de 4 courgettes rondes, puis 350 g de chair à saucisse. Cuire 10 mn. Mélanger avec 2 œufs battus + ½ bouquet de persil + 1 c. à c. d'ail + 5 cl de lait. Farcir 4 gros champignons lavés et évidés + les courgettes. Répartir 100 g de comté râpé + 10 cl de bouillon + 20 g de beurre. Enfourner 40 mn à 200 °C. Servir avec 250 g de riz.

Mélanger 700 g de patates douces épluchées et taillées en grosses frites avec 4 c. à s. d'huile d'olive + 1 c. à c. de paprika. Enfourner 40 mn à 180 °C en les retournant 1 fois. Dans 1 cocotte, faire fondre 1 oignon émincé + 20 g de beurre + 1 c. à s. de curry. Ajouter 25 cl de vin blanc + 1 kg de moules. Laisser les moules s'ouvrir et ajouter 20 cl de lait de coco + 2 c. à s. de coriandre. Servir avec les frites.

Répartir dans 4 assiettes : 4 belles tranches de truite fumée + 1 citron en quartiers + 8 petites pommes de terre cuites à la vapeur + 200 g de fromage frais avec 2 c. à s. de ciboulette + 1 échalote hachée + 1 c. à s. d'huile d'olive. Servir avec 1 concombre émincé + 2 c. à s. d'huile d'olive + 1 c. à s. de vinaigre balsamique + 200 g de tomates cerises + 2 carottes épluchées et en bâtonnets.

Poêler 2 oignons émincés avec 20 g de beurre. Ajouter 4 escalopes de veau en petits morceaux et, après 5 mn, 1 c. à s. de thym + 1 c. à s. d'ail en poudre + 2 feuilles de laurier + 40 cl de purée de tomates. Mijoter 10 mn. Verser dans 1 plat et recouvrir de crumble (mélanger 70 g de chapelure + 50 g de parmesan râpé + 3 c. à s. d'huile d'olive). Dorer 15 mn au four à 180 °C et servir avec 1 salade.

Courses

Pour 4 personnes

- [ ] **Salade d'orzo toute fraîche**

200 g d'orzo, 100 g de chèvre frais, 100 g de fraises, 100 g de radis, 2 concombres, 1 petit bulbe de fenouil, 1 c. à s. de persil, 4 c. à s. de miel, 4 c. à s. de vinaigre de cidre, 2 c. à s. d'huile d'olive.

- [ ] **Terrine super-simple aux légumes**

1 petite boîte de macédoine de légumes, 1 salade, 1 c. à s. de basilic et de ciboulette, 4 tranches de jambon, 4 œufs, 100 g de gruyère râpé, 20 cl de crème liquide légère, 1 noix de beurre.

- [ ] **Buddha bowl à la grecque**

250 g de boulgour, 4 petites tomates, ½ courgette, ¼ de concombre, ¼ de poivron, ½ citron, 100 g de feta, 8 olives noires, 2 c. à s. de pignons de pin, 1 c. à s. d'herbes de Provence, 5 c. à s. d'huile d'olive.

- [ ] **Legumes farcis au comté**

4 courgettes rondes, 4 gros champignons, 350 g de chair à saucisse, 100 g de comté râpé, 250 g de riz, 2 œufs, 2 oignons, ½ bouquet de persil, 1 c. à c. d'ail, 10 cl de bouillon, 5 cl de lait, 20 g de beurre, 1 c. à s. d'huile d'olive.

- [ ] **Moules coco-curry et frites de patates douces**

1 kg de moules, 20 cl de lait de coco, 1 c. à s. de curry, 25 cl de vin blanc, 700 g de patates douces, 1 oignon, 2 c. à s. de coriandre, 1 c. à c. de paprika, 20 g de beurre, 4 c. à s. d'huile d'olive.

- [ ] **Planche fraîcheur**

4 belles tranches de truite fumée, 200 g de fromage frais, 200 g de tomates cerises, 2 carottes, 1 concombre, 8 petites pommes de terre, 1 échalote, 1 citron, 2 c. à s. de ciboulette, 3 c. à s. d'huile d'olive, 1 c. à s. de vinaigre balsamique.

- [ ] **Crumble de veau à la tomate et au parmesan**

4 escalopes de veau, 40 cl de purée de tomates, 70 g de chapelure, 50 g de parmesan râpé, 20 g de beurre, 1 salade, 2 oignons, 2 feuilles de laurier, 1 c. à s. de thym, 1 c. à s. d'ail en poudre, 3 c. à s. d'huile d'olive.

Et aussi

JUILLET

Lundi 17
Salade de pâtes ricotta-poivrons
15 mn · 10 mn

Mardi 18
Velouté froid de courgettes au basilic
10 mn · 15 mn

Mercredi 19
Sandwichs au concombre
10 mn

Jeudi 20
Brochettes de poulet aux épices
10 mn · 2 h · 30 mn

Vendredi 21
Boulgour aux herbes et au citron confit
10 mn · 10 mn

Samedi 22
Curry aux 2 poissons
10 mn · 25 mn

Dimanche 23
Boulettes de bœuf aux herbes
15 mn · 15 mn

Recettes

Pour 4 personnes

Mélanger 250 g de pâtes orecchiette cuites al dente et refroidies avec 2 c. à s. d'huile d'olive + ½ poivron rouge et ½ poivron vert en petits dés + 10 tomates cerises et 10 olives noires dénoyautées coupées en 2 + ½ oignon rouge haché. Ajouter 150 g de ricotta en morceaux + le jus d'½ citron + 1 pincée de piment d'Espelette + 1 c. à s. d'herbes de Provence. Mélanger et servir très frais.

Cuire à couvert dans 1 poêle à feu doux env. 15 mn 3 courgettes en morceaux + 1 oignon émincé + 1 bouillon cube + 1 pincée de curcuma. Faire refroidir et mixer avec 10 feuilles de basilic + 1 yaourt nature à la grecque. Servir très frais avec 2 crottins de Chavignol + 4 tranches de pain.

Tartiner 16 tranches de pain de mie sans croûte avec 150 g de St Môret mélangé avec 2 c. à s. de ciboulette et répartir 4 tranches de jambon et 1 concombre en très fines rondelles sur 8 tranches de pain. Refermer avec les 8 autres tranches de pain et servir avec 1 bouteille de gaspacho.

Mariner 2 h 4 blancs de poulet en dés avec 2 c. à s. de moutarde + 10 cl d'huile d'olive + 2 c. à s. de miel liquide + 2 c. à s. de curry + 1 c. à s. de cumin + 1 c. à s. de sauce soja. Réaliser 4 brochettes avec des pics en bois. Enfourner 25 mn à 200 °C en retournant, puis passer 5 mn sous le gril. Servir avec 700 g de purée de pommes de terre réchauffée.

Cuire 250 g de boulgour comme indiqué sur le sachet avec 1 bouillon cube. Mélanger avec 2 c. à s. d'huile d'olive + 2 tranches de citron confit en petits dés + 2 c. à s. de persil + 1 c. à s. de menthe.

Poêler 2 oignons émincés avec 2 c. à s. d'huile d'olive. Ajouter 10 cl de lait de coco + 10 cl de crème épaisse + 2 c. à s. de curry + 1 c. à c. de cannelle + 250 g de tomates cerises coupées en 2 + le jus d'1 citron. Recouvrir d'aluminium 1 plat contenant 2 pavés de saumon + 2 pavés de cabillaud nappés de sauce et cuire 15 mn à 200 °C. Servir avec 250 g de riz thaï + 2 c. à s. de coriandre.

Mélanger 500 g de bœuf haché + 2 œufs + 3 c. à s. de parmesan + 2 c. à s. de pesto + 30 g de chapelure. Former 16 boulettes, les poêler 3 mn avec 2 c. à s. d'huile. Faire bouillir 40 cl de tomates concassées + 1 gousse d'ail émincée et ajouter 2 c. à s. de crème liquide + les boulettes + 2 c. à s. de persil, 1 c. à s. de basilic, 1 c. à s. de coriandre. Mijoter 5 mn. Servir avec 200 g de linguine al dente.

Courses

Pour 4 personnes

- [ ] Salade de pâtes ricotta-poivrons

250 g de pâtes orecchiette, 150 g de ricotta, ½ poivron rouge, ½ poivron vert, 10 olives noires dénoyautées, 10 tomates cerises, ½ oignon rouge, ½ citron, 1 c. à s. d'herbes de Provence, 1 pincée de piment d'Espelette, 2 c. à s. d'huile d'olive.

- [ ] Velouté froid de courgettes au basilic

3 courgettes, 10 feuilles de basilic, 1 oignon, 1 yaourt nature à la grecque, 1 bouillon cube, 1 pincée de curcuma, 4 tranches de pain, 2 crottins de Chavignol.

- [ ] Sandwichs au concombre

16 tranches de pain de mie sans croûte, 1 concombre, 2 c. à s. de ciboulette, 150 g de St Môret, 4 tranches de jambon, 1 bouteille de gaspacho.

- [ ] Brochettes de poulet aux épices

4 blancs de poulet, 2 c. à s. de curry, 1 c. à s. de cumin, 10 cl d'huile d'olive, 2 c. à s. de moutarde, 2 c. à s. de miel liquide, 1 c. à s. de sauce soja, 700 g de purée de pommes de terre.

- [ ] Boulgour aux herbes et au citron confit

250 g de boulgour, 2 c. à s. de persil, 1 c. à s. de menthe, 2 tranches de citron confit, 1 bouillon cube, 2 c. à s. d'huile d'olive

- [ ] Curry aux 2 poissons

2 pavés de saumon, 2 pavés de cabillaud, 10 cl de lait de coco, 10 cl de crème épaisse, 250 g de tomates cerises, 2 oignons, 1 citron, 250 g de riz thaï, 2 c. à s. de curry, 2 c. à s. de coriandre, 1 c. à c. de cannelle, 2 c. à s. d'huile d'olive.

- [ ] Boulettes de bœuf aux herbes

500 g de bœuf haché, 2 c. à s. de persil, 1 c. à s. de basilic, 1 c. à s. de coriandre, 200 g de linguine, 30 g de chapelure, 3 c. à s. de parmesan, 2 c. à s. de pesto, 2 œufs, 2 c. à s. de crème liquide, 40 cl de tomates concassées, 1 gousse d'ail, 2 c. à s. d'huile.

Et aussi

JUILLET 2023

Lundi 24

One pot pasta courgettes, crevettes et citron

10 mn — 20 mn

Mardi 25

Salade de pâtes toute verte

10 mn — 15 mn

Mercredi 26

Tartines artichauts-parmesan et burrata

10 mn — 15 mn

Jeudi 27

Filets de truite à la moutarde et courgettes grillées

10 mn — 20 mn

Vendredi 28

Salade tahitienne

15 mn — 30 mn

Samedi 29

Poulet au chutney de mangue

10 mn — 15 mn

Dimanche 30

Poisson très simple à la provençale

10 mn — 15 mn

Recettes
Pour 4 personnes

Placer dans 1 grand faitout 250 g de spaghettis coupés en 2 + 200 g de crevettes roses décortiquées + 2 petites courgettes finement tranchées + 250 g de mascarpone + ½ citron en fines rondelles + 1 c. à s. d'aneth + 1 bouillon cube de légumes + 2 c. à s. d'huile d'olive + 50 cl d'eau. Cuire 20 mn à feu moyen en mélangeant souvent et servir rapidement.

Mélanger 200 g de penne cuites al dente et refroidies avec 200 g de petits pois surgelés cuits selon les indications du paquet et refroidis + 16 olives noires coupées en 2 + 1 c. à s. de basilic, de coriandre, d'estragon, de persil + 150 g de feta en dés + 2 c. à s. de pignons de pin poêlés à sec + 2 avocats en morceaux mélangés avec le jus d'½ citron + 1 vinaigrette.

Cuire à l'eau 15 mn 300 g de fonds d'artichauts surgelés. Les égoutter et les mixer une fois froids avec 40 g de parmesan râpé + 1 gousse d'ail pilée + 6 c. à s. d'huile d'olive + 10 feuilles de basilic + 2 c. à s. de pignons de pin grillés à sec. Servir frais avec 4 grosses tranches de pain de campagne et 1 burrata à partager.

Poêler 600 g de courgettes en dés (précuites 5 mn au micro-ondes) avec 1 c. à s. d'huile d'olive + 1 gousse d'ail pilée. Servir avec 4 filets de truite nappés de 4 c. à c. de moutarde et poêlés 10 mn avec 10 g de beurre + 1 sauce (2 c. à c. de moutarde à l'ancienne + 10 cl de crème liquide + le jus d'1 citron + 1 c. à s. de persil chauffés 5 mn à feu doux).

Mariner 30 mn 2 pavés de saumon frais en dés de 1 cm dans le jus de 3 citrons verts. Mélanger le poisson égoutté avec 3 tomates, 1 avocat et ½ concombre coupés en petits dés + 4 œufs durs coupés en 2 + 1 oignon rouge émincé + 1 poignée de noix de cajou + 1 pamplemousse en quartiers. Ajouter 1 sauce (20 cl de lait de coco + 3 c. à s. d'huile d'olive). Servir frais.

Pocher 15 mn 4 blancs de poulet dans 1 l d'eau + 1 bouillon cube. Mélanger 2 c. à s. de miel + 6 c. à s. de chutney de mangue + 3 c. à s. de mayonnaise + 2 c. à s. de fromage blanc + 1 c. à s. de curry + 2 c. à s. de raisins secs blonds et mélanger avec le poulet refroidi et finement émincé. Servir frais, parsemé de 60 g d'amandes effilées grillées à sec et accompagné d'1 salade.

Poêler 4 filets de cabillaud passés dans 2 c. à s. de farine avec 1 c. à s. d'huile d'olive. Ajouter 400 g de sauce tomate + 12 olives noires dénoyautées + 1 c. à s. de thym. Mijoter 10 mn et servir avec 250 g de riz.

Courses
Pour 4 personnes

☐ **One pot pasta courgettes, crevettes et citron**

250 g de spaghettis, 2 petites courgettes, 200 g de crevettes roses décortiquées, ½ citron, 250 g de mascarpone, 1 bouillon cube de légumes, 1 c. à s. d'aneth, 2 c. à s. d'huile d'olive.

☐ **Salade de pâtes toute verte**

200 g de penne, 200 g de petits pois surgelés, 2 avocats, ½ citron, 16 olives noires, 2 c. à s. de pignons de pin, 1 c. à s. de basilic, de coriandre, d'estragon, de persil, 150 g de feta, 1 vinaigrette.

☐ **Tartines artichauts-parmesan et burrata**

4 grosses tranches de pain de campagne, 300 g de fonds d'artichauts surgelés, 40 g de parmesan râpé, 1 burrata, 1 gousse d'ail, 10 feuilles de basilic, 2 c. à s. de pignons de pin, 6 c. à s. d'huile d'olive.

☐ **Filets de truite à la moutarde et courgettes grillées**

4 filets de truite, 4 c. à c. de moutarde, 2 c. à c. de moutarde à l'ancienne, 600 g de courgettes, 1 gousse d'ail, 1 citron, 1 c. à s. de persil, 10 cl de crème liquide, 10 g de beurre, 1 c. à s. d'huile d'olive.

☐ **Salade tahitienne**

3 tomates, 1 avocat, ½ concombre, 1 pamplemousse, 3 citrons verts, 1 oignon rouge, 4 œufs, 2 pavés de saumon frais, 1 poignée de noix de cajou, 20 cl de lait de coco, 3 c. à s. d'huile d'olive.

☐ **Poulet au chutney de mangue**

4 blancs de poulet, 6 c. à s. de chutney de mangue, 3 c. à s. de mayonnaise, 2 c. à s. de miel, 2 c. à s. de fromage blanc, 60 g d'amandes effilées, 2 c. à s. de raisins secs blonds, 1 c. à s. de curry, 1 bouillon cube, 1 salade.

☐ **Poisson très simple à la provençale**

4 filets de cabillaud, 400 g de sauce tomate, 250 g de riz, 12 olives noires dénoyautées, 2 c. à s. de farine, 1 c. à s. de thym, 1 c. à s. d'huile d'olive.

Et aussi

JUIL./AOÛT

Lundi 31 — Tagliatelles thon, mozzarella et olives vertes
10 mn · 20 mn

Mardi 1 — Salade de melon et jambon cru
10 mn

Mercredi 2 — Cookies à la courgette
15 mn · 30 mn · 20 mn

Jeudi 3 — Sandwichs d'aubergines
10 mn · 20 mn

Vendredi 4 — Fenouils rôtis au citron
10 mn · 40 mn

Samedi 5 — Brochettes de bœuf asiatiques
10 mn · 1 h · 20 mn

Dimanche 6 — Colin à la mayonnaise
10 mn · 10 mn

Recettes

Pour 4 personnes

Porter à ébullition 20 cl de crème liquide + 1 boîte de thon au naturel + 1 c. à s. de tapenade + 12 olives vertes coupées en 2 + 1 c. à s. d'herbes de Provence. Mélanger avec 400 g de tagliatelles cuites al dente + 100 g de mozzarella en morceaux.

Mélanger la chair d'1 gros melon coupée en tout petits morceaux avec 180 g de feta en petits dés + 1 c. à s. de basilic – 1 filet d'huile d'olive + 1 pincée de poivre. Servir frais avec 8 tranches de jambon cru.

Râper 4 courgettes et les faire dégorger 30 mn avec du sel. Les égoutter au maximum. Ajouter 100 g de farine + 1 œuf battu + 50 g de parmesan. Sur du papier sulfurisé, former des disques avec la moitié de la pâte. Répartir 4 tranches de jambon cru en morceaux + 1 boule de mozzarella en dés et recouvrir d'une autre couche de pâte. Enfourner 20 mn à 200 °C.

Éplucher et couper 3 petites aubergines dans la longueur en 16 tranches de 1 cm d'épaisseur. Les cuire 5 mn dans 1 cocotte. Sur 1 tranche d'aubergine, déposer ½ tranche de jambon + ¼ d'1 boule de mozzarella, puis refermer avec 1 tranche d'aubergine. Recommencer 7 fois. Poêler 15 mn avec 1 filet d'huile d'olive.

Mélanger 2 fenouils émincés + le zeste de 2 citrons bio + 2 c. à s. de miel + 2 c. à s. d'huile d'olive. Enfourner 30 mn à 200 °C en retournant 1 fois. Cuire 240 g de boulgour avec 1 bouillon cube. Ajouter 50 g de pignons de pin poêlés à sec + 50 g de copeaux de parmesan. Servir ensemble avec 1 roquette + 1 sauce (le jus d'1 citron bio + 1 c. à c. de moutarde + 3 c. à s. d'huile d'olive).

Mariner pendant 1 h 600 g de bœuf en morceaux avec le jus d'1 citron et d'1 citron vert + 3 c. à s. de sauce soja + 1 gousse d'ail pilée + 1 cm de gingembre frais finement haché + 2 c. à s. d'huile de sésame + 1 c. à s. de sauce nuoc-mâm. Répartir sur 6 brochettes et les cuire au barbecue. Servir avec 4 tomates en rondelles + 1 petite boîte de maïs + 1 sachet de cœurs de laitue + 1 vinaigrette.

Cuire à la vapeur 800 g de filets de colin recouverts d'1 feuille de laurier + 1 brin de thym + le jus d'1 citron + 1 c. à s. de poivre en grains + 1 c. à s. de gros sel. Servir froid avec 6 c. à s. de mayonnaise + 2 carottes et 1 concombre coupés en bâtonnets + 4 œufs durs + 1 salade + 12 tomates cerises.

Courses

Pour 4 personnes

☐ **Tagliatelles thon, mozzarella et olives vertes**

400 g de tagliatelles, 1 boîte de thon au naturel, 100 g de mozzarella, 12 olives vertes, 20 cl de crème liquide, 1 c. à s. de tapenade, 1 c. à s. d'herbes de Provence.

☐ **Salade de melon et jambon cru**

1 gros melon, 8 tranches de jambon cru, 180 g de feta, 1 c. à s. de basilic, 1 filet d'huile d'olive, 1 pincée de poivre.

☐ **Cookies à la courgette**

4 courgettes, 100 g de farine, 50 g de parmesan, 4 tranches de jambon cru, 1 boule de mozzarella, 1 œuf, sel.

☐ **Sandwichs d'aubergines**

3 petites aubergines, 4 tranches de jambon, 2 boules de mozzarella, 1 filet d'huile d'olive.

☐ **Fenouils rôtis au citron**

2 fenouils, 3 citrons bio, 240 g de boulgour, 1 roquette, 50 g de copeaux de parmesan, 50 g de pignons de pin, 2 c. à s. de miel, 1 c. à c. de moutarde, 1 bouillon cube, 5 c. à s. d'huile d'olive.

☐ **Brochettes de bœuf asiatiques**

600 g de bœuf, 3 c. à s. de sauce soja, 2 c. à s. d'huile de sésame, 1 c. à s. de sauce nuoc-mâm, 4 tomates, 1 citron, 1 citron vert, 1 gousse d'ail, 1 cm de gingembre frais, 1 petite boîte de maïs, 1 sachet de cœurs de laitue, 1 vinaigrette.

☐ **Colin à la mayonnaise**

800 g de filets de colin, 6 c. à s. de mayonnaise, 4 œufs, 1 salade, 2 carottes, 1 concombre, 12 tomates cerises, 1 citron, 1 feuille de laurier, 1 brin de thym, 1 c. à s. de poivre en grains, 1 c. à s. de gros sel.

Et aussi

AOÛT

Lundi **7**

Ravioles aux courgettes et aux pignons

10 mn — 10 mn

Mardi **8**

Buddha bowl mexicain

15 mn — 10 mn

Mercredi **9**

Tarte aux fenouils et au roquefort

10 mn — 1 h

Jeudi **10**

Brochettes au saumon

15 mn — 30 mn

Vendredi **11**

Verrines de ratatouille au chèvre et aux pignons

10 mn — 5 mn

Samedi **12**

Steaks de veau et purée verte

15 mn — 30 mn

Dimanche **13**

Maquereaux au vin blanc

10 mn — 35 mn

106

Recettes
Pour 4 personnes

Poêler 10 mn avec 1 filet d'huile d'olive 2 courgettes en fines rondelles. Mélanger avec 8 plaques de ravioles cuites 2 mn à l'eau. Ajouter 4 c. à s. de pignons poêlés à sec et servir avec 4 c. à s. de parmesan.

Répartir dans 4 bols 250 g de riz cuit et refroidi + 200 g de haricots rouges en boîte + 200 g de maïs en boîte + 2 avocats en tranches + 1 mangue en petits dés + 12 tomates cerises coupées en 2. Ajouter 1 sauce (mélanger 4 c. à s. de fromage blanc avec 4 c. à s. de ciboulette + le jus de 2 citrons verts) et servir frais.

Cuire 20 mn à la vapeur 2 petits bulbes de fenouil émincés. Sur 1 pâte brisée, répartir le fenouil et ajouter 2 œufs battus mélangés avec 100 g de roquefort émietté + 10 cl de lait + 10 c de crème liquide. Saupoudrer de 40 g de parmesan râpé et enfourner 35-40 mn à 200 °C.

Répartir sur 8 brochettes en bois 4 pavés de saumon coupés en morceaux, 1 courgette jaune émincée et 1 citron bio en rondelles. Mixer 25 g de feuilles de basilic + ½ échalote + 1 gousse d'ail pelée + 4 c. à s. d'huile d'olive + 2 c. à s. de vinaigre balsamique. Enfourner 15-20 mn à 180 °C et servir avec la sauce + 8 pommes de terre cuites à la vapeur.

Répartir dans 4 grands verres 12 c. à s. de ratatouille en bocal, puis 200 g de chèvre frais (mixé avec 100 g de yaourt grec + 2 c. à s. de ciboulette + 2 c. à s. de menthe), puis 4 tranches de jambon sec en lanières + 4 c. à s. de pignons poêlés à sec. Servir frais avec 4 tranches de pain grillées.

Cuire séparément 600 g de pommes de terre + 400 g de petits pois surgelés à l'eau ou à la vapeur. Écraser les pommes de terre et ajouter 15 cl de lait chaud + 30 g de beurre + 1 c. à s. d'huile d'olive. Mixer les petits pois et les ajouter. Servir avec 4 steaks hachés de veau poêlés 5 mn avec 10 g de beurre.

Poêler 5 mn avec 1 c. à s. d'huile d'olive 2 oignons émincés et 2 carottes en rondelles. Farcir 4 maquereaux frais évidés avec 4 branches de thym + 4 feuilles de laurier. Répartir les oignons et les carottes dans 1 plat et poser les maquereaux par-dessus. Verser 20 cl de vin blanc aligoté. Enfourner 30 mn à 180 °C en mouillant si besoin. Servir avec 500 g de pâtes fraîches.

Courses
Pour 4 personnes

- [ ] **Ravioles aux courgettes et aux pignons**

8 plaques de ravioles, 2 courgettes, 4 c. à s. de pignons, 4 c. à s. de parmesan, 1 filet d'huile d'olive.

- [ ] **Buddha bowl mexicain**

250 g de riz, 200 g de haricots rouges en boîte, 200 g de maïs en boîte, 2 avocats, 1 mangue, 12 tomates cerises, 2 citrons verts, 4 c. à s. de fromage blanc, 4 c. à s. de ciboulette.

- [ ] **Tarte aux fenouils et au roquefort**

1 pâte brisée, 2 petits bulbes de fenouil, 100 g de roquefort, 40 g de parmesan râpé, 2 œufs, 10 cl de lait, 10 cl de crème liquide.

- [ ] **Brochettes au saumon**

4 pavés de saumon, 8 pommes de terre, 1 courgette jaune, 1 citron bio, 1 gousse d'ail, ½ échalote, 25 g de feuilles de basilic, 4 c. à s. d'huile d'olive, 2 c. à s. de vinaigre balsamique.

- [ ] **Verrines de ratatouille au chèvre et aux pignons**

12 c. à s. de ratatouille en bocal, 200 g de chèvre frais, 100 g de yaourt grec, 4 c. à s. de pignons, 4 tranches de jambon sec, 4 tranches de pain, 2 c. à s. de ciboulette, 2 c. à s. de menthe.

- [ ] **Steaks de veau et purée verte**

4 steaks hachés de veau, 600 g de pommes de terre, 400 g de petits pois surgelés, 40 g de beurre, 15 cl de lait, 1 c. à s. d'huile d'olive.

- [ ] **Maquereaux au vin blanc**

4 maquereaux frais évidés, 20 cl de vin blanc aligoté, 500 g de pâtes fraîches, 2 carottes, 2 oignons, 4 branches de thym, 4 feuilles de laurier, 1 c. à s. d'huile d'olive.

Et aussi

AOÛT

Lundi
14
Orecchiette au poivron
15 mn 25 mn

Mardi
15
Assomption
Salade de pastèque à la feta et au bacon
15 mn 5 mn

Mercredi
16
Apéro aux olives et tomates séchées
15 mn

Jeudi
17
Crumble courgettes et chèvre
15 mn 20 mn

Vendredi
18
Cake aux saveurs du Sud
10 mn 45 mn

Samedi
19
Bricks à l'agneau, à la feta et aux épinards
20 mn 20 mn

Dimanche
20
Poulet à la mode basque
10 mn 50 mn

Recettes

Pour 4 personnes

Poêler 10 mn 1 poivron rouge en morceaux + 1 échalote émincée + 1 gousse d'ail pilée avec 2 c. à s. d'huile d'olive. Ajouter 200 g de sauce tomate cuisinée + 3 c. à s. de crème épaisse + 50 g de parmesan et mijoter 3 mn. Mixer et mélanger avec 400 g d'orecchiette cuites al dente avec 1 bouillon cube. Ajouter 1 c. à s. de persil et servir.

Prélever la chair d'1 petite pastèque et mélanger avec 4 c. à s. de basilic + 16 olives noires coupées en 2 + 150 g de feta coupée en morceaux + 8 tranches de bacon poêlées à sec et en morceaux + 1 sauce (1 c. à s. de moutarde + 2 c. à s. de vinaigre balsamique + 6 c. à s. d'huile d'olive) + ½ sachet de croûtons.

Mixer 100 g de tomates confites à l'huile + 100 g d'olives vertes dénoyautées et rincées + 80 g de pignons de pin + 50 g de câpres + 50 g de baguette. Ajouter 4 c. à s. d'huile d'olive + 1 c. à s. de vinaigre + 1 gousse d'ail pilée. En tartiner 8 tranches de pain complet et garder le reste pour y tremper des crudités (2 carottes ou 1 concombre en bâtons). Servir avec 1 brique de gaspacho.

Poêler 4 courgettes en morceaux avec 3 c. à s. d'huile d'olive. Ajouter 200 g de lardons fumés et cuire 5 mn. Verser le tout dans 1 plat et ajouter 1 bûche de chèvre en rondelles + le crumble (mélanger 50 g de beurre en morceaux + 40 g de farine + 8 biscottes mixées). Enfourner 10 mn à 210 °C.

Mélanger 3 œufs battus + 150 g de farine + 1 sachet de levure + du poivre. Ajouter 12 cl de lait tiédi + 5 c. à s. d'huile d'olive, mélanger, puis ajouter 100 g de gruyère râpé + 30 g de parmesan râpé. Incorporer 100 g de ratatouille + 10 feuilles de basilic ciselées. Mettre dans 1 moule à cake beurré et enfourner 45 mn à 180 °C. Servir avec 1 salade.

Poêler 800 g d'épinards hachés env. 5 mn avec 1 c. à s. d'huile d'olive. Bien égoutter. Mixer avec 200 g d'agneau haché + 1 oignon + 2 échalotes + 250 g de feta + 2 gousses d'ail + ½ bouquet de coriandre + 1 c. à c. de cumin + 40 g de pignons. En garnir 12 feuilles de brick. Enfourner 15 mn à 220 °C. Servir avec 8 tomates + 1 vinaigrette.

Dorer 3 mn 4 cuisses de poulet avec 2 c. à s. d'huile d'olive. Réserver. Poêler 2 oignons et 1 gousse d'ail émincés + 2 c. à s. d'huile d'olive. Ajouter le poulet + 1 poivron rouge et 1 poivron jaune en morceaux + 1 boîte de tomates concassées + 15 cl de vin blanc + 1 bouquet garni + 16 olives vertes. Mijoter 40 mn et servir avec 240 g de coquillettes.

Courses

Pour 4 personnes

☐ Orecchiette au poivron

400 g d'orecchiette, 1 poivron rouge, 1 échalote, 1 gousse d'ail, 200 g de sauce tomate cuisinée, 3 c. à s. de crème épaisse, 50 g de parmesan, 1 c. à s. de persil, 1 bouillon cube, 2 c. à s. d'huile d'olive.

☐ Salade de pastèque à la feta et au bacon

1 petite pastèque, 150 g de feta, 8 tranches de bacon, 16 olives noires, ½ sachet de croûtons, 4 c. à s. de basilic, 1 c. à s. de moutarde, 6 c. à s. d'huile d'olive, 2 c. à s. de vinaigre balsamique.

☐ Apéro aux olives et tomates séchées

100 g d'olives vertes dénoyautées, 100 g de tomates confites à l'huile, 80 g de pignons de pin, 50 g de câpres, 50 g de baguette, 8 tranches de pain complet, 2 carottes ou 1 concombre, 1 gousse d'ail, 4 c. à s. d'huile d'olive, 1 c. à s. de vinaigre, 1 brique de gaspacho.

☐ Crumble courgettes et chèvre

4 courgettes, 1 bûche de chèvre, 200 g de lardons fumés, 50 g de beurre, 40 g de farine, 8 biscottes, 3 c. à s. d'huile d'olive.

☐ Cake aux saveurs du Sud

100 g de ratatouille, 150 g de farine, 1 sachet de levure, 3 œufs, 100 g de gruyère râpé, 30 g de parmesan râpé, 1 salade, 10 feuilles de basilic, 12 cl de lait, 5 c. à s. d'huile d'olive, 1 noix de beurre, poivre.

☐ Bricks à l'agneau, à la feta et aux épinards

12 feuilles de brick, 800 g d'épinards hachés, 250 g de feta, 200 g d'agneau haché, 8 tomates, 1 oignon, 2 échalotes, 2 gousses d'ail, 40 g de pignons, ½ bouquet de coriandre, 1 c. à c. de cumin, 1 vinaigrette, 1 c. à s. d'huile d'olive.

☐ Poulet à la mode basque

4 cuisses de poulet, 240 g de coquillettes, 1 poivron rouge, 1 poivron jaune, 2 oignons, 1 gousse d'ail, 1 boîte de tomates concassées, 16 olives vertes, 1 bouquet garni, 15 cl de vin blanc, 4 c. à s. d'huile d'olive.

Et aussi

AOÛT
2023

Lundi 21
Salade de pâtes colorée
10 mn | 10 mn

Mardi 22
Salade fraîcheur au crabe
15 mn

Mercredi 23
Clafoutis provençal au chèvre
15 mn | 35 mn

Jeudi 24
Papillotes de saumon à l'asiatique
10 mn | 35 mn

Vendredi 25
Cake jambon-courgette
10 mn | 35 mn

Samedi 26
Légumes d'été rôtis à la feta
15 mn | 1 h 15

Dimanche 27
Tartare de cabillaud aux herbes
15 mn

Recettes
Pour 4 personnes

Mélanger 350 g de penne cuites al dente et refroidies avec 300 g de tomates cerises multicolores coupées en 2 + 150 g de comté en dés. Ajouter 1 c. à s. de ciboulette et 1 sauce (2 c. à c. de moutarde + 4 c. à s. de vinaigre + 6 c. à s. d'huile de colza). Servir frais.

Mélanger 1 salade feuille de chêne avec 1 pamplemousse en suprêmes + 2 tomates en dés + 1 avocat en lamelles + 1 boîte de crabe + 100 g de maïs en boîte. Ajouter 1 sauce (2 c. à c. de moutarde + 1 c. à s. de vinaigre + 4 c. à s. d'huile d'olive). Ajouter 1 c. à s. de coriandre et servir frais.

Dans 1 plat à tarte beurré, répartir 1 bûche de chèvre + 200 g de tomates cerises coupées en 2 + 1 courgette râpée. Ajouter 4 œufs battus mélangés avec 20 cl de lait + 1 pincée de muscade + 1 c. à s. de ciboulette. Enfourner 35 mn à 180 °C.

Répartir 4 pavés de saumon sur 4 feuilles d'aluminium et arroser d'1 sauce (mélanger 80 g de gingembre frais râpé + le zeste et le jus de 2 citrons verts bio + 4 c. à c. de sauce soja + 2 c. à s. d'huile d'olive). Refermer et enfourner 25 mn à 180 °C. Servir avec 700 g de poêlée de légumes asiatique décongelée et préparée selon les instructions du sachet.

Mélanger 150 g de farine + 1 sachet de levure + 4 œufs ajoutés 1 à 1. Ajouter 10 cl de crème fraîche + 2 c. à s. d'huile d'olive + 1 pincée de muscade. Ajouter 4 tranches de jambon + 1 courgette en dés + 80 g de gruyère râpé et verser dans 1 moule à cake beurré. Enfourner 35 mn à 180 °C.

Dans 1 grand plat à gratin, répartir 2 carottes en bâtonnets + 1 petite betterave épluchée et en morceaux + 1 aubergine en rondelles + 2 courgettes en morceaux + 4 tomates coupées en 2 + 1 oignon émincé + 6 brins de thym + 4 brins de romarin. Verser 3 c. à s. d'huile d'olive et enfourner 45 mn à 180 °C. Mélanger et ajouter 150 g de feta en dés. Cuire encore 30 mn.

Mélanger délicatement 500 g de cabillaud en tout petits dés avec 8 brins de ciboulette, 4 brins de coriandre, de cerfeuil et de persil plat et 2 brins d'estragon ciselés. Ajouter 2 oignons nouveaux en petits morceaux avec leurs tiges émincées. Ajouter 2 c. à s. d'huile d'olive et 2 c. à s. d'huile de noisette. Servir frais avec 8 tranches de pain de campagne grillées.

Courses
Pour 4 personnes

- [ ] Salade de pâtes colorée

350 g de penne, 300 g de tomates cerises multicolores, 150 g de comté, 2 c. à c. de moutarde, 1 c. à s. de ciboulette, 6 c. à s. d'huile de colza, 4 c. à s. de vinaigre.

- [ ] Salade fraîcheur au crabe

1 boîte de crabe, 1 salade feuille de chêne, 2 tomates, 1 avocat, 1 pamplemousse, 100 g de maïs en boîte, 2 c. à c. de moutarde, 1 c. à s. de coriandre, 4 c. à s. d'huile d'olive, 1 c. à s. de vinaigre.

- [ ] Clafoutis provençal au chèvre

1 bûche de chèvre, 200 g de tomates cerises, 1 courgette, 20 cl de lait, 4 œufs, 1 c. à s. de ciboulette, 1 pincée de muscade, 1 noix de beurre.

- [ ] Papillotes de saumon à l'asiatique

4 pavés de saumon, 700 g de poêlée de légumes asiatique surgelée, 80 g de gingembre frais, 2 citrons verts bio, 4 c. à c. de sauce soja, 2 c. à s. d'huile d'olive.

- [ ] Cake jambon-courgette

4 tranches de jambon, 1 courgette, 150 g de farine, 1 sachet de levure, 4 œufs, 80 g de gruyère râpé, 10 cl de crème fraîche, 1 pincée de muscade, 2 c. à s. d'huile d'olive, 1 noix de beurre.

- [ ] Légumes d'été rôtis à la feta

4 tomates, 2 courgettes, 2 carottes, 1 aubergine, 1 petite betterave, 1 oignon, 6 brins de thym, 4 brins de romarin, 150 g de feta, 3 c. à s. d'huile d'olive.

- [ ] Tartare de cabillaud aux herbes

500 g de cabillaud, 8 brins de ciboulette, 4 brins de coriandre, de cerfeuil et de persil plat, 2 brins d'estragon, 2 oignons nouveaux, 8 tranches de pain de campagne, 2 c. à s. d'huile de noisette, 2 c. à s. d'huile d'olive.

Et aussi

AOÛT/SEPT.

Lundi **28**

Pâtes au caviar d'aubergines

15 mn | 1 h | 30 mn

Mardi **29**

Salade de lentilles aux légumes d'été

15 mn | 30 mn

Mercredi **30**

Tartines de la mer et gaspacho au concombre

10 mn

Jeudi **31**

Filets de merlu aux baies roses

10 mn | 10 mn

Vendredi **1**

Petits flans de poivrons au fromage frais

10 mn | 45 mn

Samedi **2**

Poulet sauté à l'ananas et aux noix de cajou

10 mn | 25 mn

Dimanche **3**

Cassoulet léger d'été

15 mn | 45 mn

Recettes
Pour 4 personnes

Enfourner 3 aubergines coupées en 2 pendant 20 mn à 210 °C. Racler pour prélever la chair et l'écraser à la fourchette. Ajouter 2 gousses d'ail pressées + 2 c. à s. d'huile d'olive et mélanger. Ajouter le jus d'½ citron et laisser reposer 1 h. Servir avec 240 g d'orecchiette cuites al dente et refroidies + 12 olives noires coupées en 2 et 1 filet d'huile d'olive et de vinaigre balsamique.

Poêler 15 mn 2 petites courgettes jaunes émincées et 1 poivron en petits dés avec 1 c. à s. d'huile d'olive. Mélanger avec 200 g de lentilles vertes (cuites à l'eau, puis refroidies) + 3 tomates en dés + 1 avocat en morceaux (mélangé avec le jus d'½ citron) + 1 vinaigrette à la moutarde. Servir avec 4 œufs mollets.

Mélanger 200 g de thon en boîte avec 200 g de St Môret + 2 c. à s. de ciboulette + 2 c. à s. de jus de citron + ½ échalote hachée très finement. Tartiner sur 8 tranches de pain de campagne grillées et servir avec 1 brique de gaspacho au concombre.

Faire tremper 600 g de filets de merlu dans 20 cl de lait. Égoutter et rouler dans 2 c. à s. de farine. Poêler 2-3 mn/côté avec 30 g de beurre + 1 c. à s. d'huile. Réserver. Jeter la graisse de cuisson, verser 15 cl de crème liquide + 1 c. à s. de baies roses + 1 c. à c. de moutarde. Cuire 2 mn à feu vif. Servir avec 250 g de riz basmati + 1 citron en quartiers.

Mixer 600 g de poivrons grillés décongelés avec 4 œufs battus + 20 cl de crème épaisse. Ajouter 150 g de fromage frais (Madame Loïck) émietté + 1 c. à c. d'herbes de Provence. Verser dans des moules à muffins et enfourner 45 mn à 160 °C. Servir tiède ou froid avec 1 salade.

Poêler 4 escalopes de poulet en morceaux avec 1 c. à s. d'huile d'olive + ½ poivron coupé en dés + 1 c. à c. de gingembre env. 10 mn. Verser 1 boîte d'ananas en conserve + le jus + 2 c. à s. de concentré de tomates + 3 c. à s. de chutney de mangue + 2 c. à s. de noix de cajou. Mijoter 15 mn. Servir avec 250 g de riz thaï.

Poêler 15 mn 4 cuisses de canard confit dégraissées + 1 c. à s. de leur gras + 2 saucisses de Toulouse. Mijoter 10 mn 2 carottes en dés + 2 oignons émincés. Mijoter 8 mn 200 g de tomates cerises coupées en 2. Ajouter 4 gousses d'ail pressées + 100 g de jambon cru en lanières + les saucisses en morceaux + le canard effiloché. Ajouter après 2 mn 400 g de fèves décongelées et cuire 5 mn.

Courses
Pour 4 personnes

- [ ] **Pâtes au caviar d'aubergines**

240 g d'orecchiette, 3 aubergines, 12 olives noires, 2 gousses d'ail, ½ citron, 2 c. à s. d'huile d'olive, 1 filet d'huile d'olive et de vinaigre balsamique.

- [ ] **Salade de lentilles aux légumes d'été**

200 g de lentilles vertes, 3 tomates, 2 petites courgettes jaunes, 1 poivron, 1 avocat, ½ citron, 4 œufs, 1 vinaigrette à la moutarde, 1 c. à s. d'huile d'olive.

- [ ] **Tartines de la mer et gaspacho au concombre**

8 tranches de pain de campagne, 200 g de St Môret, 200 g de thon en boîte, 1 brique de gaspacho au concombre, ½ échalote, 2 c. à s. de ciboulette, 2 c. à s. de jus de citron.

- [ ] **Filets de merlu aux baies roses**

600 g de filets de merlu, 1 c. à s. de baies roses, 250 g de riz basmati, 1 citron, 30 g de beurre, 20 cl de lait, 15 cl de crème liquide, 2 c. à s. de farine, 1 c. à c. de moutarde, 1 c. à s. d'huile.

- [ ] **Petits flans de poivrons au fromage frais**

600 g de poivrons grillés surgelés, 150 g de fromage frais (Madame Loïck), 4 œufs, 20 cl de crème épaisse, 1 salade, 1 c. à c. d'herbes de Provence.

- [ ] **Poulet sauté à l'ananas et aux noix de cajou**

4 escalopes de poulet, 1 boîte d'ananas en conserve + son jus, 2 c. à s. de noix de cajou, 250 g de riz thaï, ½ poivron, 3 c. à s. de chutney de mangue, 2 c. à s. de concentré de tomates, 1 c. à c. de gingembre, 1 c. à s. d'huile d'olive.

- [ ] **Cassoulet léger d'été**

4 cuisses de canard confit, 2 saucisses de Toulouse, 100 g de jambon cru, 400 g de fèves surgelées, 200 g de tomates cerises, 2 carottes, 2 oignons, 4 gousses d'ail.

Et aussi

SEPTEMBRE

Lundi 4

Tagliatelles aux courgettes et à la burrata

10 mn — 20 mn

Mardi 5

Salade de légumes grillés

5 mn — 10 mn

Mercredi 6

Poêlée de riz aux petits pois et aux noix de cajou

5 mn — 25 mn

Jeudi 7

Côtelettes de porc aux pommes

10 mn — 25 mn

Vendredi 8

Gratin d'aubergines express

15 mn — 40 mn

Samedi 9

Maquereaux à la moutarde

10 mn — 20 mn

Dimanche 10

Poulet rôti à l'ail

15 mn — 1 h 20

114

Recettes

Pour 4 personnes

Poêler 10 mn 2 courgettes finement émincées avec 1 c. à s. d'huile d'olive + 1 c. à s. de basilic. Mélanger avec 500 g de tagliatelles fraîches cuites al dente et servir avec 1 burrata en morceaux arrosée de 2 c. à s. d'huile d'olive et parsemée de poivre et de fleur de sel.

Mettre dans 1 plat 700 g de légumes grillés surgelés réchauffés 10 mn et 2 tomates en rondelles. Répartir 100 g de feta émiettée + 1 c. à s. de basilic. Arroser de 1 c. à s. de vinaigre balsamique + 4 c. à s. d'huile d'olive et servir avec 4 tranches de jambon.

Poêler 1 échalote émincée avec 2 c. à s. d'huile d'olive et ajouter 200 g de petits pois décongelés. Mijoter 10 mn et ajouter 200 g de riz cuit à l'eau + 4 c. à s. de noix de cajou et cuire encore 2 mn. Servir parsemé de 1 c. à s. de persil.

Cuire env. 5 mn au micro-ondes 2 pommes en dés avec ½ verre d'eau. Les égoutter et les poêler 5 mn avec 40 g de beurre. Ajouter 20 g de sucre + le jus d'½ citron + 1 pincée de cannelle et faire légèrement caraméliser. Servir avec 4 côtelettes de porc poêlées 3-4 mn de chaque côté dans 1 c. à s. d'huile. Accompagner de 700 g de purée de carottes décongelée.

Disposer dans 1 plat 1 aubergine coupée en tranches. Mélanger 1 gros pot de sauce tomate avec 50 g de lardons poêlés à sec + 150 g de farfalles cuites al dente + 300 g de bœuf haché. Recouvrir l'aubergine de la moitié de la préparation, poser dessus 1 autre aubergine en tranches et recouvrir de sauce. Répartir 100 g de gruyère râpé et enfourner 25 mn à 180 °C.

Enduire 4 maquereaux frais et vidés de 8 c. à s. de moutarde, les parsemer de 1 c. à s. de gros sel et les poser sur la grille du four huilée avec 1 c. à s. d'huile. Enfourner au gril au-dessus de la lèchefrite 5 mn d'un côté, puis 3 mn de l'autre. Faire chauffer 4 c. à s. de crème épaisse avec 1 c. à s. de moutarde et servir avec les maquereaux. Servir avec 1 sachet de poêlée de légumes décongelée.

Séparer les gousses de 4 têtes d'ail en gardant la peau. Enduire 1 poulet de 1,5 kg de 60 g de beurre mou et étaler sur la peau 1 mélange de 2 c. à c. de fleur de sel + autant de poivre noir + 2 c. à s. de thym. Répartir les gousses d'ail dans et autour du poulet dans 1 plat. Enfourner à 200 °C env. 1 h 20. Arroser régulièrement avec de l'eau. Servir avec 1 grosse boîte de petits pois-carottes.

Courses

Pour 4 personnes

☐ **Tagliatelles aux courgettes et à la burrata**

500 g de tagliatelles fraîches, 2 courgettes, 1 burrata, 1 c. à s. de basilic, 3 c. à s. d'huile d'olive, fleur de sel, poivre.

☐ **Salade de légumes grillés**

700 g de légumes grillés surgelés, 2 tomates, 100 g de feta, 4 tranches de jambon, 1 c. à s. de basilic, 4 c. à s. d'huile d'olive, 1 c. à s. de vinaigre balsamique.

☐ **Poêlée de riz aux petits pois et aux noix de cajou**

200 g de riz, 200 g de petits pois surgelés, 4 c. à s. de noix de cajou, 1 échalote, 1 c. à s. de persil, 2 c. à s. d'huile d'olive.

☐ **Côtelettes de porc aux pommes**

4 côtelettes de porc, 2 pommes, ½ citron, 700 g de purée de carottes surgelée, 40 g de beurre, 20 g de sucre, 1 pincée de cannelle, 1 c. à s. d'huile.

☐ **Gratin d'aubergines express**

2 aubergines, 300 g de bœuf haché, 150 g de farfalles, 100 g de gruyère râpé, 50 g de lardons, 1 gros pot de sauce tomate.

☐ **Maquereaux à la moutarde**

4 maquereaux frais et vidés, 9 c. à s. de moutarde, 1 sachet de poêlée de légumes surgelée, 4 c. à s. de crème épaisse, 1 c. à s. d'huile, 1 c. à s. de gros sel.

☐ **Poulet rôti à l'ail**

1 poulet de 1,5 kg, 4 têtes d'ail, 1 grosse boîte de petits pois-carottes, 60 g de beurre, 2 c. à s. de thym, 2 c. à c. de fleur de sel, 2 c. à c. de poivre noir.

Et aussi

SEPTEMBRE

Lundi 11 — Pâtes au chou kale et au citron
10 mn | 15 mn

Mardi 12 — Salade de fenouils aux 2 tomates
15 mn | 20 mn

Mercredi 13 — Tartines de chèvre aux figues
15 mn | 15 mn

Jeudi 14 — Moules au bleu
10 mn | 35 mn

Vendredi 15 — Gratin de courge d'automne
15 mn | 50 mn

Samedi 16 — Courgettes et Knacki gratinées
10 mn | 40 mn

Dimanche 17 — Steaks hachés aux herbes
10 mn | 10 mn

116

Recettes
Pour 4 personnes

Poêler 6 branches de chou kale finement émincées avec 2 c. à s. d'huile d'olive env. 4 mn à feu vif. Ajouter 2 gousses d'ail pilées et cuire encore 1-2 mn. Ajouter le jus d'1 citron et mélanger avec 250 g de tagliatelles cuites al dente + 80 g de copeaux de parmesan.

Cuire dans 1 sauteuse avec 20 cl d'eau 4 oignons nouveaux émincés + 1 gousse d'ail hachée + 2 bulbes de fenouil émincés env. 15-20 mn. Laisser refroidir et mélanger avec 150 g de tomates confites + 200 g de tomates cerises coupées en 2 + 1 tranche de citron confit en petits morceaux + 1 c. à s. de persil + 16 olives noires + 2 c. à s. de vinaigre + 2 c. à s. d'huile d'olive.

Tartiner 8 tranches de pain de campagne de 8 c. à c. d'huile d'olive et répartir 1 bûche de chèvre en rondelles, 8 figues en quartiers et 8 tranches de jambon sec en lanières. Arroser de 8 c. à c. de miel et répartir 8 c. à c. de pignons de pin grillés à sec. Enfourner 10 mn à 210 °C, puis 2 mn sous le gril et servir avec 1 sachet de roquette.

Dans 1 casserole, faire suer 3 échalotes + 1 noix de beurre. Ajouter 40 cl de crème épaisse + 125 g de bleu émietté + 2 c. à s. de persil. Dans 1 cocotte, cuire 2 kg de moules nettoyées avec 25 cl de vin blanc. À l'ouverture des moules, ôter ½ de leur jus, ajouter la sauce au bleu et cuire encore 3-4 mn. Servir avec 700 g de frites surgelées cuites au four.

Poêler 100 g de lardons à sec env. 10 mn. Réserver. Poêler 1 oignon émincé 5 mn. Cuire à la vapeur ou à l'eau 1 kg de courge coupée en cubes et épluchée. L'égoutter et la mélanger avec l'oignon et les lardons. Verser dans 1 plat à gratin beurré et ajouter 2 œufs battus avec 2 c. à s. de crème épaisse + 1 pincée de muscade. Répartir 40 g de noisettes concassées + 100 g de comté râpé. Enfourner 25 mn à 210 °C.

Couper 4 courgettes en 2 dans la longueur et les évider légèrement. Les disposer dans 1 plat allant au four, répartir 8 Knacki dedans, 25 cl de crème liquide et 70 g d'emmental râpé. Enfourner 40 mn à 210 °C.

Mélanger avec les doigts 600 g de bœuf haché avec 1 œuf battu et ajouter 2 c. à s. d'herbes de Provence + 2 c. à s. de parmesan. Former 4 steaks et les poêler quelques mn avec 1 c. à s. d'huile d'olive. Servir avec 700 g de purée de céleri surgelée préparée selon les indications du sachet.

Courses
Pour 4 personnes

☐ Pâtes au chou kale et au citron

250 g de tagliatelles, 6 branches de chou kale, 1 citron, 2 gousses d'ail, 80 g de copeaux de parmesan, 2 c. à s. d'huile d'olive.

☐ Salade de fenouils aux 2 tomates

2 bulbes de fenouil, 200 g de tomates cerises, 150 g de tomates confites, 4 oignons nouveaux, 1 gousse d'ail, 16 olives noires, 1 tranche de citron confit, 1 c. à s. de persil, 2 c. à s. de vinaigre, 2 c. à s. d'huile d'olive.

☐ Tartines de chèvre aux figues

8 tranches de pain de campagne, 1 bûche de chèvre, 8 figues, 8 tranches de jambon sec, 8 c. à c. de miel, 8 c. à c. de pignons de pin, 1 sachet de roquette, 8 c. à c. d'huile d'olive.

☐ Moules au bleu

2 kg de moules, 125 g de bleu, 700 g de frites surgelées, 40 cl de crème épaisse, 25 cl de vin blanc, 3 échalotes, 2 c. à s. de persil, 1 noix de beurre.

☐ Gratin de courge d'automne

1 kg de courge, 1 oignon, 100 g de lardons, 100 g de comté râpé, 2 œufs, 2 c. à s. de crème épaisse, 40 g de noisettes, 1 pincée de muscade, 1 noix de beurre.

☐ Courgettes et Knacki gratinées

4 courgettes, 8 Knacki, 70 g d'emmental râpé, 25 cl de crème liquide.

☐ Steaks hachés aux herbes

600 g de bœuf haché, 2 c. à s. d'herbes de Provence, 700 g de purée de céleri surgelée, 1 œuf, 2 c. à s. de parmesan, 1 c. à s. d'huile d'olive.

Et aussi

2023 SEPTEMBRE

Lundi **18**

Farfalles aux petits pois et au jambon

10 mn — 35 mn

Mardi **19**

Soupe de brocoli au chèvre

10 mn — 20 mn

Mercredi **20**

Bricks de saumon à la tomate

15 mn — 20 mn

Jeudi **21**

Escalopes à la milanaise

15 mn — 15 mn — 10 mn

Vendredi **22**

Pâtes au pistou

5 mn — 10 mn

Samedi **23**

Bœuf sauté aux légumes croquants

20 mn — 20 mn

Dimanche **24**

Gratin de poireaux au jambon

10 mn — 40 mn

Recettes
Pour 4 personnes

Poêler 1 oignon émincé avec 1 c. à s. d'huile. Ajouter 4 tranches de jambon en dés. Cuire 5 mn, puis ajouter 200 g de petits pois décongelés. Mijoter 15 mn. Ajouter 10 cl de crème liquide. Lorsqu'elle bout, ajouter 500 g de farfalles cuites al dente. Parsemer de 50 g de parmesan et servir.

Dans 1 Cocotte-Minute, mettre 1 brocoli en fleurettes + 2 pommes de terre épluchées et en gros morceaux + 1 oignon en morceaux. Ajouter 1,2 l d'eau + 1 bouillon cube et fermer la cocotte. Cuire 20 mn à feu doux après le sifflement. Ajouter 100 g de fromage de chèvre frais et mixer. Servir avec ½ baguette.

Répartir 4 pavés de saumon coupés en 2 sur 8 feuilles de brick. Répartir 1 mélange fait de 20 cl de coulis de tomates + 150 g de St Môret + 1 c. à s. d'aneth + 1 c. à s. de ciboulette. Refermer les bricks. Enfourner 20 mn à 180 °C. Servir avec 1 salade.

Passer 4 escalopes de veau très fines dans 4 c. à s. de farine, dans 2 œufs battus et dans 3 c. à s. de chapelure mélangées avec 3 c. à s. de parmesan râpé. Repasser dans les œufs et le mélange. Réserver 15 mn au frais. Dorer dans 2 c. à s. d'huile d'olive. Baisser le feu et cuire 5 mn. Servir avec le jus d'1 citron + 6 tomates en dés + 2 c. à s. de vinaigre balsamique + 3 c. à s. d'huile d'olive.

Mélanger 2 gousses d'ail pilées + 4 c. à s. de basilic + 4 c. à s. de parmesan râpé + 30 cl de coulis de tomates + 2 c. à s. d'huile d'olive. Ajouter 2 c. à s. de pignons poêlés à sec. Mélanger avec 400 g de pâtes cuites al dente.

Poêler dans 1 wok 2 oignons émincés avec 2 c. à s. d'huile d'olive. Ajouter 2 gousses d'ail hachées, puis 3 carottes et 1 poivron rouge en julienne + 1 sachet de champignons noirs séchés réhydratés. Cuire 10 mn à feu moyen. Ajouter 2 c. à s. de sauce soja. Réserver. Poêler 500 g de rumsteck coupé en morceaux de 1 cm sur 4 env. Ajouter 200 g de germes de soja en boîte, remettre les légumes et réchauffer 1 mn.

Couper la partie comestible de 3 gros poireaux lavés en 3 morceaux égaux. Les cuire à la vapeur, puis les égoutter au maximum. Les entourer d'1 petite tranche de jambon chacun, puis les disposer dans 1 plat. Verser un mélange fait avec 30 cl de crème liquide + 1 pincée de noix de muscade + 150 g de fromage râpé. Enfourner 25 mn à 200 °C.

Courses
Pour 4 personnes

☐ **Farfalles aux petits pois et au jambon**

500 g de farfalles, 200 g de petits pois surgelés, 4 tranches de jambon, 1 oignon, 50 g de parmesan, 10 cl de crème liquide, 1 c. à s. d'huile.

☐ **Soupe de brocoli au chèvre**

1 brocoli, 2 pommes de terre, 1 oignon, 100 g de fromage de chèvre frais, ½ baguette, 1 bouillon cube.

☐ **Bricks de saumon à la tomate**

8 feuilles de brick, 4 pavés de saumon, 20 cl de coulis de tomates, 150 g de St Môret, 1 salade, 1 c. à s. d'aneth, 1 c. à s. de ciboulette.

☐ **Escalopes à la milanaise**

4 escalopes de veau très fines, 4 c. à s. de farine, 3 c. à s. de chapelure, 3 c. à s. de parmesan râpé, 2 œufs, 6 tomates, 1 citron, 5 c. à s. d'huile d'olive, 2 c. à s. de vinaigre balsamique.

☐ **Pâtes au pistou**

400 g de pâtes, 2 gousses d'ail, 4 c. à s. de parmesan râpé, 4 c. à s. de basilic, 2 c. à s. de pignons, 30 cl de coulis de tomates, 2 c. à s. d'huile d'olive.

☐ **Bœuf sauté aux légumes croquants**

500 g de rumsteck, 200 g de germes de soja en boîte, 3 carottes, 1 poivron rouge, 2 oignons, 2 gousses d'ail, 1 sachet de champignons noirs séchés, 2 c. à s. de sauce soja, 2 c. à s. d'huile d'olive.

☐ **Gratin de poireaux au jambon**

3 gros poireaux, 9 petites tranches de jambon, 150 g de fromage râpé, 30 cl de crème liquide, 1 pincée de noix de muscade.

Et aussi

SEPT./OCT.

Lundi 25 — Fettuccine aux champignons des bois
5 mn · 15 mn

Mardi 26 — Salade de lentilles au miel
10 mn · 30 mn

Mercredi 27 — Beignets de potiron
15 mn · 20 mn

Jeudi 28 — Omelette pommes de terre, épinards et feta
10 mn · 15 mn

Vendredi 29 — Verrines saumon et avocat
10 mn

Samedi 30 — Tajine poulet et abricots
10 mn · 1 h 25

Dimanche 1 — Steaks au Boursin
10 mn · 25 mn

Recettes

Pour 4 personnes

Poêler 700 g de champignons variés décongelés avec 1 c. à s. d'huile d'olive + 1 noix de beurre env. 5 mn. Ajouter 1 c. à s. de persil + 400 g de fettuccine cuites al dente + 1 c. à s. d'eau de cuisson des pâtes + 4 c. à s. de crème fraîche et cuire 2 mn. Servir chaud.

Mélanger 240 g de lentilles (cuites à l'eau et refroidies) avec 200 g de lardons poêlés à sec + 100 g de feta et 4 tomates en dés. Ajouter 1 vinaigrette : mélanger 6 c. à s. de vinaigre balsamique avec 2 c. à s. de miel + 6 c. à s. d'huile de tournesol + 2 c. à s. d'huile de noisette + 1 échalote hachée + 1 pincée de curry et servir frais.

Mélanger 100 g de farine + 1 sachet de levure + 1 c. à c. de sucre + 1 pincée de sel. Ajouter 15 cl d'eau en fouettant, puis 200 g de chair de potiron râpée + 2 c. à s. de persil + 1 pincée de noix de muscade et de piment d'Espelette. Chauffer 1 l d'huile de friture à feu vif dans 1 cocotte et déposer 4 grosses c. à s. de pâte. Bien cuire chaque beignet. Les éponger. Recommencer 2 fois et servir avec 1 salade.

Poêler 5 mn 400 g de pommes de terre précuites surgelées dans 1 c. à s. d'huile d'olive. Ajouter 1 gousse d'ail et 1 échalote émincées et les faire blondir. Ajouter 1 petite boîte d'épinards hachés + 100 g de feta en dés. Ajouter 6 œufs battus et faire prendre l'omelette. Servir avec 1 salade.

Mélanger la chair d'1 avocat avec le jus d'½ citron. Répartir le mélange dans 4 verrines. Ajouter 4 c. à s. de fromage frais, puis 2 tranches de saumon fumé coupées en dés. Répartir 4 c. à c. de ciboulette. Servir avec 1 brique de soupe et 1 sachet de croûtons.

Poêler 1 oignon émincé avec 1 c. à s. d'huile d'olive. Ajouter 4 cuisses de poulet et les faire dorer. Ajouter 20 cl d'eau + 1 sachet d'abricots secs + 2 tomates en dés + 1 boîte de pois chiches + 1 c. à c. de cumin, de paprika et de coriandre. Porter à ébullition, puis mijoter à feu doux et à couvert 1 h. Servir avec 200 g de couscous cuit selon les indications du sachet.

Mettre 4 c. à s. de fond de veau dans 1 casserole, ajouter 1 tasse d'eau et mélanger tout en faisant chauffer à feu doux. Ajouter ½ Boursin et remuer. Lorsqu'il est fondu, ajouter 20 cl de crème liquide et chauffer. Réserver. Poêler 4 steaks de bœuf avec 1 noisette de beurre quelques mn/côté et servir avec la sauce + 700 g de julienne de légumes surgelée préparée selon les indications du paquet.

Courses

Pour 4 personnes

- [ ] **Fettuccine aux champignons des bois**

400 g de fettuccine, 700 g de champignons variés surgelés, 1 c. à s. de persil, 4 c. à s. de crème fraîche, 1 noix de beurre, 1 c. à s. d'huile d'olive.

- [ ] **Salade de lentilles au miel**

240 g de lentilles, 2 c. à s. de miel, 200 g de lardons, 100 g de feta, 4 tomates, 1 échalote, 6 c. à s. de vinaigre balsamique, 6 c. à s. d'huile de tournesol, 2 c. à s. d'huile de noisette, 1 pincée de curry.

- [ ] **Beignets de potiron**

200 g de chair de potiron, 100 g de farine, 1 sachet de levure, 1 c. à c. de sucre, 1 salade, 2 c. à s. de persil, 1 pincée de noix de muscade et de piment d'Espelette, 1 l d'huile de friture, 1 pincée de sel.

- [ ] **Omelette pommes de terre, épinards et feta**

6 œufs, 400 g de pommes de terre précuites surgelées, 1 petite boîte d'épinards hachés, 100 g de feta, 1 salade, 1 échalote, 1 gousse d'ail, 1 c. à s. d'huile d'olive.

- [ ] **Verrines saumon et avocat**

2 tranches de saumon fumé, 1 avocat, ½ citron, 4 c. à s. de fromage frais, 1 brique de soupe, 1 sachet de croûtons, 4 c. à c. de ciboulette.

- [ ] **Tajine poulet et abricots**

200 g de couscous, 4 cuisses de poulet, 1 sachet d'abricots secs, 2 tomates, 1 oignon, 1 boîte de pois chiches, 1 c. à c. de cumin, de paprika et de coriandre, 1 c. à s. d'huile d'olive.

- [ ] **Steaks au Boursin**

4 steaks de bœuf, ½ Boursin, 700 g de julienne de légumes surgelée, 20 cl de crème liquide, 4 c. à s. de fond de veau, 1 noisette de beurre.

Et aussi

OCTOBRE

Lundi **2**

Ravioles au potiron, à la sauge et au parmesan

15 mn – 25 mn

Mardi **3**

Salade de champignons aux noix, au chèvre et au bacon

15 mn

Mercredi **4**

Petits flans brocoli, lardons et chèvre

15 mn – 30 mn

Jeudi **5**

Cabillaud au sésame

10 mn – 20 mn

Vendredi **6**

Riz au thon et à la tomate

5 mn – 25 mn

Samedi **7**

Chipolatas et fondue de poireaux

10 mn – 45 mn

Dimanche **8**

Sauté de veau au citron confit et au cumin

15 mn – 1 h 25

122

Recettes
Pour 4 personnes

Cuire à l'eau 20 mn après ébullition avec 1 bouillon cube de volaille 800 g de pulpe de potiron et 1 pomme de terre épluchée en dés. Mixer les légumes avec 10 cl de crème liquide + 1 c. à c. de muscade. Laisser cuire 2 mn. Répartir dans 4 assiettes creuses 8 plaques de ravioles fraîches, verser le potage dessus. Répartir 8 feuilles de sauge ciselées + 2 c. à s. de parmesan. Servir.

Couper le pied terreux de 700 g de champignons de Paris brossés. Les émincer finement. Mélanger 3 c. à s. de vinaigre de vin + 1 c. à s. de moutarde à l'ancienne + 9 c. à s. d'huile d'olive + ½ bouquet de basilic et de persil plat hachés + 1 gousse d'ail et 1 échalote émincées. Mélanger avec les champignons et ajouter 1 crottin de chèvre émietté + 2 c. à s. de noix concassées + 8 tranches de bacon poêlées à sec.

Précuire 5 mn au micro-ondes 1 brocoli en fleurettes et le mélanger avec 3 œufs battus + 40 g de parmesan râpé + 80 g de chèvre frais + 10 cl de crème liquide + 2 c. à s. de persil + 2 c. à s. de ciboulette + 2 c. à s. de pignons de pin + 50 g de gruyère râpé + 100 g d'allumettes de lardons. Mettre dans des moules à muffins et enfourner 25 mn à 180 °C.

Poêler 1 mn/côté 4 filets de cabillaud avec 1 c. à s. d'huile. Réserver le poisson, jeter l'huile. Verser dans la poêle 4 c. à s. de sauce soja + 4 c. à s. de vinaigre balsamique + 2 c. à c. de sucre + 30 g de gingembre frais râpé + 6 gouttes d'huile de sésame. Faire bouillir. Remettre le cabillaud. Cuire 1-2 mn/côté. Parsemer de 1 c. à s. de graines de sésame. Servir avec 600 g de purée de potiron réchauffée.

Poêler 1 oignon émincé avec 1 c. à s. d'huile d'olive. Ajouter 1 boîte de tomates concassées + 1 c. à c. de sucre et mijoter 10 mn. Ajouter 1 boîte de thon + 1 c. à s. de crème liquide et mijoter 2 mn. Parsemer de 1 c. à s. de ciboulette et servir avec 240 g de riz cuit selon les indications du sachet.

Faire suer 30 g de beurre dans 1 casserole, mettre 600 g de poireaux en rondelles. Cuire à feu doux 25 mn à couvert en ajoutant 1 peu d'eau si besoin. Ajouter 4 c. à s. de crème épaisse + 1 c. à s. de moutarde + 2 c. à s. de vin blanc. Cuire encore 10 mn à feu doux. Servir avec 6 chipolatas poêlées 10 mn avec 5 g de beurre.

Poêler 1,2 kg de sauté de veau passé dans 2 c. à s. de farine 10 mn dans 1 cocotte dans 2 c. à s. d'huile d'olive. Ajouter 1,2 kg de petites pommes de terre pelées + 1 oignon et 2 gousses d'ail hachés + 3 branches de thym + 70 g de concentré de tomates + 2 tranches de citron confit en dés + 2 c. à s. de cumin + 15 cl de vin blanc + 25 cl d'eau. Mijoter env. 1 h 15. **Garder les restes pour mardi.**

Courses
Pour 4 personnes

☐ **Ravioles au potiron, à la sauge et au parmesan**

8 plaques de ravioles fraîches, 800 g de pulpe de potiron, 1 pomme de terre, 8 feuilles de sauge, 2 c. à s. de parmesan, 10 cl de crème liquide, 1 bouillon cube de volaille, 1 c. à c. de muscade.

☐ **Salade de champignons aux noix, au chèvre et au bacon**

700 g de champignons de Paris, 2 c. à s. de noix, 1 crottin de chèvre, 8 tranches de bacon, 1 échalote, 1 gousse d'ail, ½ bouquet de basilic et de persil plat, 1 c. à s. de moutarde à l'ancienne, 9 c. à s. d'huile d'olive, 3 c. à s. de vinaigre de vin.

☐ **Petits flans brocoli, lardons et chèvre**

1 brocoli, 100 g d'allumettes de lardons, 80 g de chèvre frais, 50 g de gruyère râpé, 40 g de parmesan râpé, 3 œufs, 10 cl de crème liquide, 2 c. à s. de persil, 2 c. à s. de ciboulette, 2 c. à s. de pignons de pin.

☐ **Cabillaud au sésame**

4 filets de cabillaud, 6 gouttes d'huile de sésame, 600 g de purée de potiron surgelée, 30 g de gingembre frais, 2 c. à c. de sucre, 1 c. à s. de graines de sésame, 4 c. à s. de sauce soja, 4 c. à s. de vinaigre balsamique, 1 c. à s. d'huile.

☐ **Riz au thon et à la tomate**

240 g de riz, 1 boîte de thon, 1 boîte de tomates concassées, 1 oignon, 1 c. à s. de ciboulette, 1 c. à c. de sucre, 1 c. à s. de crème liquide, 1 c. à s. d'huile d'olive.

☐ **Chipolatas et fondue de poireaux**

6 chipolatas, 600 g de poireaux, 35 g de beurre, 4 c. à s. de crème épaisse, 1 c. à s. de moutarde, 2 c. à s. de vin blanc.

☐ **Sauté de veau au citron confit et au cumin**

1,2 kg de sauté de veau, 1,2 kg de petites pommes de terre, 2 tranches de citron confit, 2 c. à s. de cumin, 1 oignon, 2 gousses d'ail, 3 branches de thym, 70 g de concentré de tomates, 2 c. à s. de farine, 15 cl de vin blanc, 2 c. à s. d'huile d'olive.

Et aussi

OCTOBRE 2023

Lundi 9

Lasagnes aux épinards, au chèvre et au jambon sec

15 mn | 35 mn

Mardi 10

Veau au cumin et purée de carottes

5 mn | 10 mn

Mercredi 11

Velouté d'endives à l'ail

10 mn | 40 mn

Jeudi 12

Curry de poulet tout simple

10 mn | 20 mn

Vendredi 13

Boulgour poêlé aux champignons

15 mn | 25 mn

Samedi 14

Quiche haddock, poireaux et cheddar

15 mn | 30 mn | 50 mn

Dimanche 15

Parmentier rapide à l'agneau

15 mn | 20 mn

124

Recettes
Pour 4 personnes

Dans 1 grand saladier, mélanger 250 g de ricotta + 25 cl de crème fraîche + 450 g d'épinards décongelés + 1 c. à c. d'ail déshydraté + 3 c. à s. d'huile d'olive. Dans 1 plat à gratin, étager la ricotta + 12 feuilles de lasagnes + 8 tranches de jambon sec en lanières sur 2 ou 3 couches. Parsemer de 100 g de chèvre frais émietté et 50 g de parmesan et enfourner 35 mn à 200 °C.

Réchauffer les restes du sauté de veau de dimanche et servir avec 600 g de purée de carottes surgelée préparée selon les indications du paquet + 1 salade mesclun.

Dans 1 cocotte, poêler 1 échalote émincée + 5 g de beurre. Ajouter 4 endives émincées + 1 c. à s. de sucre roux. Caraméliser 4 mn. Ajouter 1 l d'eau + 1 bouillon cube. Faire bouillir. Ajouter 1 pomme de terre épluchée en dés + 1 tête d'ail épluchée et dégermée. Cuire 20 mn à feu moyen. Ajouter 10 cl de crème fraîche et mixer. Servir avec 4 c. à c. de ciboulette + 8 tranches de lard fumé poêlées à sec.

Poêler 2 oignons émincés avec 1 c. à s. d'huile à feu vif. Remuer et ajouter 1 c. à s. de curry + 1 c. à c. de cumin. Ajouter 4 blancs de poulet en dés et cuire 5 mn. Baisser le feu et cuire encore 5 mn. Ajouter 1 pincée de paprika et de piment d'Espelette + 2 c. à s. de crème fraîche légère prélevées d'1 pot de 20 cl. Cuire 5 mn et ajouter le reste de crème. Servir avec 250 g de riz.

Poêler à feu vif 600 g de champignons frais mélangés, nettoyés et émincés + 2 c. à s. d'huile d'olive + 1 c. à s. de persil. Lorsque l'eau des champignons s'est évaporée, cuire encore 8-10 mn, jusqu'à ce qu'ils deviennent croustillants. Mélanger avec 200 g de boulgour cuit selon les indications du paquet et servir avec 1 noisette de beurre.

Tremper 30 mn 250 g de haddock sans peau dans 25 cl de lait + 50 cl d'eau. Poêler 2 poireaux et 1 oignon émincés dans 1 noix de beurre. Répartir sur 1 pâte feuilletée + 75 g de cheddar en tranches + le haddock égoutté et émietté. Verser 2 œufs battus mélangés avec 1 pincée de muscade + 6 c. à s. du mélange eau + lait. Recouvrir de 75 g de parmesan râpé et enfourner 40 mn à 200 °C.

Faire blondir 2 oignons émincés + 1 gousse d'ail avec 1 c. à s. d'huile d'olive. Ajouter 600 g d'agneau haché, puis 1 bocal de sauce tomate aux champignons. Cuire 3 mn. Étaler la préparation dans 1 plat à gratin, recouvrir de 800 g de purée de pommes de terre surgelée + 150 g de gruyère râpé. Enfourner 10 mn à 180 °C.

Courses
Pour 4 personnes

- [ ] **Lasagnes aux épinards, au chèvre et au jambon sec**

12 feuilles de lasagnes, 450 g d'épinards surgelés, 100 g de chèvre frais, 8 tranches de jambon sec, 250 g de ricotta, 50 g de parmesan, 25 cl de crème fraîche, 1 c à c. d'ail déshydraté, 3 c. à s. d'huile d'olive.

- [ ] **Veau au cumin et purée de carottes**

Les restes du sauté de veau de dimanche, 600 g de purée de carottes surgelée, 1 salade mesclun.

- [ ] **Velouté d'endives à l'ail**

4 endives, 1 tête d'ail, 1 pomme de terre, 1 échalote, 8 tranches de lard fumé, 10 cl de crème fraîche, 5 g de beurre, 4 c. à c. de ciboulette, 1 c. à s. de sucre roux, 1 bouillon cube.

- [ ] **Curry de poulet tout simple**

250 g de riz, 4 blancs de poulet, 20 cl de crème fraîche légère, 2 oignons, 1 c. à s. de curry, 1 c. à c. de cumin, 1 pincée de paprika et de piment d'Espelette, 1 c. à s. d'huile.

- [ ] **Boulgour poêlé aux champignons**

200 g de boulgour, 600 g de champignons frais mélangés, 1 c. à s. de persil, 1 noisette de beurre, 2 c. à s. d'huile d'olive.

- [ ] **Quiche haddock, poireaux et cheddar**

1 pâte feuilletée, 250 g de haddock, 2 poireaux, 1 oignon, 75 g de cheddar en tranches, 75 g de parmesan râpé, 25 cl de lait, 2 œufs, 1 noix de beurre, 1 pincée de muscade.

- [ ] **Parmentier rapide à l'agneau**

800 g de purée de pommes de terre surgelée, 600 g d'agneau haché, 150 g de gruyère râpé, 1 bocal de sauce tomate aux champignons, 2 oignons, 1 gousse d'ail, 1 c. à s. d'huile d'olive

Et aussi

OCTOBRE

Lundi 16

Pizza aux champignons

15 mn | 15 mn

Mardi 17

Soupe d'automne toute simple

15 mn | 20 mn

Mercredi 18

Saumon aux câpres

10 mn | 15 mn

Jeudi 19

LA quiche lorraine

10 mn | 50 mn

Vendredi 20

Gratin de quinoa aux épinards

15 mn | 35 mn

Samedi 21

Curry de crevettes au lait de coco

10 mn | 15 mn

Dimanche 22

Escalopes de veau à la normande

10 mn | 30 mn

126

Recettes
Pour 4 personnes

Répartir sur 1 pâte à pizza 20 cl de coulis de tomates, puis 4 tranches de jambon blanc en morceaux + 16 champignons de Paris émincés + 80 g de fromage râpé + 1 c. à s. d'origan. Enfourner 15 mn à 250 °C.

Mettre dans 1 Cocotte-Minute 800 g de chair de courge en dés + 4 carottes, 3 pommes de terre, 3 navets et 2 oignons épluchés et en morceaux. Couvrir les légumes avec de l'eau, fermer la cocotte et cuire 20 mn après sifflement. Mixer avec tout ou partie de l'eau + 2 c. à s. de crème fraîche.

Sur 4 feuilles d'aluminium, répartir 1 pavé de saumon + 1 c. à c. de persil. Répartir 1 sauce (20 cl de crème fraîche + 1 échalote + 1 gousse d'ail pilée + 2 c. à s. de câpres + 2 c. à c. de moutarde), fermer les papillotes et enfourner env. 15 mn à 180 °C. Servir avec 600 g de haricots verts.

Répartir sur 1 pâte brisée 1 mélange fait de 3 œufs battus avec 20 cl de crème fraîche + 20 cl de lait + 1 pincée de muscade + 200 g de lardons fumés poêlés à secs et épongés sur du Sopalin. Enfourner 45 mn à 180 °C. Servir avec 1 salade.

Mélanger 240 g de quinoa cuit avec 400 g d'épinards en branches décongelés + 2 oignons émincés (poêlés 5 mn avec 1 noix de beurre) + 2 c. à s. de farine + 20 cl de crème fraîche + 4 œufs battus + 2 c. à s. de persil. Verser dans 1 plat à gratin et parsemer de 80 g de gruyère râpé. Enfourner 20 mn à 180 °C.

Poêler avec 50 g de beurre 1 oignon émincé et 3 gousses d'ail pressées. Ajouter 1 c. à c. de curcuma, de gingembre et de curry + 1 c. à s. de coriandre, mélanger, puis ajouter 20 crevettes roses décortiquées. Les faire dorer 3 mn, puis verser 1 c. à s. de persil plat + 40 cl de lait de coco. Mijoter 5 mn. Servir avec 240 g de riz basmati.

Poêler 4 escalopes de veau avec 1 noix de beurre et les faire flamber avec 2 c. à s. de calvados. Réserver. Porter 20 cl de cidre brut à ébullition dans 1 casserole et ajouter 1 c. à s. de fond de veau. Laisser réduire. Poêler 1 grosse boîte de champignons de Paris et ajouter le cidre + 40 cl de crème fraîche. Ajouter les escalopes et cuire 3 mn à feu doux. Servir avec 1 grosse boîte de petits pois.

Courses
Pour 4 personnes

☐ Pizza aux champignons

1 pâte à pizza, 16 champignons de Paris, 20 cl de coulis de tomates, 4 tranches de jambon blanc, 80 g de fromage râpé, 1 c. à s. d'origan.

☐ Soupe d'automne toute simple

800 g de chair de courge, 4 carottes, 3 pommes de terre, 3 navets, 2 oignons, 2 c. à s. de crème fraîche.

☐ Saumon aux câpres

4 pavés de saumon, 2 c. à s. de câpres, 600 g de haricots verts, 1 échalote, 1 gousse d'ail, 20 cl de crème fraîche, 4 c. à c. de persil, 2 c. à c. de moutarde.

☐ LA quiche lorraine

1 pâte brisée, 200 g de lardons fumés, 3 œufs, 20 cl de crème fraîche, 20 cl de lait, 1 pincée de muscade, 1 salade.

☐ Gratin de quinoa aux épinards

240 g de quinoa cuit, 400 g d'épinards en branches surgelés, 2 oignons, 80 g de gruyère râpé, 20 cl de crème fraîche, 4 œufs, 2 c. à s. de farine, 2 c. à s. de persil, 1 noix de beurre

☐ Curry de crevettes au lait de coco

240 g de riz basmati, 20 crevettes roses décortiquées, 40 cl de lait de coco, 1 c. à c. de curcuma, de gingembre et de curry, 1 oignon, 3 gousses d'ail, 50 g de beurre, 1 c. à s. de coriandre et de persil plat.

☐ Escalopes de veau à la normande

4 escalopes de veau, 20 cl de cidre brut, 2 c. à s. de calvados, 40 cl de crème fraîche, 1 grosse boîte de champignons de Paris, 1 grosse boîte de petits pois, 1 c. à s. de fond de veau, 1 noix de beurre.

Et aussi

OCTOBRE

Lundi
23
Pâtes aux tomates confites et au parmesan
5 mn — 10 mn

Mardi
24
Salade de blé à la courge
15 mn — 20 mn

Mercredi
25
Soupe de patates douces aux lardons
15 mn — 40 mn

Jeudi
26
Merlu au gorgonzola
10 mn — 20 mn

Vendredi
27
Poêlée de pommes de terre au chou
15 mn — 5 mn — 25 mn

Samedi
28
Poulet au gingembre
15 mn — 55 mn

Dimanche
29
Cabillaud aux épices et aux agrumes
10 mn — 40 mn

128

Recettes
Pour 4 personnes

Mélanger 350 g de penne cuites al dente avec 2 c. à s. d'huile d'olive + 20 tomates confites coupées en 2. Servir avec 4 c. à s. de copeaux de parmesan.

Poêler 10 mn la chair d'½ courge butternut en dés + 1 noix de beurre. Laisser tiédir, puis mélanger avec 200 g de blé cuit et refroidi + 2 c. à s. de persil + 1 poignée de graines de courge + les graines d'½ grenade + 100 g de feta émiettée + 60 g de feuilles d'épinards. Mélanger 1 c. à s. de jus de citron + 1 c. à c. de vinaigre de cidre + le jus d'1 orange + 4 c. à s. d'huile d'olive et ajouter la sauce à la salade.

Dans 1 cocotte, poêler 1 oignon émincé + 1 gousse d'ail pilée dans 1 noix de beurre. Ajouter 200 g de pommes de terre et 700 g de patates douces épluchées et en dés + 1 pincée de muscade. Verser 50 cl de bouillon de bœuf. Cuire 30 mn et mixer avec 10 cl de crème liquide. Servir avec 100 g de lardons poêlés à sec.

Poêler dans 1 casserole ½ échalote avec 1 noix de beurre. Ajouter 20 cl de crème liquide. Quand elle est bien chaude, retirer du feu et ajouter 80 g de gorgonzola en morceaux jusqu'à ce qu'il fonde. Poivrer et verser sur 4 filets de merlu cuits à la vapeur. Servir avec 600 g de haricots verts en boîte

Cuire 6 mn 700 g de pommes de terre Charlotte à l'eau bouillante. Les ôter, puis verser l'eau sur 200 g de chou vert finement émincé. Laisser tremper 2 mn. Poêler 200 g de lardons fumés dans 1 sauteuse, puis ajouter 1 oignon émincé. Cuire 3 mn et ajouter les pommes de terre en cubes + 25 g de beurre + le chou égoutté. Cuire à feu vif en mélangeant 10 mn.

Poêler 4 escalopes de poulet en dés avec 2 c. à s. d'huile d'olive env. 10 mn. Réserver et poêler 1 oignon émincé + 3 gousses d'ail pilées + 4 cm de gingembre frais pelé et râpé. Déglacer avec 25 cl de vin blanc sec + 10 cl de sauce soja + 1 c. à s. de miel liquide. Remettre le poulet et mijoter 35 mn. Servir avec 250 g de nouilles chinoises.

Disposer dans 1 plat 1 feuille de papier sulfurisé, puis 2 carottes râpées + 2 c. à s. d'huile d'olive + le jus d'1 orange + 4 filets de cabillaud + 4 tranches de citron confit. Saupoudrer de 4 c. à c. de 4 épices + 1 c. à c. de curry. Enfourner 40 mn à 200 °C. Servir avec 250 g de riz blanc.

Courses
Pour 4 personnes

Pâtes aux tomates confites et au parmesan
350 g de penne, 20 tomates confites, 4 c. à s. de copeaux de parmesan, 2 c. à s. d'huile d'olive.

Salade de blé à la courge
200 g de blé, ½ courge butternut, 60 g de feuilles d'épinards, 1 orange, ½ grenade, 1 c. à s. de jus de citron, 100 g de feta, 1 poignée de graines de courge, 2 c. à s. de persil, 1 noix de beurre, 1 c. à c. de vinaigre de cidre, 4 c. à s. d'huile d'olive.

Soupe de patates douces aux lardons
700 g de patates douces, 200 g de pommes de terre, 1 oignon, 1 gousse d'ail, 100 g de lardons, 50 cl de bouillon de bœuf, 10 cl de crème liquide, 1 pincée de muscade, 1 noix de beurre.

Merlu au gorgonzola
4 filets de merlu, 80 g de gorgonzola, 600 g de haricots verts en boîte, ½ échalote, 20 cl de crème liquide, 1 noix de beurre, poivre.

Poêlée de pommes de terre au chou
700 g de pommes de terre Charlotte, 200 g de chou vert, 1 oignon, 200 g de lardons fumés, 25 g de beurre.

Poulet au gingembre
4 escalopes de poulet, 4 cm de gingembre frais, 250 g de nouilles chinoises, 1 oignon, 3 gousses d'ail, 25 cl de vin blanc sec, 10 cl de sauce soja, 1 c. à s. de miel liquide, 2 c. à s. d'huile d'olive.

Cabillaud aux épices et aux agrumes
4 filets de cabillaud, 4 c. à c. de 4 épices, 1 c. à c. de curry, 4 tranches de citron confit, 1 orange, 2 carottes, 250 g de riz blanc, 2 c. à s. d'huile d'olive.

Et aussi

OCT./NOV.

Lundi **30**

Salade de pâtes d'automne

15 mn · 30 mn

Mardi **31**

Velouté de topinambours et tartines italiennes

15 mn · 45 mn

Mercredi **1**
Toussaint

Tarte au jambon et aux 2 fromages

10 mn · 45 mn

Jeudi **2**

Dinde en rouge et vert

10 mn · 30 mn

Vendredi **3**

Gratin de pâtisson aux lardons

15 mn · 55 mn

Samedi **4**

Penne à la truite

15 mn · 20 mn

Dimanche **5**

Côtes de porc au citron vert

15 mn · 1 h · 20 mn

130

Recettes
Pour 4 personnes

Poêler 5 mn 2 c. à s. de noisettes concassées + 8 feuilles de sauge + 2 c. à s. d'huile d'olive. Poêler 5 mn 200 g de patates douces en petits dés (précuites 5 mn), puis 150 g de kale émincé + 150 g de petits pois surgelés. Cuire 5 mn. Ajouter hors du feu 3 c. à s. d'huile d'olive. Mélanger avec 350 g de penne al dente et refroidies + les noisettes + 80 g de fromage de chèvre émietté.

Poêler 1 oignon émincé dans 1 faitout avec 2 c. à s. d'huile. Ajouter 700 g de topinambours lavés en dés avec la peau. Verser 1 l d'eau + 1 bouillon cube. Faire bouillir, cuire ½ h à feu moyen. Mixer avec 1 partie de l'eau de cuisson + 15 cl de crème liquide. Servir avec 8 tartines (tranches de pain de campagne + 150 g de mozzarella + 4 tranches de jambon cru, gratinées 5 mn sous le gril).

Dans 1 casserole, délayer 2 c. à s de Maïzena dans 25 cl de lait froid, porter à feu doux et remuer jusqu'à ébullition. Ajouter 75 g de comté râpé + 75 g de gruyère râpé. Remuer et attendre que les fromages fondent. Ôter du feu. Une fois la préparation froide, mélanger avec 3 œufs cassés 1 à 1 + 1 pincée de muscade + 100 g d'allumettes de jambon. Répartir sur 1 pâte brisée. Enfourner 30 mn à 200 °C.

Faire dorer 4 escalopes de dinde en lanières avec 2 c. à s. d'huile d'olive. Réserver. Poêler 1 oignon émincé. Une fois doré, verser 1 boîte de tomates concassées + 1 c. à s. de sucre. Mijoter 5 mn. Remettre la dinde et mijoter 10 mn. Servir avec 600 g de fèves surgelées préparées selon les instructions du sachet mélangées avec 2 c. à s. de persil + 1 noix de beurre.

Poêler 250 g de lardons fumés à sec, puis ajouter 1 oignon émincé. Ajouter 250 g de pommes de terre épluchées et en fines rondelles. Rissoler 5 mn. Ajouter 1 pâtisson de 1 kg (coupé en 4, égrené et coupé à la mandoline). Cuire 5 mn. Mélanger hors du feu avec 100 g de gruyère râpé. Verser dans 1 plat, ajouter 1 béchamel, puis répartir 50 g de gruyère râpé. Enfourner 30 mn à 240 °C.

Poêler 3 mn 2 échalotes émincées avec 1 c. à s. d'huile d'olive. Ajouter 4 pavés de truite en dés et cuire 5 mn. Ajouter 20 cl de crème liquide, puis le jus d'½ citron + 1 c. à s. de basilic. Mijoter 2 mn. Servir avec 300 g de penne cuites al dente.

Mariner 1 h 4 côtes de porc en dés dans 1 c. à s. d'huile de sésame + 1 c. à c. de gingembre + les jus et zeste d'1 citron vert + 4 c. à s. de sauce soja. Blondir 2 oignons émincés avec 2 c. à s. d'huile. Poêler le porc sans la marinade, saisir 3 mn à feu vif, puis ajouter les oignons et la marinade. Servir avec 600 g de pommes de terre sautées surgelées préparées + 1 c. à s. de curcuma.

Courses
Pour 4 personnes

☐ Salade de pâtes d'automne
350 g de penne, 200 g de patates douces, 150 g de kale, 150 g de petits pois surgelés, 80 g de fromage de chèvre, 2 c. à s. de noisettes, 8 feuilles de sauge, 5 c. à s. d'huile d'olive.

☐ Velouté de topinambours et tartines italiennes
700 g de topinambours, 1 oignon, 15 cl de crème liquide, 1 bouillon cube, 8 tranches de pain de campagne, 150 g de mozzarella, 4 tranches de jambon cru, 2 c. à s. d'huile.

☐ Tarte au jambon et aux 2 fromages
1 pâte brisée, 100 g d'allumettes de jambon, 75 g de comté râpé, 75 g de gruyère râpé, 25 cl de lait, 3 œufs, 2 c. à s. de Maïzena, 1 pincée de muscade.

☐ Dinde en rouge et vert
4 escalopes de dinde, 600 g de fèves surgelées, 1 boîte de tomates concassées, 1 oignon, 2 c. à s. de persil, 1 c. à s. de sucre, 1 noix de beurre, 2 c. à s. d'huile d'olive.

☐ Gratin de pâtisson aux lardons
1 pâtisson d'1 kg, 250 g de lardons fumés, 250 g de pommes de terre, 1 oignon, 150 g de gruyère râpé, 1 béchamel.

☐ Penne à la truite
300 g de penne, 4 pavés de truite, 2 échalotes, ½ citron, 1 c. à s. de basilic, 20 cl de crème liquide, 1 c. à s. d'huile d'olive.

☐ Côtes de porc au citron vert
4 côtes de porc, 1 citron vert, 600 g de pommes de terre sautées surgelées, 2 oignons, 1 c. à c. de gingembre, 1 c. à s. de curcuma, 4 c. à s. de sauce soja, 2 c. à s. d'huile, 1 c. à s. d'huile de sésame.

Et aussi

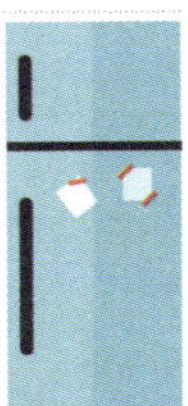

2023

NOVEMBRE

Lundi **6** — Lasagnes potiron-ricotta
15 mn — 45 mn

Mardi **7** — Velouté de chou-fleur au chorizo
10 mn — 30 mn

Mercredi **8** — Tartines jambon et comté
5 mn — 15 mn

Jeudi **9** — Quenelles à la sauce tomate
10 mn — 30 mn

Vendredi **10** — Gnocchis poêlés au potiron
5 mn — 20 mn

Samedi **11** Armistice de 1918 — Salade de lentilles au boudin blanc et aux pistaches
15 mn — 30 mn

Dimanche **12** — Boulettes de crevettes et chutney de mangue
15 mn — 5 mn

132

Recettes
Pour 4 personnes

Cuire à l'eau 15 mn 1 potiron en dés égrené avec la peau. Égoutter, retirer la peau. Mélanger 200 g de ricotta + 2 c. à s. d'huile d'olive + 1 botte de basilic ciselée. Dans 1 plat, étager le potiron mélangé avec 1 bocal de sauce tomate + 12 feuilles de lasagnes + la ricotta. Finir avec 150 g de mozzarella en rondelles + 50 g de parmesan râpé. Enfourner 30 mn à 180 °C.

Dans 1 faitout, poêler 1 oignon émincé + 1 gousse d'ail hachée avec 30 g de beurre. Ajouter 700 g de chou-fleur en fleurettes, puis ajouter 80 cl de lait et de l'eau à hauteur + 1 bouillon cube. Cuire à feu moyen env. 25 mn. Assaisonner et mixer avec tout ou partie de l'eau de cuisson. Servir dans 4 bols et répartir 80 g de chorizo en dés + 2 c. à s. de cacahuètes concassées.

Répartir sur 8 tranches de pain de campagne 8 c. à s. de crème fraîche mélangées avec 8 c. à c. de moutarde et 4 c. à s. de ciboulette. Poser dessus 8 tranches de jambon + 8 tranches de comté. Enfourner 10-15 mn à 180 °C et servir avec 1 salade.

Mixer 2 poivrons rouges grillés avec 30 cl de crème liquide + 5 cl de lait + 100 g de concentré de tomates + 1 pincée de sucre. Déposer 6 quenelles dans 1 plat allant au four et recouvrir de sauce. Parsemer de 70 g de fromage râpé. Enfourner 30 mn à 180 °C. Servir avec 200 g de riz.

Poêler 1 échalote émincée avec 20 g de beurre. Ajouter 200 g de potiron en dés surgelé (précuit au micro-ondes) + 1 c. à s. de persil. Le faire dorer sur toutes ses faces, puis réserver. Cuire 1 gros sachet de gnocchis à poêler env. 4 mn, ajouter le potiron et servir.

Cuire 350 g de lentilles vertes à l'eau avec 1 oignon émincé + 1 carotte en dés + 2 feuilles de laurier. Égoutter et ajouter 2 boudins blancs en rondelles, poêlés 10 mn avec 1 noix de beurre. Servir tiède avec 1 sauce (2 c. à s. d'huile de noix + 2 c. à s. d'huile d'olive + 2 c. à s. de vinaigre de vin + 1 échalote émincée + 1 c. à c. de moutarde). Parsemer de 1 c. à s. de pistaches concassées.

Mixer 15 s 600 g de crevettes roses cuites et décortiquées + 1 carotte + 3 ciboules + 2 gousses d'ail + 1 c. à s. de farine + le zeste d'1 citron vert + 2 c. à s. de coriandre + 1 c. à c. de gingembre. Faire 16 boulettes, les rouler dans 50 g de biscottes mixées, les poêler avec 2 c. à s. d'huile. Servir avec 1 pot de chutney de mangue + le jus d'1 citron vert + 1 sachet de cœurs de laitue.

Courses
Pour 4 personnes

☐ **Lasagnes potiron-ricotta**

12 feuilles de lasagnes, 1 potiron, 200 g de ricotta, 1 bocal de sauce tomate, 1 botte de basilic, 150 g de mozzarella, 50 g de parmesan râpé, 2 c. à s. d'huile d'olive.

☐ **Velouté de chou-fleur au chorizo**

700 g de chou-fleur, 80 g de chorizo, 1 oignon, 1 gousse d'ail, 80 cl de lait, 30 g de beurre, 2 c. à s. de cacahuètes, 1 bouillon cube.

☐ **Tartines jambon et comté**

8 tranches de pain de campagne, 8 tranches de jambon, 8 tranches de comté, 8 c. à s. de crème fraîche, 8 c. à c. de moutarde, 4 c. à s. de ciboulette, 1 salade.

☐ **Quenelles à la sauce tomate**

6 quenelles, 100 g de concentré de tomates, 200 g de riz, 2 poivrons rouges grillés, 70 g de fromage râpé, 30 cl de crème liquide, 5 cl de lait, 1 pincée de sucre.

☐ **Gnocchis poêlés au potiron**

1 gros sachet de gnocchis à poêler, 200 g de potiron en dés surgelé, 1 échalote, 1 c. à s. de persil, 20 g de beurre.

☐ **Salade de lentilles au boudin blanc et aux pistaches**

350 g de lentilles vertes, 2 boudins blancs, 1 c. à s. de pistaches, 1 carotte, 1 oignon, 1 échalote, 2 feuilles de laurier, 2 c. à s. d'huile de noix, 2 c. à s. de vinaigre de vin, 2 c. à s. d'huile d'olive, 1 c. à c. de moutarde, 1 noix de beurre.

☐ **Boulettes de crevettes et chutney de mangue**

600 g de crevettes roses cuites, 1 pot de chutney de mangue, 1 sachet de cœurs de laitue, 3 ciboules, 1 carotte, 2 gousses d'ail, 1 citron vert, 2 c. à s. de coriandre, 1 c. à c. de gingembre, 50 g de biscottes, 1 c. à s. de farine, 2 c. à s. d'huile.

Et aussi

NOVEMBRE 2023

Lundi **13**

Tagliatelles au chorizo croustillant

10 mn · 25 mn

Mardi **14**

Velouté de fèves et de petits légumes

15 mn · 30 mn

Mercredi **15**

Galettes de Saint-Jacques à la fondue de poireaux

10 mn · 15 mn

Jeudi **16**

Tartare de saumon à la mangue et aux baies roses

15 mn · 1 h

Vendredi **17**

Riz et lentilles corail coco-curry

15 mn · 35 mn

Samedi **18**

Cabillaud à l'oseille

10 mn · 25 mn

Dimanche **19**

Filet mignon au chou-fleur à la provençale

10 mn · 30 mn · 40 mn

134

Recettes

Pour 4 personnes

Poêler 2 échalotes ciselées avec 20 g de beurre env. 10 mn. Ajouter 2 gousses d'ail pressées + 50 g de chorizo (brièvement mixé) et cuire 2 mn. Ajouter 2 c. à s. d'huile d'olive + 50 g de pain dur (brièvement mixé). Cuire 3 mn. Mélanger avec 400 g de tagliatelles fraîches al dente + 1 c. à s. d'huile d'olive + 2 c. à s. de persil + le zeste d'1 citron.

Poêler 75 g de lardons fumés dans 1 cocotte et ajouter 1 branche de céleri, 1 poireau et 1 oignon émincés + 3 gousses d'ail hachées + 2 carottes en rondelles. Lorsque les légumes sont dorés, ajouter 450 g de fèves pelées surgelées et cuire 2 mn. Verser de l'eau à hauteur + ½ verre de vin blanc + 1 bouillon cube. Laisser bouillir à petit feu 20 mn. Mixer avec 1 c. à s. de Boursin.

Poêler 16 noix de Saint-Jacques 1 mn/côté avec 1 noix de beurre. Ajouter 2 c. à s. de ciboulette et réserver. Poêler 1 galette de blé noir et répartir 75 g de fondue de poireaux surgelée préparée selon les instructions du paquet. Ajouter 4 noix de Saint-Jacques cuites. Plier la galette et réchauffer 1 mn. Servir. Recommencer avec les 3 autres galettes.

Couper 600 g de saumon en cubes avec un couteau tranchant. Mélanger avec 1 mangue en dés + 1 c. à s. de vinaigre balsamique et d'huile d'olive + 2 c. à c. de baies roses + 1 échalote émincée + 2 c. à s. de ciboulette et de coriandre + le jus d'1 citron vert. Laisser refroidir 1 h minimum. Servir avec 1 salade + 4 tranches de pain grillées + 100 g de fromage frais.

Cuire à l'eau 250 g de lentilles corail + 2 carottes en rondelles env. 20 mn. Poêler 1 oignon émincé avec 1 c. à s. d'huile d'olive Ajouter 1 c. à s. de concentré de tomates + 2 gousses d'ail hachées + 2 c. à c. de curry + 1 c. à c. de gingembre. Mélanger et verser 20 cl de lait de coco. Mijoter 5 mn et servir avec 200 g de riz basmati.

Poêler 2 échalotes émincées avec 1 noix de beurre. Ajouter 25 cl de vin blanc + 1 bouquet d'oseille + 1 tablette de court-bouillon. Faire réduire de moitié. Ajouter 4 c. à s. d'eau et réduire encore. Ajouter 20 cl de crème fraîche et faire épaissir. Mixer et servir sur 4 pavés de cabillaud cuits à la vapeur. Servir avec 600 g de julienne de légumes surgelée préparée selon les instructions du paquet.

Mariner 30 mn 1 chou-fleur en fleurettes avec 15 cl de crème liquide mélangée avec 2 c. à s. de moutarde à l'ancienne. Répartir dans 1 plat allant au four 8 tranches de lard fumé côte à côte et se chevauchant légèrement, puis déposer 1 filet mignon de porc dessus et enrouler les tranches autour. Ajouter 4 brins de romarin sur le rôti et répartir le chou-fleur. Enfourner 40 mn à 180 °C.

Courses

Pour 4 personnes

☐ **Tagliatelles au chorizo croustillant**

400 g de tagliatelles fraîches, 50 g de chorizo, 50 g de pain dur, 2 échalotes, 2 gousses d'ail, 1 citron, 2 c. à s. de persil, 20 g de beurre, 3 c. à s. d'huile d'olive.

☐ **Velouté de fèves et de petits légumes**

450 g de fèves pelées surgelées, 2 carottes, 1 branche de céleri, 1 poireau, 1 oignon, 3 gousses d'ail, 75 g de lardons fumés, 1 c. à s. de Boursin, ½ verre de vin blanc, 1 bouillon cube.

☐ **Galettes de Saint-Jacques à la fondue de poireaux**

4 galettes de blé noir, 16 noix de Saint-Jacques, 300 g de fondue de poireaux surgelée, 2 c. à s. de ciboulette, 1 noix de beurre.

☐ **Tartare de saumon à la mangue et aux baies roses**

600 g de saumon, 1 mangue, 2 c. à c. de baies roses, 1 salade, 1 échalote, 1 citron vert, 4 tranches de pain, 100 g de fromage frais, 2 c. à s. de ciboulette et de coriandre, 1 c. à s. de vinaigre balsamique et d'huile d'olive.

☐ **Riz et lentilles corail coco-curry**

250 g de lentilles corail 200 g de riz basmati 20 cl de lait de coco, 2 c. à c. de curry, 2 carottes, 1 oignon, 2 gousses d'ail, 1 c. à s. de concentré de tomates, 1 c. à c. de gingembre, 1 c. à s. d'huile d'olive.

☐ **Cabillaud à l'oseille**

4 pavés de cabillaud, 1 bouquet d'oseille, 600 g de julienne de légumes surgelée, 2 échalotes, 25 cl de vin blanc, 20 cl de crème fraîche, 1 tablette de court-bouillon, 1 noix de beurre.

☐ **Filet mignon au chou-fleur à la provençale**

1 filet mignon de porc, 1 chou-fleur, 4 brins de romarin, 8 tranches de lard fumé, 15 cl de crème liquide, 2 c. à s. de moutarde à l'ancienne.

Et aussi

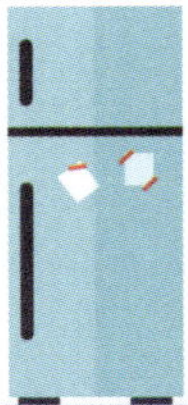

NOVEMBRE

Lundi 20 — Tortis au gorgonzola et aux noix
5 mn / 20 mn

Mardi 21 — Salade d'endives gourmande
10 mn / 5 mn

Mercredi 22 — Tarte aux légumes d'hiver
10 mn / 45 mn

Jeudi 23 — Bricks au porc à l'orientale
15 mn / 20 mn

Vendredi 24 — Crumble de potiron au jambon
15 mn / 50 mn

Samedi 25 — Potée au chou vert
10 mn / 55 mn

Dimanche 26 — Lasagnes aux 2 viandes
15 mn / 45 mn

136

Recettes

Pour 4 personnes

Poêler ½ échalote avec 1 noix de beurre. Ajouter 15 cl de crème liquide légère, puis 100 g de gorgonzola jusqu'à ce qu'il fonde. Mélanger avec 400 g de tortis cuits al dente et ajouter 40 g de noix concassées + 2 c. à s. de parmesan.

Mélanger 4 endives émincées avec 80 g de roquefort émietté + 80 g de comté en dés. Ajouter 8 tranches de lard fumé poêlées à sec et émiettées. Mélanger 2 c. à s. de vinaigre de cidre avec 1 c. à s. de moutarde + 4 c. à s. de fromage blanc et ajouter la sauce aux endives. Parsemer de 1 c. à s. de persil et servir.

Cuire à la vapeur 1 poireau émincé + 4 carottes en rondelles + 1 navet et 2 pommes de terre en petits dés. Mélanger avec 1 c. à s. de persil + 2 œufs battus + 2 c. à s. de crème fraîche + 10 cl de lait. Répartir sur 1 pâte brisée et parsemer de 60 g de fromage râpé. Enfourner 25 mn à 180 °C.

Poêler 1 oignon émincé dans 1 c. à s. d'huile. Ajouter 200 g de chair à saucisses + 1 petit pot de concentré de tomates + 4 gouttes de Tabasco + 2 c. à c. de 4 épices + 1 peu d'eau. Hors du feu, ajouter 4 c. à s. de fromage blanc + 1 c. à s. de coriandre + 30 g de pignons. Farcir 12 feuilles de brick avec la préparation et dorer avec 1 jaune d'œuf. Enfourner 10 mn à 200 °C. Servir avec 1 salade.

Cuire à l'eau 12 mn après ébullition 800 g de chair de potiron en dés et l'écraser à la fourchette avec 1 c. à c. de muscade. Poêler 2 oignons émincés avec 1 c. à s. d'huile d'olive. Déposer le potiron dans 1 plat à gratin, parsemer de 100 g d'allumettes de jambon et des oignons et recouvrir d'1 crumble (mixer 150 g de farine + 100 g de parmesan râpé + 60 g de beurre). Enfourner 30 mn à 200 °C.

Couper 1 chou vert en 4, le faire blanchir 5 mn, puis le rincer. Dans 1 cocotte, mettre le chou + 4 carottes en rondelles + 1 oignon émincé + 1 bouillon cube + ½ verre de vin blanc. Couvrir d'eau et cuire 30 mn. Ajouter 4 pommes de terre épluchées et en rondelles + 2 saucisses de Montbéliard + 1 saucisse de Morteau et cuire encore 20 mn.

Poêler 1 oignon émincé + 1 c. à s. d'herbes de Provence + 2 c. à s. d'huile d'olive. Ajouter 250 g de bœuf et 250 g d'agneau hachés. Cuire 2-3 mn. Dans 1 plat, étager 50 cl de sauce tomate, 12 feuilles de lasagnes, la viande et 20 cl de crème fraîche diluée avec 4 c. à s. de lait. Finir avec 100 g de mozzarella en rondelles + 100 g de gruyère râpé. Enfourner 35 mn à 200 °C. Servir avec 1 salade.

Courses

Pour 4 personnes

☐ **Tortis au gorgonzola et aux noix**

400 g de tortis, 100 g de gorgonzola, 40 g de noix, 15 cl de crème liquide légère, 2 c. à s. de parmesan, 1 noix de beurre, ½ échalote.

☐ **Salade d'endives gourmande**

4 endives, 80 g de roquefort, 80 g de comté, 8 tranches de lard fumé, 4 c. à s. de fromage blanc, 1 c. à s. de moutarde, 1 c. à s. de persil, 2 c. à s. de vinaigre de cidre.

☐ **Tarte aux légumes d'hiver**

1 pâte brisée, 4 carottes, 2 pommes de terre, 1 poireau, 1 navet, 1 c. à s. de persil, 60 g de fromage râpé, 10 cl de lait, 2 œufs, 2 c. à s. de crème fraîche.

☐ **Bricks au porc à l'orientale**

12 feuilles de brick, 200 g de chair à saucisses, 1 petit pot de concentré de tomates, 4 gouttes de Tabasco, 2 c. à c. de 4 épices, 1 c. à s. de coriandre, 30 g de pignons, 1 oignon, 1 salade, 4 c. à s. de fromage blanc, 1 jaune d'œuf, 1 c. à s. d'huile.

☐ **Crumble de potiron au jambon**

800 g de chair de potiron, 2 oignons, 100 g d'allumettes de jambon, 150 g de farine, 100 g de parmesan râpé, 60 g de beurre, 1 c. à c. de muscade, 1 c. à s. d'huile d'olive.

☐ **Potée au chou vert**

1 chou vert, 4 pommes de terre, 4 carottes, 1 oignon, 2 saucisses de Montbéliard, 1 saucisse de Morteau, ½ verre de vin blanc, 1 bouillon cube.

☐ **Lasagnes aux 2 viandes**

12 feuilles de lasagnes, 250 g de bœuf haché, 250 g d'agneau haché, 100 g de mozzarella, 100 g de gruyère râpé, 1 salade, 1 oignon, 1 c. à s. d'herbes de Provence, 50 cl de sauce tomate, 20 cl de crème fraîche, 4 c. à s. de lait, 2 c. à s. d'huile d'olive.

137

Et aussi

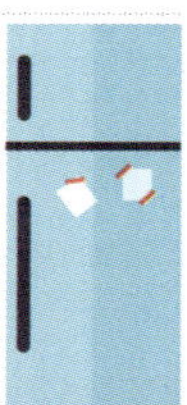

NOV./DÉC.

Lundi **27** — Coquillettes aux poireaux fondants — 10 mn / 50 mn

Mardi **28** — Velouté tout doux châtaignes et courge — 15 mn / 45 mn

Mercredi **29** — Œufs à la coque et soupe — 5 mn / 5 mn

Jeudi **30** — Saucisses et lentilles corail — 10 mn / 30 mn

Vendredi **1** — Crozets au jambon — 10 mn / 25 mn

Samedi **2** — Tarte aux oignons, au bleu et au miel — 10 mn / 45 mn

Dimanche **3** — Nouilles sautées au poulet — 10 mn / 2 h / 35 mn

Recettes
Pour 4 personnes

Poêler 600 g de poireaux émincés avec 30 g de beurre dans 1 casserole. Cuire à feu doux 25 mn à couvert en ajoutant 1 peu d'eau si besoin. Ajouter 4 c. à s. de crème épaisse + 1 c. à s. de moutarde + 2 c. à s. de vin blanc. Cuire encore 10 mn à feu doux. Mélanger avec 300 g de coquillettes cuites al dente, ajouter 2 c. à s. de parmesan et servir.

Poêler dans 1 sauteuse avec 40 g de beurre 1 bocal de châtaignes sous vide (420 g) env. 10 mn. Réserver. Ajouter 20 g de beurre et poêler 1 oignon émincé. Ajouter la chair d'1 petite courge butternut en dés + les châtaignes + 1 bouillon cube + 1 l de lait. Porter à ébullition et laisser mijoter 30 mn. Mixer et servir avec 4 tranches de pain grillées. **Garder les restes pour le lendemain.**

Cuire 6 œufs à la coque et servir les restes de soupe de la veille + 1 salade + 1 vinaigrette.

Cuire 2 carottes épluchées et en dés dans 1 grand volume d'eau 10 mn après ébullition. Ajouter 250 g de lentilles corail + 1 c. à c. de curry, couvrir et cuire encore 10-15 mn. Saupoudrer de 1 c. à s. de coriandre et servir avec 6 chipolatas ou merguez poêlées avec 1 c. à s. d'huile d'olive. Accompagner de 4 c. à c. de moutarde douce.

Préparer 1 bouillon avec 1 l d'eau + 2 bouillons Kub or. Poêler 1 oignon émincé avec 1 noix de beurre dans 1 marmite, ajouter 400 g de crozets, puis le bouillon louche par louche pendant 20 mn. Ajouter 4 tranches de jambon tranchées 2 mn avant la fin de la cuisson.

Poêler 2 gros oignons émincés 10 mn avec 2 c. à s. d'huile d'olive. Ajouter 1 c. à c. de miel en fin de cuisson. Les répartir sur 1 pâte feuilletée et ajouter 1 mélange fait de 2 œufs battus + 15 cl de crème de soja + 60 g de bleu émietté. Enfourner 35 mn à 200 °C. Servir avec 1 salade de jeunes pousses.

Mariner 2 h 4 escalopes de poulet en dés avec 1 oignon émincé + 2 c. à s. d'huile d'olive + 4 c. à s. de sauce soja + 1 c. à s. de persil plat et de coriandre. Poêler 10 mn le poulet + la marinade. Ajouter 500 g de julienne de légumes surgelée (cuite à l'eau). Cuire 2 mn et ajouter 1 paquet de nouilles chinoises al dente. Ajouter 4 c. à s. de sauce soja + 2 c. à s. de nuoc-mâm + 2 c. à c. de sucre et mélanger.

Courses
Pour 4 personnes

- [ ] Coquillettes aux poireaux fondants

300 g de coquillettes, 600 g de poireaux, 30 g de beurre, 4 c. à s. de crème épaisse, 2 c. à s. de parmesan, 2 c. à s. de vin blanc, 1 c. à s. de moutarde.

- [ ] Velouté tout doux châtaignes et courge

1 bocal de châtaignes sous vide (420 g), 1 petite courge butternut, 1 oignon, 60 g de beurre, 1 l de lait, 4 tranches de pain, 1 bouillon cube.

- [ ] Œufs à la coque et soupe

6 œufs, les restes de soupe de la veille, 1 salade, 1 vinaigrette.

- [ ] Saucisses et lentilles corail

6 chipolatas ou merguez, 250 g de lentilles corail, 2 carottes, 4 c. à c. de moutarde douce, 1 c. à s. de coriandre, 1 c. à c. de curry, 1 c. à s. d'huile d'olive.

- [ ] Crozets au jambon

400 g de crozets, 4 tranches de jambon, 1 oignon, 2 bouillons Kub or, 1 noix de beurre.

- [ ] Tarte aux oignons, au bleu et au miel

1 pâte feuilletée, 2 gros oignons, 60 g de bleu, 1 c. à c. de miel, 1 salade de jeunes pousses, 2 œufs, 15 cl de crème de soja, 2 c. à s. d'huile d'olive.

- [ ] Nouilles sautées au poulet

1 paquet de nouilles chinoises, 4 escalopes de poulet, 500 g de julienne de légumes surgelée, 1 oignon, 1 c. à s. de persil plat et de coriandre, 8 c. à s. de sauce soja, 2 c. à s. de nuoc-mâm, 2 c. à s. d'huile d'olive, 2 c. à c. de sucre.

Et aussi

DÉCEMBRE 2023

Lundi **4**

Brocolis poêlés aux noix et au roquefort

15 mn 30 mn

Mardi **5**

Velouté de champignons rapide et œufs brouillés

15 mn 35 mn

Mercredi **6**

Cake aux légumes d'hiver

15 mn 55 mn

Jeudi **7**

Wraps au jambon sec et à la crème de tomates séchées

10 mn 5 mn

Vendredi **8**

Gratin de potiron au riz

10 mn 25 mn

Samedi **9**

Lasagnes poireaux, saumon et mascarpone

15 mn 2 h 50 mn

Dimanche **10**

Poulet rôti aux épices et aux 2 patates

20 mn 1 h 15

140

Recettes

Pour 4 personnes

Poêler à sec 100 g de lardons. Réserver. Poêler 1 oignon émincé + 1 gousse d'ail hachée dans la même poêle. Ajouter 200 g de champignons de Paris brossés et émincés et cuire 5 mn. Ajouter 600 g de brocolis (cuits 8 mn au micro-ondes avec 1 peu d'eau) en fleurettes égouttés + les lardons. Mijoter 2 mn. Ajouter 50 g de roquefort émietté, cuire 2 mn. Saupoudrer de 30 g de noix concassées et servir.

Poêler 2 oignons émincés avec 1 c. à s. d'huile d'olive et ajouter 500 g de champignons de Paris brossés et émincés. Ajouter 2 gousses d'ail hachées. Cuire 15-20 mn. Ajouter 1 l d'eau + 1 bouillon cube et faire bouillir. Mixer le tout avec 1 c. à s. de crème fraîche – 1 c. à s. de persil et servir avec 6 œufs battus et brouillés à la poêle avec 1 noix de beurre, puis parsemés d'1 c. à s. de noisettes concassées.

Cuire à la vapeur 1 poireau émincé, 3 carottes en dés et 200 g de brocolis en petites fleurettes. Mélanger 3 œufs battus + 150 g de farine + 1 sachet de levure + 3 c. à s. d'huile de noix + 12 cl de lait. Ajouter 100 g de tomme râpée + 80 g d'allumettes de jambon + les légumes. Verser dans 1 moule à cake beurré et enfourner 40 mn à 180 °C. Servir avec 1 salade.

Sur 6 tortillas de blé poêlées 1 mn, répartir 150 g de fromage frais + 100 g de crème de tomates séchées + 6 c. à c. de jus de citron + 6 c. à s. de vinaigre balsamique + 6 tranches de jambon sec. Enrouler, couper en 2 et servir avec 4 endives finement émincées + 1 vinaigrette.

Mélanger 100 g de riz cuit 10 mn avec 800 g de purée de potiron décongelée + 1 noix de beurre + 2 œufs battus + 2 c. à s. de crème + 1 c. à c. de muscade + 50 g de comté râpé. Mettre dans 1 plat à gratin et parsemer de 50 g de comté râpé. Enfourner 15 mn à 210 °C.

Poêler 15 mn 5 poireaux émincés + 2 c. à s. d'huile d'olive. Mélanger 300 g de mascarpone + 30 cl de crème fraîche + 2 œufs battus + 1 c. à s. de thym. Ajouter les poireaux + 3 pavés de saumon frais en petits dés. Étager la sauce avec 12 feuilles de lasagnes (précuites 1 mn à l'eau). Saupoudrer de 50 g de parmesan. Réserver 2 h au frais et enfourner 35 mn à 180 °C.

Éplucher 6 pommes de terre et 2 patates douces et les couper en gros bâtonnets. Arroser avec 4 c. à s. d'huile d'olive, assaisonner et ajouter 1 c. à s. de cumin, ½ c. à c. de cannelle, de piment d'Espelette, de paprika et de noix de muscade. Mélanger. Placer 1 poulet fermier dans 1 plat et disperser les patates autour. Enfourner env. 1 h 15 à 190 °C en arrosant d'eau 1 à 2 fois.

Courses

Pour 4 personnes

☐ **Brocolis poêlés aux noix et au roquefort**

600 g de brocolis, 30 g de noix, 50 g de roquefort, 200 g de champignons de Paris, 1 oignon, 1 gousse d'ail, 100 g de lardons.

☐ **Velouté de champignons rapide et œufs brouillés**

500 g de champignons de Paris, 2 oignons, 2 gousses d'ail, 1 c. à s. de persil, 1 c. à s. de noisettes, 6 œufs, 1 c. à s. de crème fraîche, 1 noix de beurre, 1 bouillon cube, 1 c. à s. d'huile d'olive.

☐ **Cake aux légumes d'hiver**

200 g de brocolis, 3 carottes, 1 poireau, 1 salade, 150 g de farine, 1 sachet de levure, 100 g de tomme, 80 g d'allumettes de jambon, 3 œufs, 12 cl de lait, 3 c. à s. d'huile de noix, 1 noix de beurre.

☐ **Wraps au jambon sec et à la crème de tomates séchées**

6 tortillas de blé, 6 tranches de jambon sec, 100 g de crème de tomates séchées, 150 g de fromage frais, 4 endives, 6 c. à c. de jus de citron, 6 c. à s. de vinaigre balsamique, 1 vinaigrette.

☐ **Gratin de potiron au riz**

800 g de purée de potiron surgelée, 100 g de riz, 100 g de comté râpé, 2 œufs, 2 c. à s. de crème, 1 noix de beurre, 1 c. à c. de muscade.

☐ **Lasagnes poireaux, saumon et mascarpone**

12 feuilles de lasagnes, 5 poireaux, 3 pavés de saumon frais, 300 g de mascarpone, 50 g de parmesan, 30 cl de crème fraîche, 2 œufs, 1 c. à s. de thym, 2 c. à s. d'huile d'olive.

☐ **Poulet rôti aux épices et aux 2 patates**

1 poulet fermier, 1 c. à s. de cumin, ½ c. à c. de cannelle, de piment d'Espelette, de paprika et de noix de muscade, 6 pommes de terre, 2 patates douces, 4 c. à s. d'huile d'olive.

141

Et aussi

DÉCEMBRE 2023

Lundi
11
Tagliatelles aux petits légumes d'hiver
10 mn — 35 mn

Mardi
12
Salade de lentilles au saumon fumé et au citron confit
15 mn — 30 mn

Mercredi
13
Soufflés à la mimolette
15 mn — 40 mn

Jeudi
14
Wok de poulet
10 mn — 45 mn

Vendredi
15
Chou-fleur rôti
10 mn — 20 mn

Samedi
16
Galettes fromage et confit d'oignons
10 mn — 10 mn

Dimanche
17
Purée de topinambours et steaks hachés
20 mn — 20 mn

142

Recettes
Pour 4 personnes

Poêler à feu moyen 1 panais + 1 carotte + ½ brocoli en morceaux avec 1 c. à s. d'huile d'olive + ½ c. à c. de cumin + ½ c. à c. de muscade. Laisser confire 20 mn à feu doux. Mélanger avec 500 g de tagliatelles fraîches cuites al dente + 1 c. à s. d'huile de noix + 40 g de noisettes concassées + 100 g de tomme en dés.

Cuire à l'eau 30 mn 250 g de lentilles vertes avec 2 carottes en dés + 1 échalote finement hachée + 2 feuilles de laurier. Égoutter, laisser refroidir et mélanger avec 200 g de saumon fumé en lanières + 4 tranches de citron confit en petits dés. Assaisonner avec le jus d'1 citron mélangé à celui d'1 orange + 4 c. à s. d'huile d'olive. Parsemer de 2 c. à s. de persil plat et servir frais.

Chauffer dans 1 casserole à feu doux 40 g de beurre + 40 g de farine. Remuer 1 mn. Ajouter 35 cl de lait tiédi et fouetter 3 à 5 mn. Hors du feu, ajouter 5 jaunes d'œufs 1 à 1 + 200 g de mimolette râpée + 1 c. à c. de muscade. Incorporer 5 blancs d'œufs montés en neige ferme. Cuire dans 4 ramequins 35 mn au four à 180 °C. Servir avec 1 salade.

Poêler 4 escalopes de poulet en dés avec 2 c. à s. d'huile d'olive. Ajouter 1 gousse d'ail pilée + 1 oignon émincé + 140 g de soja en boîte + 2 carottes râpées + 140 g de petits pois décongelés + 4 fleurettes de brocoli décongelées + 1 c. à s. de curry + 1 c. à s. de sauce soja + 20 cl d'eau. Mijoter 30 mn et ajouter 1 paquet de nouilles de riz cuites au préalable.

Mélanger 1 petit chou-fleur lavé et détaillé en fleurettes + 2 c. à s. d'huile d'olive + sel + poivre. Disposer sur du papier sulfurisé. Enfourner 20 mn à 200 °C jusqu'à ce qu'il dore. Servir avec 1 sauce (2 c. à s. de purée de sésame + 3 c. à s. de jus de citron + 1 c. à s. de crème épaisse + 2 c. à s. d'amandes entières + 2 c. à s. de raisins secs) + 4 tranches de jambon de dinde.

Réchauffer 1 galette de blé noir à la poêle avec 1 noisette de beurre. Déposer 1 c. à s. de confit d'oignons + 1 tranche de jambon coupée en 2 + 10 g de gruyère râpé + ¼ de bûche de chèvre + 1 c. à c. de miel + 4 cerneaux de noix. Attendre que les fromages fondent légèrement et refermer la galette. Recommencer avec 3 autres galettes et servir avec 1 salade.

Cuire à l'eau 500 g de topinambours et 300 g de pommes de terre épluchés et en cubes. Les mixer avec 10 cl de lait + 1 jaune d'œuf + 1 pincée de muscade. Servir avec 4 steaks hachés poêlés quelques mn avec 1 c. à s. d'huile.

Courses
Pour 4 personnes

☐ **Tagliatelles aux petits légumes d'hiver**
500 g de tagliatelles fraîches, ½ brocoli, 1 panais, 1 carotte, 100 g de tomme, 40 g de noisettes, ½ c. à c. de cumin, ½ c. à c. de muscade, 1 c. à s. d'huile de noix, 1 c. à s. d'huile d'olive.

☐ **Salade de lentilles au saumon fumé et au citron confit**
250 g de lentilles vertes, 200 g de saumon fumé, 4 tranches de citron confit, 2 carottes, 1 échalote, 1 orange, 1 citron, 2 feuilles de laurier, 2 c. à s. de persil plat, 4 c. à s. d'huile d'olive.

☐ **Soufflés à la mimolette**
200 g de mimolette râpée, 40 g de beurre, 5 œufs, 35 cl de lait, 40 g de farine, 1 c. à c. de muscade, 1 salade.

☐ **Wok de poulet**
4 escalopes de poulet, 1 paquet de nouilles de riz, 140 g de soja en boîte, 140 g de petits pois surgelés, 4 fleurettes de brocoli surgelées, 2 carottes, 1 oignon, 1 gousse d'ail, 1 c. à s. de curry, 2 c. à s. d'huile d'olive, 1 c. à s. de sauce soja.

☐ **Chou-fleur rôti**
1 petit chou-fleur, 4 tranches de jambon de dinde, 2 c. à s. d'amandes entières, 2 c. à s. de raisins secs, 3 c. à s. de jus de citron, 2 c. à s. de purée de sésame, 1 c. à s. de crème épaisse, 2 c. à s. d'huile d'olive, sel, poivre.

☐ **Galettes fromage et confit d'oignons**
4 galettes de blé noir, 1 bûche de chèvre, 40 g de gruyère râpé, 4 c. à s. de confit d'oignons, 4 tranches de jambon, 16 cerneaux de noix, 4 c. à c. de miel, 4 noisettes de beurre, 1 salade.

☐ **Purée de topinambours et steaks hachés**
500 g de topinambours, 300 g de pommes de terre, 4 steaks hachés, 10 cl de lait, 1 jaune d'œuf, 1 pincée de muscade, 1 c. à s. d'huile.

Et aussi

DÉCEMBRE

Lundi **18**

Pâtes à la crème et au poulet

10 mn 25 mn

Mardi **19**

Buddha bowl d'hiver

15 mn 25 mn

Mercredi **20**

Tarte campagnarde au camenbert

10 mn 25 mn

Jeudi **21**

Filets de bar exotiques

15 mn 25 mn

Vendredi **22**

Tagliatelles aux crevettes, aux petits légumes et au curry

10 mn 25 mn

Samedi **23**

Soupe au chou

20 mn 1 h 40

Dimanche **24**

Mousses de légumes d'hiver et tartines de fromage frais

15 mn 55 mn

144

Recettes

Pour 4 personnes

Poêler 1 échalote finement hachée dans 30 g de beurre. Ajouter 1 bouillon cube + 20 cl de vin blanc et cuire 2 mn. Ajouter 2 escalopes de poulet en lanières. Cuire 8 mn en mélangeant. Ajouter 6 c. à s. de crème épaisse + 1 c. à s. d'estragon + 350 g de fusilli cuits al dente, cuire 2 mn et servir.

Répartir dans 4 grands bols 1 boîte de lentilles cuisinées + 100 g de riz brun cuit à l'eau + 2 œufs durs coupés en 2 + 2 avocats en lamelles + 200 g de brocolis en fleurettes et 200 g de patates douces en dés, cuits à la vapeur et poêlés 5 mn avec 1 c. à s. d'huile d'olive + 16 noix du Brésil concassées + 200 g de betteraves cuites et 150 g de feta en dés. Arroser du jus d'1 citron + 4 c. à s. d'huile d'olive.

Étaler sur 1 pâte feuilletée 1 c. à s. de moutarde douce + 3 tranches de jambon en lanières + 70 g de gruyère râpé + 1 camembert en tranches + 1 c. à s. d'ail déshydraté + 1 c. à s. de persil + 1 c. à s. d'huile d'olive. Enfourner 25 mn à 200 °C. Servir avec 200 g de maïs + 1 salade + 1 vinaigrette.

Mettre 4 filets de bar dans 1 plat, y poser 1 citron vert en tranches fines et arroser du jus d'1 combava + d'1 filet d'huile d'olive. Enfourner 12-15 mn à 180 °C. Poêler 2 échalotes émincées avec 10 g de beurre. Ajouter 15 cl de crème liquide + le jus de 4 fruits de la passion. Réduire le feu, mijoter 5 mn. Servir sur le poisson avec 600 g de purée de patate douce et parsemer d'1 poignée de coriandre fraîche.

Poêler 2 oignons émincés avec 1 noix de beurre. Ajouter 200 g de julienne de légumes décongelée, cuire 3 mn. Ajouter 16 crevettes roses décortiquées et mijoter 5 mn. Verser 40 cl de crème semi-épaisse légère + 1 c. à s. de curry. Mélanger et mijoter 5 mn. Ajouter 400 g de tagliatelles fraîches cuites al dente et servir.

Blanchir 1 petit chou vert entier 3-4 mn. Dans 1 marmite, mettre le chou refroidi en lanières + 4 carottes pelées et en rondelles + 4 pommes de terre pelées et en gros dés + 1 navet en petits morceaux. Couvrir d'eau à hauteur, ajouter 2 c. à s. de thym + 2 feuilles de laurier + 2 bouillons cubes. Mijoter 1 h 30. Retirer le laurier et mixer. Ajouter 8 tranches de lard poêlées à sec et servir.

Cuire à l'eau avec 2 bouillons cubes 300 g de carottes et 300 g de panais en rondelles + 200 g de pommes de terre épluchées et en morceaux. Égoutter et réduire en purée. Ajouter 4 œufs battus + 2 jaunes + 10 cl de crème liquide + 1 c. à s. de persil. Remplir 4 ramequins et enfourner env. 35 mn à 180 °C. Servir avec 6 tranches de pain grillées et tartinées de 6 c. à s. de fromage frais + 1 salade.

Courses

Pour 4 personnes

☐ Pâtes à la crème et au poulet

350 g de fusilli, 6 c. à s. de crème épaisse, 2 escalopes de poulet, 1 échalote, 30 g de beurre, 20 cl de vin blanc, 1 c. à s. d'estragon, 1 bouillon cube.

☐ Buddha bowl d'hiver

100 g de riz brun, 1 boîte de lentilles cuisinées, 150 g de feta, 2 œufs, 200 g de brocolis, 200 g de betteraves cuites, 200 g de patates douces, 2 avocats, 1 citron, 16 noix du Brésil, 5 c. à s. d'huile d'olive.

☐ Tarte campagnarde au camembert

1 pâte feuilletée, 1 camembert, 70 g de gruyère râpé, 3 tranches de jambon, 200 g de maïs, 1 salade, 1 c. à s. d'ail déshydraté, 1 c. à s. de persil, 1 c. à s. de moutarde douce, 1 vinaigrette, 1 c. à s. d'huile d'olive.

☐ Filets de bar exotiques

4 filets de bar, 4 fruits de la passion, 1 citron vert, 1 combava, 600 g de purée de patate douce, 2 échalotes, 1 poignée de coriandre fraîche, 15 cl de crème liquide, 10 g de beurre, 1 filet d'huile d'olive.

☐ Tagliatelles aux crevettes, aux petits légumes et au curry

400 g de tagliatelles fraîches, 16 crevettes roses décortiquées, 200 g de julienne de légumes surgelée, 2 oignons, 1 c. à s. de curry, 40 cl de crème semi-épaisse légère, 1 noix de beurre.

☐ Soupe au chou

1 petit chou vert, 4 carottes, 4 pommes de terre, 1 navet, 8 tranches de lard, 2 c. à s. de thym, 2 feuilles de laurier, 2 bouillons cubes.

☐ Mousses de légumes d'hiver et tartines de fromage frais

300 g de carottes, 300 g de panais, 200 g de pommes de terre, 1 salade, 1 c. à s. de persil, 6 tranches de pain, 6 c. à s. de fromage frais, 4 œufs – 2 jaunes, 10 cl de crème liquide, 2 bouillons cubes.

Et aussi

DÉCEMBRE

Lundi
25
Noël

Linguine aux cèpes et au parmesan, sauce au foie gras

15 mn 20 mn

Mardi
26

Soupe à l'oignon et croûtons maison

15 mn 50 mn

Mercredi
27

Pizza très simple

10 mn 15 mn

Jeudi
28

Quiche sans pâte aux champignons

10 mn 35 mn

Vendredi
29

Salade de lentilles hivernale

10 mn

Samedi
30

Wraps saumon fumé-aneth

10 mn 5 mn

Dimanche
31

Magrets de canard aux fruits rouges

15 mn 35 mn

Recettes
Pour 4 personnes

Poêler 300 g de cèpes brossés avec 1 c. à s. d'huile de colza env. 2 mn. Les égoutter et jeter l'huile. Les poêler à nouveau 7 mn dans 40 g de beurre moussant. Ajouter 15 cl de crème liquide légère et faire bouillir. Laisser frémir 2 mn, retirer du feu et ajouter 50 g de foie gras en dés. Mélanger avec 300 g de linguine fraîches cuites al dente, ajouter 1 c. à s. d'huile de truffe + 50 g de parmesan râpé et servir.

Poêler 600 g d'oignons émincés dans 1 cocotte avec 80 g de beurre salé. Saupoudrer 20 g de farine. Verser 1,5 l d'eau + 1 bouillon cube + 1 c. à c. de 4 épices. Cuire à couvert à feu doux 30 mn. Servir avec 100 g de comté râpé + des croûtons (mélanger 4 tranches de pain boule coupées en dés + 2 pincées de paprika + 1 gousse d'ail pressée + 2 c. à s. d'huile d'olive et enfourner 15 mn à 180 °C).

Napper 1 pâte à pizza de 200 g de sauce tomate et répartir 4 tranches de jambon + 1 c. à s. d'herbes de Provence + 1 petite boîte de champignons de Paris. Ajouter 125 g de mozzarella tranchée et 8 olives noires. Verser 1 trait d'huile d'olive. Enfourner env. 15 mn à 210 °C.

Mixer 3 oeufs avec 1 c. à s. de farine + 15 cl de crème fraîche + 25 cl de lait + 1 pincée de muscade. Dans 1 plat beurré et fariné, répartir 200 g de dés de jambon + 125 g de lardons (précuits 2 mn au micro-ondes) + 1 petite boîte de champignons de Paris égouttée + la préparation aux oeufs + 100 g de gruyère râpé. Enfourner 35 mn à 180 °C.

Mélanger 2 boîtes de lentilles cuites égouttées avec 200 g de betteraves cuites sous vide coupées en dés + 1 sachet de roquette + 2 crottins de Chavignol émiettés + 1 avocat en dés + 4 c. à s. de graines de courge + 1 c. à s. de ciboulette. Ajouter 1 vinaigrette : 2 c. à s. de vinaigre de cidre mélangées avec 1 c. à c. de moutarde + 4 c. à s. d'huile de noix.

Mélanger 250 g de fromage fouetté Madame Loïk + 3 c. à s. de crème fraîche + 3 c. à s. de ciboulette + 1 c. à s. d'aneth + 1 pomme verte coupée en petits dés. En tartiner 6 tortillas de blé réchauffées et répartir 6 tranches de saumon fumé + le jus d'½ citron + 1 concombre épépiné et coupé en lanières. Enrouler, couper en 2 et servir avec 1 brique de velouté de légumes.

Inciser la peau de 2 magrets de canard de 300 g, les poêler 8 mn côté peau, puis 3 mn côté chair. Réserver. Déglacer avec 4 c. à s. de miel et d'eau + 1 c. à s. de fond de veau + 2 c. à s. de vinaigre de framboise + le jus d'1 orange + 20 g de beurre + 200 g de fruits rouges décongelés. Mijoter 10 mn, mixer et passer la sauce au chinois. Servir avec 50 g de framboises et 600 g de pommes dauphine décongelées.

Courses
Pour 4 personnes

☐ **Linguine aux cèpes et au parmesan, sauce au foie gras**

300 g de linguine fraîches, 300 g de cèpes, 50 g de parmesan, 50 g de foie gras, 15 cl de crème liquide légère, 40 g de beurre, 1 c. à s. d'huile de colza, 1 c. à s. d'huile de truffe.

☐ **Soupe à l'oignon et croûtons maison**

600 g d'oignons, 100 g de comté râpé, 80 g de beurre salé, 20 g de farine, 1 c. à c. de 4 épices, 1 bouillon cube, 4 tranches de pain boule, 1 gousse d'ail, 2 pincées de paprika, 2 c. à s. d'huile d'olive.

☐ **Pizza très simple**

1 pâte à pizza, 200 g de sauce tomate, 125 g de mozzarella, 4 tranches de jambon, 1 petite boîte de champignons de Paris, 8 olives noires, 1 c. à s. d'herbes de Provence, 1 trait d'huile d'olive.

☐ **Quiche sans pâte aux champignons**

1 petite boîte de champignons de Paris, 200 g de dés de jambon, 125 g de lardons, 100 g de gruyère râpé, 3 oeufs, 25 cl de lait, 15 cl de crème fraîche, 1 noix de beurre, 2 c. à s. de farine, 1 pincée de muscade.

☐ **Salade de lentilles hivernale**

2 boîtes de lentilles cuites, 200 g de betteraves cuites sous vide, 1 avocat, 1 sachet de roquette, 2 crottins de Chavignol, 4 c. à s. de graines de courge, 1 c. à s. de ciboulette, 1 c. à c. de moutarde, 4 c. à s. d'huile de noix, 2 c. à s. de vinaigre de cidre.

☐ **Wraps saumon fumé-aneth**

6 tortillas de blé, 6 tranches de saumon fumé, 1 c. à s. d'aneth, 250 g de fromage fouetté Madame Loïk, 3 c. à s. de crème fraîche, 1 concombre, 1 pomme verte, ½ citron, 3 c. à s. de ciboulette, 1 brique de velouté de légumes.

☐ **Magrets de canard aux fruits rouges**

2 magrets de canard de 300 g, 200 g de fruits rouges surgelés, 50 g de framboises, 1 orange, 600 g de pommes dauphine surgelées, 20 g de beurre, 4 c. à s. de miel, 2 c. à s. de vinaigre de framboise, 1 c. à s. de fond de veau.

147

BONUS

RECETTES DE BASE

Pâte à crêpes

Ingrédients (pour 15 crêpes) :

- 250 g de farine de blé
- 3 œufs
- ½ l de lait
- 2 sachets de sucre vanillé
- 2 cuillères à soupe de rhum
- 1 pincée de sel

Préparation :

Battre au fouet le lait avec les œufs.
Incorporer la farine en la versant en pluie.
Ajouter le sucre vanillé et une pincée de sel.
Ajouter un peu de rhum si vous le souhaitez.
Battre le mélange au batteur 3 minutes.
La pâte en sera d'autant plus légère et sans grumeaux.
Laisser reposer 1 heure à température ambiante avant de faire vos crêpes.

Pâte sucrée

Ingrédients (pour 1 pâte) :

- 250 g de farine
- 125 g de beurre
- 2 œufs
- 100 g de sucre
- 1 pincée de sel

Préparation :

Sur un plan de travail, verser la farine. Faire un cratère au centre et ajouter les œufs, le beurre ramolli, le sucre et une pincée de sel.
Pétrir la pâte avec les mains jusqu'à ce qu'elle soit souple et lisse (parfois, il est nécessaire d'ajouter de la farine).
Former une boule avec la pâte et la laisser reposer 1 heure minimum.

Pâte salée

Ingrédients (pour 1 pâte) :

- 200 g de farine
- 1 œuf
- 3 cuillères à soupe d'eau
- 3 cuillères à soupe d'huile de tournesol
- 1 pincée de sel

Préparation :

Dans un saladier, battre au fouet l'huile, l'eau, l'œuf et le sel. Ajouter toute la farine et mélanger avec une cuillère en bois. Lorsque le mélange est homogène, le rassembler en une boule.
Laisser reposer 1 demi-heure à 1 heure au réfrigérateur.

RECETTES DE BASE

Pâte à pizza

Ingrédients (pour 1 pâte) :

- 200 g de farine
- 10 g de levure de boulanger
- 10 cl d'eau tiède
- 1 cuillère à café de sel

Préparation :

Mélanger la farine et le sel dans un saladier.
Délayer la levure dans l'eau, puis la verser dans la farine et mélanger avec une cuillère.
Former une boule et faire monter la pâte en la laissant reposer pendant 6 minutes dans un four ouvert chauffé à 50 °C.

Mayonnaise

Ingrédients (4 personnes) :

La recette basique inratable !
Pour un beau bol de mayonnaise :

- 1 jaune d'œuf
- 25 cl d'huile (de tournesol, de colza ou de maïs)
- 1 cuillère à café de moutarde
- 1 filet de vinaigre ou de jus de citron
- 1 pincée de sel et de poivre

Préparation :

Mélanger le jaune d'œuf, la moutarde, le sel et le poivre.
Incorporer l'huile peu à peu, en un mince filet, en fouettant (au fouet à main ou au batteur vitesse moyenne) pour démarrer l'émulsion.
Ajouter le reste d'huile progressivement, toujours en filet, sans cesser de fouetter.
Enfin, incorporer le vinaigre et ajuster l'assaisonnement.

Béchamel

Ingrédients (4 personnes) :

- 40 g de farine
- 30 g de beurre
- ½ litre de lait
- Muscade (râpée ou en poudre)
- 1 pincée de sel et de poivre

Préparation :

Mettre le beurre dans la casserole sur feu doux.
Dès que le beurre est fondu, y verser la farine, et remuer avec une spatule en bois pour obtenir un mélange homogène, puis laisser cuire 5 minutes (sans coloration).
Verser graduellement le lait froid en fouettant vivement pour éviter la formation de grumeaux.
Ajouter la muscade, le sel et le poivre.
Cuire encore 5 minutes ou jusqu'à ce que la sauce béchamel nappe votre cuillère.

Sauce au fromage blanc

Ingrédients (4 personnes) :

- 200 g de fromage blanc
- 1 échalote
- 1 cuillère à soupe de jus de citron
- 4 cuillères à soupe de ciboulette ciselée
- 1 pincée de sel et de poivre

Préparation :

Battre au fouet le fromage blanc. Incorporer le jus de citron et bien mélanger.
Ajouter la ciboulette, l'échalote finement émincée, le sel et le poivre et mélanger à nouveau.
Servir frais en accompagnement de salades de crudités ou de saumon fumé.

Crème pâtissière

Ingrédients (4 personnes) :

- 50 g de sucre semoule
- 10 g de farine
- 10 g de Maïzena
- 3 ou 4 jaunes d'œufs
- 25 cl de lait frais entier
- ½ gousse de vanille

Préparation :

Mélanger les graines de vanille aux jaunes d'œufs.
Ajouter le sucre et fouetter jusqu'à ce que le mélange blanchisse, puis, petit à petit, la farine et la Maïzena, sans trop travailler la préparation.
Ajouter le lait et la gousse de vanille, mélanger, puis porter à ébullition dans une casserole et laisser épaissir pendant 1 minute environ.
Laisser refroidir dans un saladier avec un film alimentaire au contact.

Crème chantilly

Ingrédients (pour 1 l) :

- 1 l de crème fleurette non allégée
- 200 g de sucre glace
- 1 gousse de vanille

Préparation :

Verser la crème fleurette froide dans un saladier très froid.
À l'aide d'un batteur électrique, fouetter à grande vitesse pour y incorporer de l'air.
Ajouter le sucre glace et les graines de la gousse de vanille et fouetter à nouveau jusqu'à ce que la crème épaississe.
La réserver au frais.

RECETTES D'ENTRÉES

Timbale provençale

Ingrédients (4 personnes) :

- 1 petit bocal de ratatouille
- 120 g de chèvre frais
- 10 cl de crème liquide
- 2 cuillères à soupe d'huile d'olive
- 1 cuillère à café de moutarde
- 4 à 6 biscuits apéritif (Tuc ou gressins)
- Sel, poivre

Préparation :

Travailler le fromage à la fourchette dans un saladier.
Ajouter progressivement la crème tiède et mélanger.
Ajouter la moutarde et l'huile d'olive.
Saler et poivrer à votre convenance.
Déposer 1 à 2 cuillères à soupe de ratatouille au fond d'un verre, puis la crème de chèvre et enfin les biscuits grossièrement émiettés.

Tartines gratinées

Ingrédients (4 personnes) :

- 6 tranches de pain blanc
- 12 fines tranches de poitrine fumée
- 6 grandes tranches de munster
- 6 grandes rondelles de tomates
- 30 g de beurre
- Poivre

Préparation :

Préchauffer le gril du four. Faire griller le pain. Faire griller à sec à la poêle 5 minutes environ les tranches de poitrine fumée. Tartiner le pain de beurre et poser une tranche de fromage sur chaque tartine.
Ajouter une rondelle de tomate et 2 tranches de poitrine fumée.
Poivrer et mettre les tartines sous le gril très chaud jusqu'à ce que le fromage soit fondu et la poitrine croustillante.

Marbrés pop art

Ingrédients (4 personnes) :

- 2 fromages de chèvre frais
- 300 g de betteraves rouges cuites
- 4 feuilles de basilic frais
- 2 cuillères à soupe d'huile d'olive
- Sel
- Poivre

Préparation :

Dans un bol, mélanger les fromages de chèvre et l'huile d'olive afin d'obtenir une crème onctueuse.
Saler et poivrer.
Tapisser 4 ramequins avec du film alimentaire transparent, en le laissant dépasser largement sur les bords. Alterner une couche de chèvre avec une couche de betteraves en lamelles. Terminer par la betterave. Fermer le film alimentaire et tasser de façon à rendre compacte la préparation.
Mettre au réfrigérateur 2 heures minimum.
Avant de servir, mixer le basilic et l'huile d'olive, puis en napper les marbrés après les avoir démoulés.

RECETTES D'ENTRÉES

Bruschettas italiennes du printemps

Ingrédients (4 personnes) :

- 4 tranches de pain de campagne
- 4 belles tranches de jambon cru
- 1 petite courgette
- 2 tomates
- 12 olives noires dénoyautées
- 1 gousse d'ail
- 1 petit bouquet de basilic
- Huile d'olive

Préparation :

Préchauffer le four à 150 °C.
À l'aide d'un économe, couper la courgette en longues tranches fines dans le sens de la longueur. Les disposer sur une plaque sans qu'elles se chevauchent, les arroser d'un filet d'huile d'olive et les enfourner 6 à 8 minutes.
Tailler les tomates en dés après les avoir épépinées.
Faire griller les tranches de pain de campagne après les avoir frottées avec la gousse d'ail, puis les arroser d'un filet d'huile d'olive.
Y ajouter les dés de tomates, le jambon cru, la courgette, puis parsemer de basilic ciselé.

Velouté aux champignons

Ingrédients (3 personnes) :

- 50 g de beurre
- 1 petit oignon
- 250 g de champignons de Paris
- 1 citron
- 2 cuillères à soupe de farine
- 1 bouillon cube
- 50 cl de lait
- 2 cuillères à soupe de crème fraîche

Préparation :

Dans une casserole, faire fondre 50 g de beurre. Ajouter l'oignon haché et les champignons de Paris en petits morceaux. Saler, poivrer et saupoudrer d'une cuillère à soupe de persil haché. Bien remuer, puis couvrir et laisser cuire 15 minutes à feu doux.
Ajouter 2 cuillères à soupe de farine en remuant, puis 25 cl de bouillon et 50 cl de lait. Cuire à feu doux en remuant régulièrement. À ébullition, baisser le feu et laisser cuire à découvert encore 15 minutes. Avant de servir, ajouter le jus de citron et la crème fraîche.

Soupe de butternut

Ingrédients (4 personnes) :

- 1 courge butternut
- 2 échalotes
- 15 cl de crème fraîche
- 1 bouillon cube de volaille
- Huile d'olive
- Noix de muscade
- Sel, poivre

Préparation :

Épépiner, peler et couper la courge en morceaux.
Faire revenir les échalotes émincées dans une cocotte avec un filet d'huile. Ajouter la courge et la faire suer.
Ajouter de l'eau à hauteur et le bouillon cube.
Laisser cuire 20 minutes. Mixer, ajouter la crème et assaisonner avec du sel, du poivre et de la noix de muscade.

RECETTES D'ENTRÉES

Rillettes de thon au St Môret

Ingrédients (4 à 6 personnes) :

- 200 g de thon entier à l'huile d'olive
- 150 g de St Môret
- 3 échalotes
- 2 cuillères à soupe de câpres
- 1 cuillère à soupe de persil
- 1 pincée de piment d'Espelette

Préparation :

Hacher finement les échalotes et les mélanger au thon à l'huile d'olive égoutté.
Ajouter les câpres, le persil et le piment d'Espelette.
Bien mélanger.
Ajouter le St Môret et mélanger à nouveau.
Servir idéalement sur des toasts grillés.

Feuilletés au chèvre et au miel

Ingrédients (4 personnes) :

- 1 pâte feuilletée
- 4 rondelles de chèvre frais
- 1 salade
- 1 jaune d'œuf
- Miel liquide
- Thym

Préparation :

Couper la pâte feuilletée en quatre et déposer sur chaque morceau une rondelle de fromage.
Arroser de miel, puis saupoudrer de thym.
Rabattre les bords de la pâte en formant une petite enveloppe. Badigeonner les feuilletés de jaune d'œuf.
Cuire 20 minutes dans un four préchauffé à 200 °C.
Servir chaud avec une salade.

Verrines avocat-truite fumée

Ingrédients (4 personnes) :

- 1 avocat bien mûr
- 1 citron
- 2 tranches de truite fumée (ou de saumon)
- 100 g de fromage frais
- 50 g de fromage ail et fines herbes
- 1 petit pot d'œufs de truite
- 8 brins de ciboulette
- Poivre

Préparation :

Écraser la chair de l'avocat dans un bol. Poivrer et citronner au goût. Déposer un quart de la préparation dans chaque verrine.
Dans un bol, mélanger le fromage frais et le fromage ail et fines herbes avec une cuillère à soupe d'eau pour fluidifier. Déposer dans les verrines en une seconde couche.
Couper ensuite les tranches de truite fumée en petits morceaux. Les répartir dans les verrines et mettre au frais.
Au moment de servir, ajouter un filet de citron et poivrer légèrement. Décorer de quelques œufs de truite et de brins de ciboulette.

RECETTES DE DESSERTS

Gâteau au chocolat et aux marrons

Ingrédients (6 à 8 personnes) :

- 3 œufs
- 500 g de crème de marrons
- 100 g de chocolat noir corsé
- 100 g de beurre demi-sel

Préparation :

Faire fondre le beurre au bain-marie.
Mélanger avec le chocolat, la crème de marrons et les œufs battus.
Cuire au four à 150 °C pendant environ 30 minutes (adapter selon l'épaisseur du gâteau).

Cœurs coulants au chocolat

Ingrédients (4 personnes) :

- 100 g + 8 carrés de chocolat noir
- 3 œufs
- 80 g de sucre
- 50 g de beurre
- 1 cuillère à soupe de farine

Préparation :

Faire fondre le chocolat avec le beurre.
Mélanger ensemble les œufs et le sucre, puis ajouter au fur et à mesure la farine. Ajouter le chocolat.
Verser la préparation dans 4 ramequins et bien enfoncer au centre de chacun 2 carrés de chocolat.
Faire cuire 10 minutes dans un four préchauffé à 240 °C.
À déguster tièdes.

Gâteau roulé

Ingrédients (10 personnes) :

- 150 g de sucre
- 125 g de farine
- 4 œufs entiers
- Confiture ou pâte à tartiner
- 1 sachet de sucre vanillé
- 1 sachet de levure chimique
- 1 pincée de sel

Préparation :

Mélanger ensemble les œufs, le sucre, le sucre vanillé et le sel jusqu'à ce que le mélange blanchisse.
Ajouter la farine et la levure.
Étaler la pâte sur une plaque recouverte de papier sulfurisé. Faire cuire 15 minutes dans un four préchauffé à 180 °C. Répartir sur la génoise de la confiture ou de la pâte à tartiner en fine couche, puis rouler.

RECETTES DE DESSERTS

Gâteau au citron

Ingrédients (6 à 8 personnes) :

- 4 œufs
- 130 g de sucre
- 20 cl de crème fraîche liquide
- 120 g de farine
- 1 sachet de levure
- 2 citrons
- 2 cuillères à soupe de sucre glace

Préparation :

Préchauffer le four à 150 °C.
Mélanger dans un saladier les œufs, le sucre, les zestes et le jus des citrons. Ajouter la farine, la levure et la crème. Bien mélanger. Verser la pâte dans un moule et saupoudrer d'un peu de sucre glace. Placer au four à chaleur tournante pendant au moins 30 minutes.
Arroser de jus de citron et saupoudrer de sucre glace avant de servir.

Copeaux de melon aux fruits rouges

Ingrédients (4 personnes) :

- 1 melon
- 200 g de framboises
- 1 cuillère à café de rhum
- 1 cuillère à soupe de miel
- 50 g de groseilles
- 100 g de fraises
- Quelques feuilles de menthe fraîche
- Sel

Préparation :

Couper le melon en deux, ôter les graines, puis éplucher les moitiés. Les réduire en copeaux avec un couteau ou un épluche-légumes. Couper les fraises en deux.
Par ailleurs, mixer ensemble 50 g de framboises, le rhum, le miel et 1 pincée de sel.
Répartir les copeaux de melon et les fraises et framboises restantes dans 4 assiettes, puis verser le coulis de framboises. Décorer de feuilles de menthe.

Crumble aux pommes

Ingrédients (6 personnes) :

- 8 belles pommes
- 120 g de beurre
- 100 g de sucre
- 100 g de farine
- 100 g de poudre d'amandes
- 1 pointe de levure chimique

Préparation :

Mélanger la farine, la poudre d'amandes, la levure et le sucre. Couper le beurre en petits morceaux et l'ajouter au mélange. Bien incorporer en conservant un aspect sablé.
Éplucher et couper les pommes en petits morceaux, les mettre au fond d'un plat et les recouvrir de pâte à crumble. Faire cuire au four à 210 °C pendant 30 minutes environ, puis déguster tiède avec éventuellement une boule de glace à la vanille.

RECETTES DE DESSERTS

Cheesecake vanille

Ingrédients (6 à 8 personnes) :

- 250 g de spéculoos
- 130 g de beurre doux
- 500 g de fromage blanc
- 150 g de sucre semoule
- 2 cuillères à soupe de farine
- 3 œufs
- 25 cl de crème fraîche
- 1 cuillère à café d'extrait de vanille

Préparation :

Préchauffer le four à 180 °C. Faire fondre le beurre puis le mélanger aux spéculoos émiettés. En tapisser un moule recouvert de papier cuisson, en tassant bien avec le dos d'une cuillère. Placer au réfrigérateur.
Fouetter le fromage blanc jusqu'à ce qu'il soit bien lisse, puis ajouter le sucre, la farine et les œufs.
Ajouter ensuite la crème et l'extrait de vanille. Verser cette préparation sur la croûte de spéculoos. Enfourner jusqu'à ce que le gâteau soit ferme au toucher (environ 50 minutes). Laisser refroidir, démouler et servir frais.

Tiramisu

Ingrédients (4 à 6 personnes) :

- 250 g de mascarpone
- 100 g de sucre
- 3 œufs
- 20 cl de café froid
- Des biscuits à la cuillère
- Du cacao en poudre

Préparation :

Fouetter les jaunes d'œufs et le sucre jusqu'à ce que le mélange blanchisse et devienne mousseux, puis ajouter le mascarpone et bien mélanger.
Monter les blancs en neige et les incorporer délicatement à la préparation précédente.
Tremper un à un les biscuits dans le café (attention à ce qu'ils ne ramollissent pas trop) et en tapisser le fond de votre plat à tiramisu. Verser dessus une partie de la préparation au mascarpone, compléter d'une nouvelle couche de biscuits, puis recouvrir du reste de la préparation.
Filmer le plat et le placer au réfrigérateur toute une nuit.
Au moment de servir, saupoudrer de cacao en poudre.

Mousse de fromage blanc

Ingrédients (4 personnes) :

- 500 g de fromage blanc
- 2 blancs d'œufs
- 2 cuillères à soupe de sucre en poudre
- Du coulis de fruits rouges

Préparation :

Sucrer le fromage blanc.
Battre les blancs d'œufs en neige ferme.
À l'aide d'une fourchette, les incorporer délicatement au fromage blanc, en mélangeant de haut en bas.
Verser dans des coupes et placer au réfrigérateur jusqu'au moment de servir.
Napper alors de coulis de fruits rouges.

Clafoutis aux cerises

Ingrédients (4 à 6 personnes) :

- 750 g de cerises
- 150 g de sucre
- 100 g de farine
- 50 g de beurre
- 4 œufs
- 40 cl de lait
- 1 sachet de sucre vanillé
- 1 pincée de sel

Préparation :

Faire fondre le beurre à feu doux. Tamiser la farine et le sel dans un saladier. Faire un puits au centre et y casser les œufs

Ajouter le beurre fondu, 125 g de sucre et fouetter en délayant peu à peu avec le lait.

Disposer les cerises dans le fond d'un moule beurré et verser la préparation dessus.

Cuire 30 minutes à 180 °C, saupoudrer le clafoutis avec le reste du sucre et enfourner à nouveau pour 15 minutes.

Hors du four, saupoudrer le clafoutis de sucre vanillé.

Muffins aux myrtilles

Ingrédients (4 personnes) :

- 60 myrtilles
- 100 g de farine
- 50 g de cassonade
- 100 g de beurre
- 2 œufs
- ¼ de sachet de levure

Préparation :

Dans un saladier, fouetter les œufs et la cassonade, puis ajouter la farine et la levure.

Y ajouter le beurre fondu, puis les myrtilles.

Disposer la pâte dans des moules à muffins en silicone.

Cuire environ 20 minutes au four préchauffé à 180 °C.

Tarte bananes-chocolat

Ingrédients (6 à 8 personnes) :

- 1 pâte sablée épaisse pur beurre
- 200 g de chocolat noir
- 6 ou 7 bananes
- 3 œufs
- 20 cl de crème liquide
- 3 cuillères à soupe de sirop de sucre de canne
- 3 cuillères à soupe de rhum

Préparation :

Étaler la pâte sablée dans un moule.

Faire fondre le chocolat et verser sur la pâte en couche homogène.

Couper les bananes en rondelles et les déposer en deux couches.

À part, mélanger les œufs et la crème liquide. Rajouter le sirop de sucre de canne et le rhum. Verser sur les rondelles de bananes, qui doivent être entièrement recouvertes.

Mettre au four à 180 °C pendant 30-40 minutes.

RECETTES DE DESSERTS

Pain perdu

Ingrédients (6 personnes) :

- 60 cl de lait
- 12 tranches de pain de mie rassis
- 3 œufs
- 150 g de beurre
- 1 cuillère à soupe de sucre
- 3 cuillères à soupe de sucre glace

Préparation :

Battre le lait et les œufs, ajouter le sucre en poudre.
Faire imbiber les tranches de pain dans le mélange quelques secondes chacune.
Après avoir fait fondre le beurre à la poêle, y faire dorer les tranches de pain.
Les retirer et les déposer sur une feuille de papier absorbant. Servir avec du sucre glace.

Crème aux œufs

Ingrédients (4 à 6 personnes) :

- 3 œufs
- 75 g de sucre en poudre
- 15 morceaux de sucre pour le caramel
- 2 sachets de sucre vanillé
- 50 cl de lait
- 4 cuillères à soupe d'eau

Préparation :

Faire un caramel avec les morceaux de sucre et l'eau et le verser dans un moule à manqué.
Mélanger le lait, le sucre et le sucre vanillé et faire bouillir.
Fouetter les œufs, y ajouter le lait et verser le mélange dans le moule à manqué.
Cuire au four au bain-marie pendant 40 minutes à 150 °C.
Servir froid.

Riz au lait aux pommes

Ingrédients (4 personnes) :

- 100 g de riz rond
- 4 pommes
- 200 g de compote de pommes
- 75 g de cassonade
- 25 g de beurre demi-sel
- 50 cl de lait entier
- 1 pincée de cannelle en poudre
- 1 pincée de sel

Préparation :

Éplucher les pommes et les couper en petits dés.
Dans une poêle, mélanger le beurre, 25 g de cassonade, la cannelle et les pommes. Laisser caraméliser, puis réserver.
Dans une casserole, faire bouillir le lait et le sel, puis ajouter le riz. Laisser cuire à feu doux en remuant régulièrement pendant 15 minutes.
Ajouter le reste de cassonade et laisser cuire 15 minutes en mélangeant sans cesse.
Retirer du feu et incorporer la compote et les pommes.

RECETTES À FAIRE AVEC LES ENFANTS

Pâtes à la carbonara

Ingrédients (4 personnes) :

- 500 g de tagliatelles
- 250 g de lardons
- 4 cuillères à soupe de crème fraîche
- 3 jaunes d'œufs
- 4 cuillères à soupe de parmesan ou d'emmental râpé

Préparation :

Faire cuire les pâtes selon les instructions du paquet. Faire revenir les lardons à la poêle, sans matière grasse, pendant 10 minutes environ. Une fois qu'ils sont cuits, évacuer la graisse et ajouter la crème fraîche. Laisser cuire en mélangeant pendant 1 à 2 minutes. Dans un saladier, battre les jaunes d'œufs, puis ajouter le fromage au fur et à mesure tout en continuant de battre. Ajouter les pâtes égouttées et mélanger, puis ajouter les lardons à la crème fraîche.

Nuggets de poulet

Ingrédients (4 personnes) :

- 2 blancs de poulet
- 100 g de farine
- 2 œufs
- 2 cuillères à soupe de chapelure
- 2 cuillères à soupe d'huile

Préparation :

Découper les blancs de poulet en morceaux plus ou moins égaux. Dans trois bols différents, mettre la farine, les jaunes d'œufs battus et la chapelure. Passer les morceaux de poulet dans chaque bol successivement, en les recouvrant bien de chaque ingrédient. Faire chauffer l'huile dans une poêle et y déposer les morceaux de poulet. Les faire revenir environ 10 minutes en les retournant de temps en temps. Lorsqu'ils sont cuits, les égoutter dans du papier absorbant

Croquettes de légumes

Ingrédients (pour 12 portions) :

- 1 petit brocoli
- 1 petite courgette
- 2 œufs
- 1 cuillère à soupe de farine
- 1 cuillère à soupe de parmesan râpé
- 1 cuillère à soupe d'huile d'olive

Préparation :

Éplucher et découper la courgette en petits cubes. Découper le brocoli en morceaux. Les faire cuire dans une casserole d'eau bouillante pendant 8 minutes. Dans un saladier, battre les œufs avec la farine et le parmesan. Ajouter les légumes cuits et mélanger. Écraser à la fourchette pour obtenir une sorte de pâte. Faire chauffer l'huile dans une poêle et y déposer des petits palets de pâte, formés à la main ou à l'aide d'une grosse cuillère à soupe. Les faire cuire environ 3 minutes de chaque côté. Une fois qu'ils sont cuits, les égoutter sur du papier absorbant.

RECETTES À FAIRE AVEC LES ENFANTS

Frites d'aubergines

Ingrédients (4 personnes) :

- 1 grosse aubergine
- 100 g de farine
- 2 œufs
- 3 cuillères à soupe de chapelure
- 2 cuillères à soupe de parmesan râpé
- 1 cuillère à café d'herbes de Provence

Préparation :

Préchauffer le four à 220 °C. Éplucher et découper l'aubergine en frites. Dans trois bols différents, mettre la farine, les jaunes d'œufs battus et la chapelure mélangée avec le parmesan et les herbes de Provence. Passer les frites dans chaque bol successivement, en les recouvrant bien de chaque ingrédient. Disposer les frites sur une plaque recouverte de papier sulfurisé et enfourner pour 10 minutes.

Cookies aux Smarties

Ingrédients (pour 12 cookies) :

- 250 g de farine
- 250 g de sucre
- 150 g de beurre
- 2 œufs
- 1 sachet de levure chimique
- 1 pincée de sel
- 4 cuillères à soupe de Smarties

Préparation :

Préchauffer le four à 180 °C. Dans un saladier, mélanger la farine, le sucre, la levure et le sel. Faire fondre le beurre et l'ajouter à la préparation. Ajouter les œufs et mélanger jusqu'à obtenir une pâte homogène. Ajouter les Smarties et remuer. À la main, former des petites boules de pâte et les déposer sur une plaque recouverte de papier sulfurisé, en les espaçant bien et en les aplatissant légèrement. Enfourner pour 10 minutes.

Mug cake à la banane

Ingrédients (pour 1 portion) :

- 1 petite banane
- 2 cuillères à soupe de farine
- 1 grosse noix de beurre
- 1 œuf
- 1 cuillère à café de cassonade
- ¼ de sachet de levure chimique

Préparation :

Découper la banane en morceaux et la mettre dans un bol. Ajouter le beurre mou et écraser le mélange à la fourchette. Faire ramollir au four à micro-ondes pendant 30 secondes. Dans un mug, mettre la banane et le beurre et ajouter la farine, le sucre et la levure progressivement tout en mélangeant énergiquement. Battre l'œuf séparément et l'ajouter. Bien mélanger. Faire cuire le mug au four à micro-ondes pendant 1 à 2 minutes.

ASSIETTES RIGOLOTES POUR LES ENFANTS

Des assiettes amusantes pour donner à vos enfants
envie de manger de tout.

Mlle Fusilli
Pâtes & escalope milanaise

M. le Chat
Sandwich aux crudités

Bonne nuit les petits !
Boulgour dans son lit d'omelette

Prêts pour le décollage ?
Pancake & fruits

Papa et maman ours
Tartines de Nutella & bananes

Margot l'escargot
Roulé à la cannelle & fruits

ASSIETTES RIGOLOTES POUR LES ENFANTS

Des assiettes amusantes pour donner à vos enfants
envie de manger de tout.

Le comte Draculetti
Spaghettis à la sauce tomate

Garfield
Sandwich au fromage & au concombre

La famille Canaris
Boulettes de pommes de terre
& carottes sur crackers

Oh ! Oh ! Oh ! Joyeux Noël !
Crêpes à la crème chantilly
et aux fraises

Jeannot Lapin
Porridge aux fruits

Sous l'océan
Croissant avec müesli & fruits

ASSIETTES RIGOLOTES POUR LES ENFANTS

Des assiettes amusantes pour donner à vos enfants envie de manger de tout.

Angry Birds
Boulettes de viande & tagliatelles

La maman tortue
Burger aux Knacki

Pin-pon ! Pin-pon !
Sandwich aux crudités

Soirée d'Halloween chez les bananes !
Bananes avec bonbons & vermicelles

Un poisson pas comme les autres
Clémentine & raisins

M. et Mme Chouettes
Compote de fruits

LE FONDS DE MAISON

Voici ce que nous vous conseillons d'avoir toujours dans vos placards ou votre congélateur pour improviser des recettes rapides en toutes circonstances :

- De l'huile (olive et colza)
- Du vinaigre
- Des bouillons cubes (volaille, bœuf, court-bouillon de poisson, fond de veau...)
- De la Maïzena (fécule de maïs)
- Des conserves de poisson : sardines et thon
- Des conserves de légumes (haricots verts, petits pois, lentilles, épinards, carottes, tomates, maïs, olives...)
- Des conserves de fruits au sirop (poires, ananas, pêches...)
- Des fruits congelés
- Du riz et des pâtes
- De la levure chimique
- Du chocolat pâtissier en tablette
- De la farine
- Du sucre
- Du lait UHT longue conservation
- Des épices et herbes séchées ou surgelées : herbes de Provence, persil, basilic, curry, noix de muscade, paprika, cumin, oignon, ail...
- De la moutarde
- Du sel
- Du poivre
- De la sauce bolognaise

QUELQUES MOTS UTILES

Ciseler : couper finement à l'aide d'un ciseau ou d'un couteau.

Compoter : cuire doucement et longuement jusqu'à obtention d'une compote.

Couper en dés : couper en cubes.

Déglacer : faire chauffer une poêle à feu vif, puis y verser un liquide.

Émincer : découper très finement.

Émulsionner : mélanger deux éléments qui, en principe, ne se mélangent pas.

Épépiner : enlever les pépins.

Étager : disposer les aliments en couches.

Faire nacrer : faire prendre une apparence translucide.

Faire rissoler : faire colorer un aliment dans de la matière grasse très chaude.

Faire suer : cuire jusqu'à faire sortir le jus d'un aliment.

Mariner : laisser reposer un aliment dans un mélange liquide, la marinade.

Mouiller : ajouter un liquide.

Napper : recouvrir d'une substance liquide.

Pocher : cuire dans une eau frémissante, mais non bouillante.

Réduire : laisser bouillir une préparation afin qu'elle devienne moins liquide.

Réserver : mettre de côté une préparation pour l'utiliser plus tard.

Saisir : démarrer la cuisson d'un aliment à feu vif.

MESURES UTILES

Litre	Décilitre	Centilitre	Millilitre	Tasse
1	10	100	1 000	4
¾	7,5	75	750	3
½	5	50	500	2
¼	2,5	25	250	1
⅛	1,25	12,5	125	½

Thermostat	Degrés Celsius	Degrés Fahrenheit
1	30	86
2	60	140
3	90	195
4	120	250
5	150	300
6	180	350
7	210	410
8	240	460
9	270	520

Contenance	Mesures anglo-saxonnes	Millilitres	Grammes
1 cuillère à café	1 cuillère à thé	5	5 (sel, sucre, café) 4 (farine, semoule) 3 (cacao, fécule)
1 cuillère à soupe	1 cuillère à table	15	15 (sucre, beurre) 12 (farine, crème fraîche)
1 verre à liqueur	⅛ de tasse ou 1 oz	30	/
1 tasse à café	⅜ de tasse ou 3 oz	100	/
1 verre à moutarde	⅝ de tasse ou 5 oz	150	100
1 grand verre	1 + ⅛ de tasse ou 9 oz	250	150 (farine, semoule) 200 (riz) – 220 (sucre)
1 bol	/	350	300 (riz) 220 (farine)

MESURES UTILES

Ingrédients

1 tasse de farine	100 g
1 tasse de fécule	100 g
½ tasse de sucre en poudre	100 g
½ tasse de sucre glace	100 g
1 cuillère à soupe de beurre	15 g
½ tasse de beurre	100 g
¾ de tasse de noix, noisettes, amandes concassées	100 g
1 tasse de fromage râpé	100 g
¾ de tasse de miel	250 g
1 tasse de crème fraîche	175 g
½ tasse de fruits secs	75 g
2 tasses de fruits frais	100 g
1 tasse de céréales	175 g

Liquides

¼ de tasse	60 ml
½ tasse	120 ml
¾ de tasse	180 ml
1 tasse	240 ml
1 tasse ¼	300 ml
2 tasses ½	600 ml

Contenants

1 grand bol	350 g
1 tasse à thé	120 à 150 g
1 tasse à café	100 g
1 verre à eau	200 à 225 g
1 verre à vin	90 à 100 g
1 cuillère à soupe	15 g
1 cuillère à café	5 g

PROPORTIONS PAR PERSONNE ADULTE

Plats	Grammes	Livres (Canada)
Viande	150 à 200 (sans os) 125 à 150 (hachée)	⅓ lb à 2/5 lb (sans os) ¼ lb à ⅓ lb (hachée)
Poisson	250 (entier) 200 (filet)	½ lb (entier) 2/5 lb (filet)
Salade (légumes, riz, pâtes...)	300 (plat principal) 200 (entrée)	3/5 lb (plat principal) 2/5 lb (entrée)
Garniture de légumes	175 à 200	⅓ lb à 2/5 lb
Pâtes (poids cuites)	125 (plat principal) 100 (garniture)	¼ lb (plat principal) ⅕ lb (garniture)
Riz (poids cuit)	120 (plat principal) 75 (garniture)	¼ lb (plat principal) ⅕ lb (garniture)
Fruits (salade, compote...)	125 à 150	¼ lb à ⅓ lb

TEMPS DE CUISSON

Légumes	**Eau**	**Vapeur**
Asperges	15-20 mn	12-18 mn
Brocolis	10-15 mn	5 mn
Carottes	15-20 mn	8-12 mn
Choux blancs	20 mn	15 mn
Choux-fleurs	15-20 mn	5-10 mn
Courgettes	10-15 mn	9 mn
Épinards	12-15 mn	6-8 mn
Haricots verts	10-15 mn	10-15 mn
Navets	15-20 mn	6 mn
Petits pois	20 mn	15 mn
Poireaux	15-25 mn	15 mn
Pommes de terre	Env. 20 mn	20 mn
Potirons	15-20 mn	6-8 mn

Viande	**Durée**	**Température four**
Canard	50 mn	220 °C / 430 °F
Carré d'agneau	15-20 mn	230 °C / 450 °F
Filet mignon de porc	20-30 mn	250 °C / 480 °F
Gigot d'agneau	15 mn par 500 g	220 °C / 430 °F
Lapin	30 mn	200 °C / 390 °F
Poulet	30 mn par 500 g	180 °C / 350 °F
Rôti de bœuf	10 mn par 500 g (saignant) 15 mn par 500 g (à point) 20 mn par 500 g (bien cuit)	200 °C / 390 °F
Rôti de porc	30 mn par 500 g	110 °C / 230 °F
Rôti de veau	20-25 mn par 500 g	200 °C / 390 °F

Poisson	**Four**	**Eau**
Bar	25 mn sur gril	25 mn
Cabillaud	15-20 mn à 200 °C / 390 °F	10 mn
Colin	10-15 mn à 180 °C / 350 °F	15 mn
Crabe	/	15-20 mn
Dorade	30 mn à 180 °C / 350 °F	10-15 mn
Homard	15 mn à 200 °C / 390 °F	12 mn pour 450 g
Lieu	20 mn à 180 °C / 350 °F	15 mn
Moules	/	5-10 mn
Saumon	25 mn à 180 °C / 350 °F	10 mn
Thon	15 mn à 200 °C / 390 °F	25 mn

Quelle variété de pommes de terre ?

- **Pommes de terre à chair ferme :** bonne tenue à la cuisson.
  Idéales pour les gratins, les soufflés, les salades, les ragoûts, les pommes de terre rissolées.
  L'amandine, l'annabelle, la belle de Fontenay, la charlotte, la chérie, la franceline, la nicola, la pompadour, la ratte et la roseval.
- **Pommes de terre à chair fondante :** bonne tenue à la cuisson, mais chair fondante ; elles s'imprègnent parfaitement du goût des ingrédients avec lesquels on les marie.
  Idéales pour les mijotés, les ragoûts, les gratins et les pommes de terre en robe des champs.
  L'agata, la monalisa et la samba.
- **Pommes de terre à chair farineuse :** elles se délitent à la cuisson, mais absorbent moins l'huile.
  Idéales pour les potages, les purées, les chips et les frites.
  L'agria, la bintje, la caesar, la manon, la marabel et la vitelotte.
- **Astuce :** conservez vos pommes de terre au frais et à l'ombre pour éviter qu'elles ne verdissent et ne germent !

Quelle vinaigrette pour quelle salade ?

- **Vinaigrette de base :** 1 cuillère de vinaigre d'alcool ou de vin + ½ cuillère de moutarde + 2 cuillères d'huile + sel + poivre.
- **Mâche :** 1 cuillère de miel + ½ cuillère de moutarde + 1 cuillère de vinaigre d'alcool + 2 cuillères d'huile de noix.
- **Épinards :** ½ échalote ciselée + ¼ de gousse d'ail écrasée + 1 cuillère à soupe de petit-suisse + 1 cuillère de vinaigre d'alcool + 2 cuillères d'huile de noix. Mixer le tout.
- **Rougette :** 1 cuillère de jus de citron + 2 cuillères d'huile d'olive.
- **Cresson :** ½ cuillère de moutarde à l'ancienne + 1 cuillère de vinaigre de vin + 2 cuillères d'huile de noix.
- **Roquette :** émulsionner 1 cuillère de vinaigre balsamique avec 2 cuillères de bouillon de volaille. Faire réduire à feu doux. Une fois froide, y mettre à infuser 3 feuilles de basilic ciselées.
- **Romaine :** faire une mayonnaise avec 1 cuillère à café de moutarde + 1 jaune d'œuf + 4 cuillères à soupe d'huile d'arachide. Hacher un œuf dur froid. Concasser 1 cuillère à café de câpres + 2 cornichons. Mélanger en ajoutant un peu de bouillon de volaille.

Astuces pour recettes ratées

- **Si votre poulet rôti est trop cuit** : sortez-le du four, badigeonnez-le de beurre, enveloppez-le de film alimentaire et laissez-le ainsi pendant 10 minutes. Le beurre redonnera un peu de tendresse à votre viande trop sèche !
- **Si vos pavés de saumon sont trop cuits** : recouvrez-les de fines tranches de courgette ou de poitrine fumée, puis d'aluminium et mettez-les au four à basse température pendant 10 minutes. L'eau ou la graisse va attendrir vos pavés.
- **Si vous avez eu la main lourde sur les épices ou le sel** : ajoutez à votre plat en sauce une pomme de terre crue épluchée et coupée en deux, ou ajoutez-y 125 g de yaourt nature, de crème fraîche ou de lait de coco et remettez-le à chauffer.
- **Si votre plat a brûlé** : transvasez-le dans une autre casserole, puis ajoutez-y une pomme de terre crue épluchée et coupée en deux et remettez-le à chauffer. Si le goût de brûlé persiste, ajoutez un peu de moutarde ou de yaourt nature.
- **Si votre plat en sauce est trop gras** : placez-le quelques minutes au congélateur. La graisse va se solidifier sur le dessus et vous n'aurez qu'à l'enlever à la cuillère.
- **Si vos pâtes sont collées** : replongez-les 1 seconde dans de l'eau bouillante. Si ensuite vous souhaitez les laisser un peu refroidir, versez un filet d'huile d'olive dessus.
- **Si votre bouillon est fade** : êtes-vous sûr qu'il ne manque pas simplement de sel ? Sinon, faites réduire votre bouillon pour condenser les saveurs ou ajoutez des condiments (Viandox, Arome Maggi, sauce soja, etc.).
- **Si votre salade est flétrie** : plongez-la environ 1 minute dans une casserole d'eau chaude (pas bouillante), puis dans de l'eau très froide. La voilà ravivée !
- **Si votre pâte à crêpes ou votre sauce béchamel est pleine de grumeaux** : mélangez-la avec un mixeur plongeant.
- **Si votre gâteau a brûlé** : ôtez les parties brûlées, puis cachez la misère en le recouvrant d'un glaçage.
- **Si votre chocolat a trop cuit et devient granuleux** : ajoutez-y un peu d'eau chaude ou de crème liquide chaude et mélangez jusqu'à ce qu'il redevienne lisse.
- **Si votre mousse au chocolat n'a pas pris** : versez-la dans un moule à gâteau sur 3 cm de hauteur minimum et faites cuire à 180 °C pendant 20-25 minutes pour un grand moule (ou 10-12 minutes pour un petit). Le gâteau doit être moelleux au centre.

CALENDRIER DES FRUITS & LÉGUMES

	abricot	cerise	fraise	framboise	melon	nectarine	pêche	poire	pomme	prune	raisin	ail	artichaut	asperge	aubergine
JANVIER								●	●						
FÉVRIER									●						
MARS									●						
AVRIL									●			●		●	
MAI			●									●		●	●
JUIN		●	●	●	●	●	●					●	●	●	●
JUILLET	●	●	●	●	●	●	●			●		●	●		●
AOÛT	●	●	●	●	●	●	●	●		●		●	●		●
SEPTEMBRE				●		●	●	●		●	●		●		●
OCTOBRE								●	●	●	●				
NOVEMBRE								●	●						
DÉCEMBRE								●	●						

CALENDRIER DES FRUITS & LÉGUMES

carotte	chou	chou-fleur	concombre	courge	courgette	haricot vert	mâche	navet	oignon	petit pois	poireau	poivron	pomme de terre	potiron	radis	salade	tomate
●	●			●			●		●				●			●	
●	●						●		●				●			●	
●	●								●							●	
●	●								●						●	●	
●	●	●	●						●				●		●	●	●
●	●	●	●		●	●		●	●	●		●	●		●	●	●
●	●	●	●		●	●		●	●	●	●	●	●	●	●	●	●
●	●	●	●	●	●	●		●	●		●	●	●	●		●	●
●	●	●	●	●	●	●		●	●		●	●	●	●		●	●
●	●	●		●					●		●	●	●	●		●	
●	●			●			●		●				●			●	
●	●			●			●		●				●			●	

INDEX

INDEX

INDEX

INDEX

NOTES

NOTES

NOTES

NOTES

NOTES

PUBLIEZ VOS RECETTES PERSONNELLES

dans le

On fait quoi pour le dîner ? 2024

et recevez un exemplaire de la prochaine édition gratuitement !

Vous appréciez le Mémoniak *On fait quoi pour le dîner ?* et vous aimeriez partager certaines de vos recettes personnelles ? Complétez le cadre ci-dessous, et renvoyez-le à notre équipe éditoriale.
Si votre recette est sélectionnée, elle sera alors publiée dans l'édition 2024 de *On fait quoi pour le dîner ?* (parution en juillet 2023) et vous recevrez un exemplaire gratuitement, directement à votre domicile* !

Attention : pour être publiée, votre recette de plat principal doit être :

Simple et rapide à réaliser

(pas plus de 15 mn de préparation)

Économique • Équilibrée • Appréciée des enfants

RECETTE PROPOSÉE

Titre : ....

Ingrédients (pour 4 personnes) : ....

....

....

Recette : ....

....

....

Temps de préparation : .... Temps de cuisson : ....

RECETTE PROPOSÉE PAR

Nom et prénom : ....

Adresse complète : ....

Tél. : .... Email : ....

Si vous souhaitez nous envoyer plusieurs recettes, ajoutez une feuille supplémentaire à votre envoi.
Détachez cette page après l'avoir complétée, et renvoyez-la à :
Éditions 365 – On fait quoi pour le dîner ? – 57, rue Gaston-Tessier – 75019 Paris
Vous pouvez aussi nous envoyer vos recettes à
contact@editions365.fr

*Un seul exemplaire par famille. En France métropolitaine uniquement.

VOTRE AVIS NOUS INTÉRESSE

N'hésitez pas à nous faire part
de vos remarques, commentaires, suggestions et critiques
sur le **On fait quoi pour le dîner ? 2023**.
Vous nous aiderez ainsi à améliorer la prochaine édition.

Ce que vous avez particulièrement apprécié : ....

....

....

Ce qui pourrait être amélioré : ....

....

....

Ce qui devrait être ajouté : ....

....

....

Ce qui vous semble inadapté ou inutile : ....

....

....

Et aussi : ....

....

....

VOS COORDONNÉES (facultatif)

Nom et prénom : ....

Adresse complète : ....

....

Code postal : .... Ville : ....

Email : .... @ ....

Détachez cette page après l'avoir complétée, et renvoyez-la à :
Éditions 365 – On fait quoi pour le dîner ? – 57, rue Gaston-Tessier – 75019 Paris
Vous pouvez aussi nous adresser vos commentaires à
contact@editions365.fr